Schriftenreihe der Juristischen Fakultät
der Europa-Universität Viadrina Frankfurt (Oder)

Herausgegeben von
Professor Dr. iur. Dr. phil. Uwe Scheffler, Frankfurt (Oder)

Springer-Verlag Berlin Heidelberg GmbH

Artur Bunk

Die Verpflichtung zur kohärenten Politikgestaltung im Vertrag über die Europäische Union

Springer

Dr. Artur Bunk
Dahlienweg 32
D-30926 Seelze 2

ISBN 978-3-540-66025-5

Die Deutsche Bibliothek - CIP-Einheitsaufnahme
Bunk, Artur:
Die Verpflichtung zur kohärenten Politikgestaltung im Vertrag über die Europäische Union / Artur Bunk. - Berlin; Heidelberg, New York; Barcelona; Hongkong; London; Mailand; Paris; Singapur; Tokio : Springer, 1999
(Schriftenreihe der Juristischen Fakultät der Europa-Universität Viadrina Frankfurt (Oder))
ISBN 978-3-540-66025-5 ISBN 978-3-642-58475-6 (eBook)
DOI 10.1007/978-3-642-58475-6

Umschlaggestaltung: Erich Kirchner, Heidelberg
SPIN 10731386 64/2202-5 4 3 2 1 0 - Gedruckt auf säurefreiem Papier

Für Josefina und Danielle-Marie. In Dankbarkeit für die Geduld und Ausdauer.

Die vorliegende Ausarbeitung entstand als Dissertation während meiner Tätigkeit an der Europa-Universität Viadrina Frankfurt (Oder). Auch wenn ich derzeit außerhalb der Universität tätig bin, so bleibe ich den Ideen der Europa-Universität Viadrina weiterhin treu. Die Arbeit wäre nicht möglich gewesen ohne die kritische, aber offene fruchtbare Begleitung durch Herrn Prof. Dr. Matthias Pechstein. Erst die durch unsere Gespräche herausgeforderten Reflexionen haben mir die Durchdringung des Themas ermöglicht.

Weiterer Dank gebührt meinem ersten Lehrer Prof. Dr. Hans-Ernst Folz, der mein Interesse am Europarecht erst geweckt hat.

Vorwort

Mit der vorliegenden Ausarbeitung wird der Versuch unternommen, den für die Jurisprudenz schwierig faßbaren Begriff der Kohärenz der juristischen Auslegung zugänglich zu machen. Obwohl im Ergebnis unbestritten bleibt, daß die Politik diesen Begriff des Unionsvertrages in der Praxis mit Leben auszufüllen hat, so wird deutlich, daß dieser als einer der zentralen Eckpunkte des Unionsvertrages auch mit juristischer Methodenlehre faßbar ist.

Auch wenn mit dem baldigen Inkrafttreten des Vertrages von Amsterdam die konsolidierte Fassung des Unionsvertrages (und des Gemeinschaftsvertrages) maßgeblich wird, so folgt die Ausarbeitung zwecks besserer Lesbarkeit der älteren Numerierung. Im letzten Kapitel wird denn auch deutlich, daß die mit dem Inkrafttreten des Vertrages eingetreten Änderungen an der inhaltlichen Aktualität der Ausarbeitung nichts ändern. Die vorgestellte Systematik beansprucht auch im neuen (alten) Vertragswerk Geltung.

Inhaltsverzeichnis

Einleitung ... 1

1. Kapitel: Grundlagen des Kohärenzgebots ... 5

1. Abschnitt: Arten des Kohärenzgebots und Untersuchungsgegenstand ... 5

A. Kohärenzbegriff der Verträge und seine unterschiedlichen Ausprägungen . 5
I. Gebot innerer Kohärenz ... 5
II. Verpflichtung zur äußeren Kohärenz ... 7
III. Inhaltliche Kohärenz und Artikel C Abs. 1 EUV ... 8

B. Gegenstand der Untersuchung ... 11

2. Abschnitt: Die historische Entwicklung des Kohärenzgebots ... 12

A. Ansätze in den Verträgen zur EGKS, EVG und EPG ... 13
I. Vertrag über die Europäische Gemeinschaft für Kohle und Stahl ... 13
II. Europäische Verteidigungsgemeinschaft und Europäische Politische Gemeinschaft ... 13

B. Fouchet-Pläne und die Entwicklung der EPZ ... 15
I. Fouchet-Pläne und die Krise der Gemeinschaft ... 16
II. Einrichtung der Europäischen Politischen Zusammenarbeit ... 18

C. Einheitliche Europäische Akte ... 20
I. Entwicklung vor der EEA ... 21
II. Titel III der EEA über die Vertragsbestimmungen zur Europäischen Zusammenarbeit in der Außenpolitik ... 22
III. Bewertung der EEA ... 25

D. Entwicklung bis zum Abschluß des Maastrichter Vertrages ... 26

3. Abschnitt: Adressaten des Kohärenzgebots ... 27

A. Verbandszuständigkeit ... 27
I. Rechtsfähigkeit der Europäischen Union? ... 27
II. Ergebnis zur Frage der Rechtsfähigkeit ... 38

B. Mitgliedstaaten als Pflichtenadressaten des Kohärenzgebots? ... 38

I. Mitwirkung im Unionsverbund ... 39
II. Handlungen außerhalb des Regelungsbereichs der Union ... 45
III. Betroffenheit als Mitglieder der Gemeinschaften ... 47

C. Die Gemeinschaften ... 47
I. Gemeinschaften sind keine Vertragspartei ... 47
II. Grundlagen einer materiell-rechtlichen Bindung ... 48
III. Ergebnis zur Bindung der Gemeinschaften an das Kohärenzgebot ... 71
IV. Adressaten der Verpflichtung im Gemeinschaftsbereich ... 71

4. Abschnitt: Justitiabilität des Kohärenzgebots ... 85

A. Ansatzpunkte für eine Justitiabilität ... 86
I. Ablehnende Auffassungen in der Literatur ... 86
II. Justitiabilität des Kohärenzgebots über Artikel 5 EGV? ... 86
III. Kohärenzgebot als primäres Gemeinschaftsrecht? ... 87
IV. Zwischenergebnis ... 90

B. Überprüfungsmöglichkeit gemäß Artikel 5 EGV ... 90
I. Inhalt des Artikel 5 EGV ... 91
II. Abwehrmöglichkeiten der Gemeinschaften aus Artikel 5 EGV ... 93

C. Prüfungskompetenz des Gerichthofs beim gemeinschaftsrechtlichen Kohärenzgebot ... 95
I. Prüfungsansatz nur im Gemeinschaftsbereich ... 95
II. Mögliche Pflichtenverstöße und Abgrenzung zum intergouvernementalen Bereich ... 96
III. Passive Abwehrmöglichkeiten ... 98

D. Begrenzung der Urteilskraft ... 99

2. Kapitel: Inhalt des Kohärenzgebots ... 101

1. Abschnitt: Sachlicher Anwendungsbereich ... 101

A. Außenpolitische Maßnahmen im Rahmen der Außen-, Sicherheits-, Wirtschafts- und Entwicklungspolitik ... 101
I. Anwendungsbereich des gemeinschaftsrechtlichen Kohärenzgebots ... 101
II. Anwendungsbereich des unionsrechtlichen Kohärenzgebots ... 113

B. Maßnahmen der ZBJI ... 114
I. Berührungspunkte zwischen Gemeinschaftspolitiken und ZBJI ... 115
II. Zusammenfassung ... 118

C. Querschnittscharakter der Maßnahme als Voraussetzung für eine Anwendung des Kohärenzgebots? ... 118
I. Maßnahmen mit Gemeinschaftsbezug ... 119
II. Kohärenzgebot zwischen GASP - und ZBJI - Maßnahmen ... 119
III. Grundsätzliche Nichtanwendung bei Fehlen eines Bezugs zu anderen Bereichen? ... 122

2. Abschnitt: Aus dem Kohärenzgebot resultierende Einzelpflichten ... 124

A. Bei der Beschlußfassung zu beachtende Grundprinzipien ... 124
I. Verstöße gegen Vertragsziele ... 124
II. Nichtberücksichtigung des acquis communautaire ... 125

B. Reduzierung des Entscheidungsspielraums bei vorhandenen Vorgaben anderer Kooperationsbereiche ... 126
I. Allgemeines Gebot zur Rücksichtnahme ... 127
II. Handlungspflichten der Mitgliedstaaten ... 127
III. Unterlassungspflichten ... 131

3. Abschnitt: Praktische Umsetzung des Kohärenzgebots ... 132

A. Verfahren und Instrumente zur Herbeiführung der Kohärenz bei der GASP ... 132
I. Einheitlicher institutioneller Rahmen ... 132
II. Instrumente der GASP ... 137

B. Herbeiführung von Kohärenz im Bereich der ZBJI ... 148
I. Bereich Asylpolitik und Einwanderung ... 150
II. Polizeiliche und zolltechnische Zusammenarbeit ... 151
III. Bereich der justitiellen Zusammenarbeit ... 153

3. Kapitel: Neuerungen des Vertrages von Amsterdam und Ergebnis der Untersuchung ... 155

A. Änderung des Artikel C Abs. 2 EUV ... 155

B. Neuregelungen in der gemeinsamen Außen- und Sicherheitspolitik ... 156
I. Instrument der gemeinsamen Strategie ... 156
II. Generalsekretär des Rates als Hoher Vertreter für die GASP ... 157
III. Strategieplanungs- und Frühwarneinheit ... 158
IV. Regelfinanzierung der operativen GASP-Ausgaben aus dem Gemeinschaftshaushalt ... 159
V. Abschlußkompetenz des Rates nach Artikel 24 EUV ... 160

C. Zusammenarbeit im Bereich Justiz und Inneres 160
I. Vergemeinschaftung von Bereichen der ZBJI 160
II. Neuregelungen im intergouvernementalen Kooperationsbereich 161
III. Sonderregelungen für das Vereinigte Königreich, für Irland und Dänemark 163
Zusammenfassung und Ergebnis der Untersuchung 165

Literaturverzeichnis 169

Einleitung

Nach einem mühsamen Ratifikationsprozeß trat am 1. November 1993 der in Maastricht ausgehandelte Vertrag über die Europäische Union (nachfolgend EUV) in Kraft. Seit diesem Zeitpunkt sind über fünf Jahre vergangen. Auch der Nachfolgevertrag von Amsterdam hat mittlerweile den Ratifikationsprozeß durchlaufen, auch wenn die vorliegend behandelten Strukturen identisch verblieben sind. Entsprechend seinem in Artikel A Abs. 2 postulierten Anspruch stellt der Vertrag von Maastricht „eine neue Stufe bei der Verwirklichung einer immer engeren Union der Völker Europas dar". Dem informierten Betrachter stellt sich bei einer Erstanalyse unvermittelt die Frage, worin das grundlegend Neue des Maastrichter Vertrages zu sehen ist. Zwar kann in der Formalisierung und strukturierten Verfestigung der Politischen Zusammenarbeit im Bereich der Gemeinsamen Außen- und Sicherheitspolitik als auch der Zusammenarbeit im Bereich Justiz und Inneres gegenüber der bis dato vorherrschenden Praxis ein gewisser qualitativer Sprung erblickt werden, eine Gemeinsame Außen- und Sicherheitspolitik wurde jedoch unter der Bezeichnung EPZ (Europäische Politische Zusammenarbeit) bereits seit Beginn der siebziger Jahre praktiziert. Diese war auch seit dem Inkrafttreten der Einheitlichen Europäischen Akte vertraglich geregelt und unterlag einem formalisierten Verfahren. Ebensowenig stellt die nunmehr vertraglich geregelte Zusammenarbeit im Bereich Justiz und Inneres eine vollkommen neue Form der Zusammenarbeit dar.

Worin kann daher die qualitative Neuerung des Unionsvertrages erblickt werden? Handelt es sich bei dem Postulat des Artikel A Abs. 2 EUV lediglich um politisches Wunschdenken? Ungeachtet des mittlerweile eingebürgerten Sprachgebrauchs, wonach die Organe der Gemeinschaften als Unionsorgane bezeichnet werden und sowohl politische Kommentatoren als auch die juristische Fachliteratur fast nur noch von der Union sprechen, handelt es sich nach weitaus überwiegender Auffassung bei der Union um kein neues selbständiges Völkerrechtssubjekt[1]. Die nach Artikel A Abs. 1 des EU-Vertrages gegründete Union ist demnach bei streng juristischer Betrachtung zumindest im körperschaftlichen Sinne nicht existent. Die Frage, welche neue Integrationsdimension dem europäischen Einigungswerk denn nun hinzugefügt worden ist, erscheint daher um so dringlicher.

Unterzieht man die Bestimmungen des Maastrichter Vertrages einer kritischen Betrachtung, so fallen insbesondere die Artikel A Abs. 3 S. 2 und Artikel C EUV

---

[1] *Hilf*, in: Grabitz/Hilf (Hrsg.), EUV/EGV, Artikel A, Rn. 25; *Koenig/Pechstein*, Die Europäische Union, S. 26.

auf. In diesen Bestimmungen verpflichtet der Vertrag gemäß Artikel A Abs. 3 S. 2 EUV die Union einerseits darauf, „die Beziehungen zwischen den Mitgliedstaaten sowie zwischen ihren Völkern kohärent und solidarisch zu gestalten", andererseits, gemäß Artikel C Abs. 2 S. 1 EUV, „auf die Kohärenz aller von ihr ergriffenen außenpolitischen Maßnahmen..." zu achten. Die Sicherstellung der Kohärenz soll gemäß Artikel C Abs. 1 EUV durch einen einheitlichen institutionellen Rahmen gewährleistet werden.

Eine derart deutlich statuierte Verpflichtung zur Kohärenz, die sowohl die intergouvernementalen als auch die supranationalen Kooperationsbereiche der Union einbezieht, stellt tatsächlich eine Neuerung dar. Sie ist bei entsprechender Berücksichtigung der ausführenden Vorschriften des Titels V EUV auch hinsichtlich der GASP stärker ausgeprägt als die Vorgängervorschrift des Artikel 30 Abs. 5 EEA. Darin hatten die Präsidentschaft und die Kommission im Rahmen der EPZ lediglich dafür *Sorge zu tragen*, daß die Kohärenz *angestrebt und aufrechterhalten* wurde. Entsprechend der Neuregelung des Artikel C Abs. 2 EUV sind hingegen der Rat und die Kommission für die Kohärenz *verantwortlich und stellen diese sicher*[2].

Die Kohärenzverpflichtung stellt somit das elementare Integrationselement zwischen den supranationalen und den intergouvernementalen Integrationsbereichen dar. Ihr wird bewußt ein Querschnittscharakter zugewiesen, den alle Teile der Union bei ihren Handlungen zu beachten haben. Bei der Verpflichtung der Union zur kohärenten Politikgestaltung handelt es sich damit um die zentrale Neuerung des als Union bezeichneten Vertragssystems[3]. Die nachfolgende Untersuchung soll die postulierte Verpflichtung der unterschiedlichen Integrationsbereiche zur kohärenten Politikgestaltung inhaltlich erfassen und juristisch "greifbar" machen. Dafür soll zunächst die allgemeine Wortbedeutung betrachtet werden.

Als generelle Wortbedeutung der Kohärenz gibt der Duden den Begriff "zusammenhängend" an[4]. In der Physik werden Lichtwellen gleicher Wellenlänge und Schwingungsart als kohärent bezeichnet. Überträgt man diese Bedeutung auf das Feld europäischer Politik, so ergibt sich hieraus die Bedeutung der Stimmigkeit der politischen Handlungen sowohl hinsichtlich ihrer Zielsetzung als auch ihrer Mittel. Dabei ist mit Stimmigkeit weniger die Gleichartigkeit als vielmehr die sich durch gegenseitige Ergänzung und kohärentes Zusammenwirken ergebende Effizienzstärkung gemeint. Die Idee der Effizienzstärkung bei der Verfolgung gemeinsamer Interessen durch aufeinander abgestimmtes Zusammenwirken sowohl der gemeinsamen Organe als auch der einzelnen Mitgliedstaaten ist keine Neuentwicklung des Maastrichter Vertrages. Es läßt sich vielmehr feststellen, daß der effizienzsteigernde Effekt des gemeinsamen Auftretens als eines der konstituierenden Motive für den gesamten Integrationsprozeß angesehen werden kann. Die Hoffnung, den nach dem zweiten Weltkrieg eingetretenen Bedeutungsverlust der

[2] Kursive Textstellen sind Hervorhebungen des Verfassers.
[3] *Pechstein*, EuR 1995, S. 247 ff. (258).
[4] Duden Band 5, S. 405.

europäischen Nationalstaaten in der Weltpolitik durch Kräftebündelung und multilaterales Zusammenwirken teilweise wieder auszugleichen, ist eines der Hauptmotive europäischer Integration.

Die vorliegende Untersuchung behandelt im 1. Kapitel zunächst die unterschiedlichen Arten und die historischen Wurzeln des Kohärenzgebots. Dabei wird deutlich, daß die betreffenden Bestimmungen des Unionsvertrages auf Vorläufer blicken können, die sich bis zu den Anfängen der Integration zurückverfolgen lassen. In weiteren Verlauf des 1. Kapitels wird ferner der Frage nachgegangen, wer die Adressaten der in Artikel A und C EUV postulierten Verpflichtung sind. Von besonderem Interesse ist, ob sich auch für die Gemeinschaften, die ja nicht Vertragspartner des Unionsvertrages sind, entsprechende Pflichten ergeben. Ein eigener Abschnitt dieses Kapitels behandelt auch die Frage einer möglichen Justitiabilität des Kohärenzgebots.

Das 2. Kapitel ist der dogmatischen Struktur des Kohärenzgebots gewidmet. Sowohl der sachliche Anwendungsbereich als auch die sich aus dem Gebot ergebenden Pflichten sind dabei Gegenstand der Untersuchung. Der praktischen Umsetzung des Kohärenzgebots ist dabei ein Abschnitt des Kapitels gewidmet. Darin wird schließlich auch der Frage nachgegangen, welche praktischen Auswirkungen die untersuchten Bestimmungen auf die Entscheidungsstrukturen der Union bislang hatten.

Das letzte Kapitel stellt schließlich einen Ausblick auf Neuerungen dar, die sich durch die Revisionskonferenz und den am 2. Oktober unterzeichneten, während des Amsterdamer Gipfeltreffens vom 18./19. Juni ausgearbeiteten Revisionsvertrag ergeben.

1. Kapitel: Grundlagen des Kohärenzgebots

1. Abschnitt: Arten des Kohärenzgebots und Untersuchungsgegenstand

A. Kohärenzbegriff der Verträge und seine unterschiedlichen Ausprägungen

Der Unionsvertrag spricht an mehreren Stellen von der Verpflichtung zur kohärenten Politikgestaltung. So findet sich bereits in Artikel A Abs. 3 S. 2 EUV die Formulierung, daß es Aufgabe der Union sei, "die Beziehungen *zwischen* den Mitgliedstaaten sowie *zwischen* ihren Völkern kohärent und solidarisch zu gestalten". Andererseits verpflichtet Artikel C Abs. 2 S. 1 EUV die Union "auf die Kohärenz aller von ihr ergriffenen *außenpolitischen* Maßnahmen im Rahmen ihrer *Außen(politik)"* zu achten. Es wird deutlich, daß beide Bestimmungen unterschiedliche Zielrichtungen aufweisen. Während Artikel A Abs. 3 S. 2 EUV auf das Innenverhältnis der Vertragsstaaten ausgerichtet scheint, berührt Artikel C Abs. 2 EUV insbesondere die Handlungen im Außenverhältnis. Es ist damit klar, daß dem Begriff der Kohärenz, je nach Stellung im Vertragssystem, unterschiedliche Bedeutung zukommt. *Müller-Graff*[5] schlägt eine Typologisierung des Kohärenzgebots in folgende Hauptkategorien vor:

I. Gebot innerer Kohärenz

Als erste Kategorie bezeichnet er den Bereich der sogenannten inneren Kohärenz. Hierunter sei der Zusammenhalt "der Union im Inneren, namentlich in Gestalt des wirtschaftlichen und sozialen Zusammenhalts der EG"[6] zu verstehen. Das gemeinschaftsrechtliche Stichwort ist *Kohäsion*. Die entsprechenden Bestimmungen

[5] Vgl. *Müller-Graff*, integration 1993, S. 147 ff. (147); die vorgenommene Typologisierung wird übernommen von: *Koenig/Pechstein*, Die Europäische Union, S. 48 ff.; *Hilf/Pache*, in: Grabitz/Hilf (Hrsg.), EUV/EGV, Artikel A und C.

[6] *Müller-Graff*, integration 1993, S. 147 ff. (147).

finden sich für die Europäische Gemeinschaft im EGV unter den Artikeln 130a ff. Gemeint ist damit vor allem der Abbau von Unterschieden im Entwicklungsstand der verschiedenen Regionen und des Rückstandes der am stärksten benachteiligten Gebiete (Artikel 130a Abs. 2 EGV)[7]. In der Bestimmung des Artikel 26 Abs. 1 EGKSV findet sich ferner ein an den Rat gerichtetes generelles Gebot zur Abstimmung zwischen der Tätigkeit der Hohen Behörde und den Handlungen der für die allgemeine Wirtschaftspolitik zuständigen Regierungen der Mitgliedstaaten. Auch dieses Gebot ist seinem Inhalt nach als Kohärenzverpflichtung zu werten.
Fraglich ist zunächst, wie die Vorschrift des Artikel A Abs. 3 S. 2 EUV zu qualifizieren ist. Danach ist es Aufgabe der Union, "die Beziehungen zwischen den Mitgliedstaaten sowie zwischen ihren Völkern kohärent und solidarisch zu gestalten". *Müller-Graff* räumt der Bestimmung des Artikel A Abs. 3 S. 2 EUV sowohl eine nach innen (Abstimmungsgebot in der Politik *zwischen* den Mitgliedstaaten) als auch eine nach außen (abgestimmtes Auftreten nach *außen*, gegenüber Drittstaaten) gerichtete Zielsetzung bei[8]. Eine dergestalt ambivalente Einordnung dieser Bestimmung erscheint jedoch bedenklich. Dagegen spricht bereits der Wortlaut. Danach sollen die *Beziehungen zwischen den Mitgliedstaaten und ihren Völkern* kohärent und solidarisch gestaltet werden. Ein Außenbezug fehlt; es wird lediglich von den Beziehungen zwischen den Staaten gesprochen. Ein Außenbezug wäre aber zu erwarten, wenn die Bestimmung des Artikel A Abs. 3 S. 2 EUV eine Kohärenzverpflichtung sowohl bezüglich der inneren als auch der äußeren Abstimmung hätte aussprechen sollen. Die durch *Müller-Graff* vorgenommene Qualifizierung des Artikel A Abs. 3 S. 2 EUV ist daher mit dem Wortlaut der Bestimmung nicht vereinbar.
Der fehlende Außenbezug in Artikel A Abs. 3 S. 2 kann nicht nur als redaktionelles Versehen gewertet werden. Dagegen spricht eine systematische Überlegung. In Artikel C Abs. 2 EUV taucht nämlich das Gebot zur kohärenten Politikgestaltung noch einmal auf, diesmal aber eindeutig mit außenbezogener Zielrichtung. Folgt man der Klassifizierung von *Müller-Graff*, entbehrt Artikel C Abs. 2 EUV jeglichen Regelungsgehalts, da er lediglich die bereits mit Artikel A Abs. 3 S. 2 EUV ausgesprochene Verpflichtung noch einmal für einen Teilbereich statuiert. Dies erscheint sinnwidrig. Die von *Müller-Graff* vorgenommene Klassifizierung findet somit weder eine Stütze im Wortlaut, noch bei systematischer Betrachtung. Sie ist daher abzulehnen.
Das Kohärenzgebot des Artikel A Abs. 3 S. 2 EUV ist vielmehr nur auf die Kohärenz nach innen, auf die Beziehungen zwischen den Mitgliedstaaten und ihren

---

[7] Siehe dazu: *Glaesner*, Der Grundsatz des wirtschaftlichen und sozialen Zusammenhalts im Recht der Europäischen Wirtschaftsgemeinschaft, 1990; *Schäfer/Starbatty*, Das Instrumentarium der Europäischen Gemeinschaft zur Förderung innergemeinschaftlicher Kohäsion, in: Aus Politik und Zeitgeschichte, Beilage zu "Das Parlament", B 28/1990; *Tomuschat*, in: FS Pescatore, S. 729 ff.

[8] *Müller-Graff*, integration 1993, S. 147 ff. (150).

Völkern, gerichtet[9]. Dagegen spricht nicht, daß mit den Artikeln 130a f. EGV gemeinschaftsrechtliche Regelungen bestehen, welche dieselbe Zielrichtung aufweisen. Diese machen das Gebot des Artikel A Abs. 3 S. 2 EUV nicht überflüssig. Denn der Anwendungsbereich des Artikel A Abs. 3 S. 2 EUV ist mit den gemeinschaftsrechtlichen Regelungen der Artikel 130a f. EGV nicht deckungsgleich. Er umfaßt vielmehr auch Bereiche *außerhalb* der Gemeinschaftszuständigkeiten wie z.B. die ZBJI[10] und deren Abstimmung mit der entsprechenden Gemeinschaftspolitik.

II. Verpflichtung zur äußeren Kohärenz

Nach Artikel C Abs. 2 S. 1 EUV achtet die Union insbesondere auf die Kohärenz aller von ihr ergriffenen außenpolitischen Maßnahmen im Rahmen ihrer Außen-, Sicherheits-, Wirtschafts- und Entwicklungspolitik. Die ausgesprochene Verpflichtung hat eine eindeutige Außenausrichtung. Sie wäre demnach dem *(zweiten) Typus*, dem der äußeren Kohärenz zuzuordnen[11]. Die äußere Kohärenz betrifft nach *Müller-Graff*[12] das gemeinsame Auftreten gegenüber Drittstaaten.
Eine Hervorhebung der Verpflichtung der Europäischen Union (EU), insbesondere auf die Kohärenz bei außenpolitischen Maßnahmen zu achten, stellt das nach außen gerichtete Gegenstück zu Artikel A Abs. 3 S. 2 EUV dar. Gerade in diesem Bereich besteht die große Gefahr unabgestimmten und widersprüchlichen Handelns[13]. Die Bestimmung ist in der Nachfolge des Artikel 30 Abs. 5 EEA zu sehen. Im Bereich außenpolitischer Maßnahmen ergeben sich vielfältige und einander überschneidende Handlungsmöglichkeiten. So handeln die Mitgliedstaaten im Bereich der Außen- und Sicherheitspolitik zwar grundsätzlich in der Form der zwischenstaatlichen Zusammenarbeit (Artikel J-J.11 EUV). Sofern sich die Maßnahmen aber auch (indirekt) auf die Wirtschaftspolitik erstrecken, ergeben sich Einwirkungen auf die Gemeinsame Handelspolitik (Artikel 110 f. EGV), in welcher der Europäischen Gemeinschaft (EG) weitgehende und ausschließliche Kompetenzen eingeräumt sind.
Erinnert sei schließlich auch an die ergänzende Kompetenz der EG im Bereich der Entwicklungszusammenarbeit (Artikel 130u f. EGV). Hieraus ergeben sich vielfältige Konflikt- und Spannungsmöglichkeiten zwischen den intergouvernementalen und den gemeinschaftlichen Systembestandteilen. Zugleich wird deutlich, daß der Kohärenzverpflichtung, insbesondere im Bereich äußerer Kohärenz,

[9] Ebenso: *Hilf,* in: Grabitz/Hilf, EUV/EGV, Artikel A, Rn. 22; *Krenzler/Schneider*, EuR 1994, S. 144 ff. (146); *Koenig/Pechstein*, Die Europäische Union, S. 48.

[10] *Koenig/Pechstein*, Die Europäische Union, S. 48.

[11] Ebenso: *Hilf/Pache,* in: Grabitz/Hilf (Hrsg.), EUV/EGV, Artikel C, Rn. 13; *Müller-Graff*, integration 1993, S. 147 ff. (150); *Koenig/Pechstein*, Die Europäische Union, S. 48; *Krenzler/Schneider*, EuR 1994, S. 144 ff. (146).

[12] *Müller-Graff*, integration 1993, S. 147 ff. (147).

[13] *Hilf/Pache,* in: Grabitz/Hilf, EUV/EGV, Artikel C, Rn. 13.

zentrale Bedeutung zukommt. War Artikel 30 Abs. 5 EEA als ein erster rechtlicher Verknüpfungsansatz zwischen den bis dahin voneinander unabhängigen Systemen der EPZ und der Gemeinschaften zu bewerten, so kommt dem Kohärenzgebot des Unionsvertrages fundamentale Bedeutung für das Unionskonzept zu.

III. Inhaltliche Kohärenz und Artikel C Abs. 1 EUV

Als weiteren *(dritten) Typus* führt *Müller-Graff* den Begriff der inhaltlichen Kohärenz im Sinne einer Maßnahmenkohärenz auf. Nach seiner Definition ist mit inhaltlicher Kohärenz die konzeptionelle Stimmigkeit von Einzelmaßnahmen bzw. die Vermeidung unabgestimmter, widersprüchlicher, konterkarierender Maßnahmen gemeint[14]. In diese Kategorie sei die Bestimmung des Artikel C Abs. 1 EUV einzuordnen[15], wonach die Union "über einen einheitlichen institutionellen Rahmen (verfügt), der die Kohärenz und Kontinuität der Maßnahmen ... sicherstellt".
Fraglich ist aber, ob die Einführung der Kategorie der inhaltlichen Kohärenz als eines selbständigen Typus gerechtfertigt ist. Dies läßt sich erst nach einer Analyse sowohl des Anwendungsbereichs, als auch des materiellen Regelungsinhalts beantworten.

1.) Anwendungsbereich des Artikel C Abs. 1 EUV
Durch den einheitlichen institutionellen Rahmen, der in Artikel D und E EUV näher umschrieben wird, soll die angesprochene Stimmigkeit der Maßnahmen sichergestellt werden. Dabei fällt auf, daß die Bestimmung des Artikel C Abs. 1 EUV nicht die Form einer programmatischen Verpflichtung, sondern die Form einer Feststellung aufweist. Die Vertragsverfasser betonen hier lediglich organisatorische beziehungsweise institutionelle Aspekte. Sie gingen scheinbar davon aus, daß bereits die Schaffung einheitlicher Entscheidungsstränge, z.B. aufgrund organisatorischer Maßnahmen, wie die bei Vertragsabschluß geplante Zusammenlegung des EPZ-Sekretariats mit dem Generalsekretariat des Rates[16], die Kohärenz der jeweiligen Einzelmaßnahmen sicherzustellen vermag. Die Betonung liegt hier also im organisatorischen.
Durch die Bestimmung des Artikel E EUV wird klargestellt, daß die jeweiligen institutionellen Befugnisse der Organe ihre Grundlage sowohl in den Gründungs-

---

[14] *Müller-Graff*, integration 1993, S. 147 ff. (150); *Hilf/Pache*, in: Grabitz/Hilf (Hrsg.), EUV/EGV, Artikel C, Rn. 9.

[15] *Müller-Graff*, integration 1993, S. 147 ff. (150); *ders.* in: Regelsberger, Die GASP, S. 59; zustimmend: *Hilf/Pache*, in: Grabitz/Hilf (Hrsg.), EUV/EGV, Artikel C, Rn. 9.

[16] Siehe "Erklärung zu den praktischen Einzelheiten im Bereich der Gemeinsamen Außen- und Sicherheitspolitik". Zwar sollten die praktischen Einzelheiten der Zusammenlegung erst später geklärt werden, die Zusammenlegung selber, ist jedoch mit Vertragsabschluß beschlossen worden.

verträgen, als auch im EU-Vertrag finden. Aufgrund der bereits angesprochenen Berührungspunkte zwischen den Kompetenzen der supranationalen und intergouvernementalen Bereiche können sich, auch aufgrund unterschiedlicher Abstimmungsmodi, Unterschiede hinsichtlich der verfolgten Ziele ergeben. Es besteht folglich die Gefahr, daß Gemeinschaftsinstitutionen der GASP zuwiderlaufende Beschlüsse fassen und umgekehrt. Diese Gefahr war den Vertragsparteien bewußt.
Zur Vermeidung derartiger Unstimmigkeiten konstituiert der Unionsvertrag daher sowohl die Verpflichtung zur inneren Kohärenz (Artikel A Abs. 3 S. 2 EUV), als auch diejenige zur äußeren Kohärenz (Artikel C Abs. 2 S. 1 EUV). Inhaltlich umfaßt die Bestimmung des Artikel A Abs. 3 S. 2 EUV also sowohl den insoweit deckungsgleichen Bereich der Artikel 130a ff. EGV, als auch den darüber hinausreichenden Bereich der ZBJI[17]. Die Bestimmung des Artikel C Abs. 2 S. 1 EUV regelt hingegen vorrangig das Auftreten der Union gegenüber Drittstaaten. Die Summe der beiden Anwendungsbereiche erfaßt damit sämtliche Aspekte des Wirkungsbereichs des Staatenverbundes[18] der Union.
Es ist somit nicht erkennbar, worin ein über die Regelungssumme der angeführten Bestimmungen hinausgehender, *selbständiger* Anwendungsbereich für Artikel C Abs. 1 EUV zu sehen sein könnte. Soweit ersichtlich, umfassen die Bestimmungen der Artikel A Abs. 3 und Artikel C Abs. 2 EUV den *gesamten Handlungsrahmen* der Union, da sie als Querschnittsbestimmungen alle Handlungsaspekte der Union betreffen. Der durch Artikel C Abs. 1 EUV geregelte formelle Regelungsbereich kann daher allenfalls *deckungsgleich* mit der Regelungssumme der Spezialbestimmungen sein, in keinem Fall aber darüber hinausgehen. Eine Besonderheit des Artikel C Abs. 1 EUV wäre allenfalls in der Betonung des Organisatorisch-institutionellen zu erblicken.

2.) Inhaltlicher Regelungsbereich

Aber auch inhaltlich sind Unterschiede nicht feststellbar. *Per definitionem* wird Kohärenz als das Bemühen um ein aufeinander abgestimmtes, zusammenhängendes, widerspruchsfreies Verhalten verstanden, das die gleiche Zielsetzung in verschiedenen Bereichen verfolgt[19]. Eine derartige Verpflichtung hat naturgemäß eine *doppelte* Zielrichtung. Die Definition erfaßt einerseits einen koordinationstechnischen (darauf weist der Teil "*abgestimmtes* und *zusammenhängendes* Verhalten" hin), andererseits einen inhaltlichen Aspekt. Die Pflicht zur Widerspruchsfreiheit bezieht sich sowohl auf eine *Abstimmungsverpflichtung* zwischen unterschiedlichen Bereichen im Sinne einer Querschnittskohärenz (hier könnte man von *horizontaler Kohärenz* sprechen), als auch auf die *inhaltliche Kongruenz* innerhalb

---

[17] *Koenig/Pechstein*, Die Europäische Union, S. 48.
[18] Zum Begriff des Staatenverbundes siehe u.a.: BVerfGE 89, S. 155 ff. (185); *Epping*, Jura 1995, S. 449 ff. (449); kritisch hierzu: *Tsatsos*, EuGRZ 1995, S. 287 ff. (292).
[19] *Hilf*, in: Grabitz/Hilf (Hrsg.), EUV/EGV, Artikel A, Rn. 22.

desselben Politikbereichs (dieser Aspekt läßt sich als *vertikale Kohärenz* bezeichnen[20]).
Bei anderer Auslegung, nämlich der von *Müller-Graff* vorgeschlagenen Einführung des Typus der "Maßnahmenkohärenz", ergibt sich zwar eine Pflicht zur Widerspruchsfreiheit in bezug auf eine Abstimmung zwischen Maßnahmen unterschiedlicher Bereiche (horizontale Kohärenz). Die Pflicht zur Widerspruchsfreiheit würde sich bei dieser Auslegung aber bei Maßnahmen die *innerhalb desselben Bereichs* (vertikale Kohärenz) getroffen wurden, gerade nicht ergeben. Eine derartige Differenzierung erscheint sinnwidrig. Will man nicht eine künstlich erscheinende Unterscheidung zwischen einem Kohärenzgebot *zwischen* den Maßnahmen und der *inhaltlichen Stimmigkeit der Einzelmaßnahmen* einführen, verbleibt für eine *selbständige* Kategorie der "inhaltlichen Kohärenz", die dem hier vertretenen Begriff der vertikalen Kohärenz entspricht, kein Raum.
Der Aspekt vertikaler Kohärenz läßt sich nicht sinnvoll aus dem Kohärenzbegriff abspalten. Beide Teile, sowohl die Pflicht zur vertikalen als auch die zur horizontalen Stimmigkeit der Maßnahme, stellen lediglich *Teilaspekte* des unteilbaren Kohärenzbegriffes dar. Die Verpflichtung zur äußeren (Artikel C Abs. 2 EUV), bzw. zur inneren (Artikel A Abs. 3 EUV) Kohärenz beinhaltet daher sowohl die Pflicht zur Stimmigkeit *zwischen* den Einzelmaßnahmen *innerhalb* der unterschiedlichen Bereiche und *zwischen* den verschiedenen Systemen intergouvernementaler bzw. supranationaler Zusammenarbeit, als auch die Pflicht zur Stimmigkeit *innerhalb der Einzelmaßnahmen*. Dies bedeutet aber, daß für eine Verpflichtung zur "inhaltlichen Kohärenz" im Sinne der von *Müller-Graff* vorgenommenen Typologisierung, über die Artikel C Abs. 2 S. 1 und Artikel A Abs. 3 S. EUV hinaus inhaltlich kein selbständiger Regelungsbereich verbleibt. Die Kategorie der "inhaltlichen Kohärenz" als selbständiger Typus ist daher abzulehnen, da sie lediglich den inhaltlichen (vertikalen) und untrennbaren *Teilaspekt* des Kohärenzbegriffes erfaßt und keinen selbständig unterscheidbaren Typ darstellt.
Ein Erkenntnisgewinn ist mit ihrer Einführung nicht verbunden. Eine mit Artikel C Abs. 1 EUV ausgesprochene Verpflichtung zur sogenannten inhaltlichen Kohärenz wäre somit sowohl im Hinblick auf den Regelungsbereich als auch auf ihren Inhalt mit der Summe der sich aus Artikel A Abs. 3 S. 2 und Artikel C Abs. 2 S. 1 EUV ergebenden Pflichten teilidentisch.

3.) Selbständige Bedeutung des Artikel C Abs. 1 S. 1 EUV?

Wenn nach der hier vertretenen Auffassung die Kategorie der inhaltlichen Kohärenz abzulehnen ist, stellt sich die Frage nach der Bedeutung des Artikel C Abs. 1

[20] *Krenzler/Schneider*, EuR 1994, S. 144 ff. (152), verfolgen insoweit eine andere Terminologie. Sie bezeichnen die Interaktion *zwischen der Union und den Mitgliedstaaten* als vertikale Kohärenz. Eine derartige Definition birgt jedoch den Nachteil in sich, daß damit ein (zumindest im intergouvernementalen Bereich der Union) nicht vorhandenes Über-Unterordnungsverhältnis zwischen der Union und den Mitgliedstaaten impliziert wird.

EUV. Dieser stellt nur dann mehr als eine überflüssige Wiederholung der in den Artikeln A Abs. 3 und C Abs. 2 EUV ohnehin statuierten Pflichten dar, wenn ihm eine selbständige Bedeutung außerhalb der von *Müller-Graff* vorgenommenen Charakterisierung zukommt. Artikel C Abs. 1 EUV ist bei näherer Betrachtung tatsächlich eine solche selbständige Bedeutung zu entnehmen. Durch die Betonung der Kohärenzpflicht stellt Artikel C Abs. 1 EUV erstens klar, daß es sich bei dem Kohärenzgebot um *ein allgemeingültiges Rechts-, Handlungs- und Ordnungsprinzip* der Union handelt[21]. Die gesamte Tätigkeit der Union soll kohärent sein.

In der Bestimmung des Artikel C Abs. 1 EUV ist zweitens eine *Klammerwirkung zwischen äußerer und innerer Kohärenz* der Artikel A Abs. 3 und Artikel C Abs. 2 EUV zu erkennen.

Drittens läßt sich der Regelung des Artikel C Abs. 1 EUV ein wichtiges *Organisationsprinzip* entnehmen. Die Struktur der Union soll dergestalt sein, daß ein höchstmögliches Maß an Kohärenz sichergestellt ist.

B. Gegenstand der Untersuchung

Die vorliegende Untersuchung behandelt das Kohärenzgebot des Unionsvertrages und vor allem seine Bedeutung für den Zusammenhalt der Europäischen Union. Da besonders letzterer Aspekt von fundamentalem Interesse für das Verständnis des Unionssystems ist, ergeben sich hinsichtlich des Untersuchungsumfanges einige Einschränkungen. Ausgeklammert werden soll insbesondere der *innere Aspekt* der Kohärenzverpflichtung, soweit dieser mit den Bestimmungen der Artikel 130a EGV deckungsgleich ist[22]. Der Gegenstand ist in der wissenschaftlichen Literatur weitgehend untersucht und seine Berücksichtigung verspricht zudem keinen Gewinn für das Verständnis des Unionssystems.

Nur von marginalem Interesse ist ferner der vertikale Aspekt der Kohärenzverpflichtung, soweit dieser die Pflicht der Mitgliedstaaten zum kohärenten Verhalten *innerhalb* eines der Bereiche des Unionsvertrages betrifft. Eine Folge dieser Verpflichtung wäre z.B. die Forderung nach rechtstaatlicher Klarheit bei der Umsetzung von Sekundärrecht. Hierbei handelt es sich jedoch grundsätzlich um normale völkerrechtliche Grundsätze der bona fides[23] und des estoppel-Grundsatzes[24] zur Einhaltung unterzeichneter Verträge.

---

[21] *Hilf*, in: Grabitz/Hilf (Hrsg.), EUV/EGV, Artikel C, Rn. 8; *Ress*, JuS 1992, S. 985 ff. (987).

[22] Siehe zu dieser Frage: *Glaesner*, Der Grundsatz des wirtschaftlichen und sozialen Zusammenhalts im Recht der Europäischen Wirtschaftsgemeinschaft; *Schäfers*, Die Kohäsionspolitik der Europäischen Gemeinschaft; *Stabenow*, in: EG Magazin, 1989, Nr. 5, S. 14 ff.

[23] Zum Begriff siehe: *Daillier/Pellet*, Droit International Public, S. 216 f.; *Hillier*, Public International Law, S. 78.

[24] Zum Begriff siehe: *Henkin/Crawford-Pugh/Schachter/Smit*, International Law, S. 115 f.

Nur am Rande behandelt werden soll ferner die gemeinschaftsrechtliche Verpflichtung des Artikel 5 EGV zu gemeinschaftstreuem Verhalten[25]. Die Untersuchung dieser Grundsätze ist bereits mehrfach an anderer Stelle erfolgt und verspricht im vorliegenden Zusammenhang kein vertieftes Systemverständnis, da die statuierten Pflichten nicht *unionsspezifisch* sind.
Besondere Berücksichtigung hingegen soll die Verpflichtung zur *Querschnittskohärenz*, also der horizontalen Kohärenz zwischen den unterschiedlichen Bereichen der Union, finden.
Das Gebot zur horizontalen Kohärenz stellt den Hauptregelungsinhalt der angesprochenen Normen dar. Dies wird insbesondere an Artikel C Abs. 1 EUV deutlich, der davon spricht, daß die Union über einen einheitlichen Rahmen verfügt, der die Kohärenz und Kontinuität der Maßnahmen sicherstellt. Die Betonung der Einheitlichkeit des Handlungsrahmens kann nur dahingehend verstanden werden, daß der Verpflichtung zur *Querschnittskohärenz* bzw. zur *horizontalen Kohärenz* besondere Bedeutung beigemessen wird. Innerhalb der einzelnen Handlungsstränge besteht ja ohnehin ein einheitlicher Handlungsrahmen, eine nochmalige Betonung wäre damit überflüssig. Der koordinationstechnische Aspekt des Kohärenzgebots zwischen den unterschiedlichen Politikbereichen stellt daher den Hauptregelungsinhalt der untersuchten Normen dar. Dieser Aspekt soll den Schwerpunkt der Untersuchung bilden. Da das Gebot *inhaltlicher (vertikaler)* Kohärenz einen Teilaspekt sowohl der inneren als auch der äußeren Kohärenz bildet, ist es ebenfalls in die Betrachtungen einzubeziehen.
Anknüpfungspunkte für die Untersuchungen bilden dabei vor allem die Artikel A Abs. 3, Artikel C Abs. 1 und Artikel C Abs. 2 EUV.

2. Abschnitt: Die historische Entwicklung des Kohärenzgebots

Die in den Artikeln A Abs. 3 und Artikel C EUV statuierte Verpflichtung zu einer kohärenten Politikgestaltung stellt zwar den vorläufigen Höhepunkt in dem Bemühen der Mitgliedstaaten um eine einheitliche, stimmige Politikgestaltung dar, sie ist jedoch keine echte Neuerung des Maastrichter Vertrages. Vielmehr lassen

[25] Zum letzteren siehe die umfangreiche Literatur, z.B.: *Bleckmann*, DVBl. 1976, S. 483 ff.; *v. Bogdandy*, in: GS Grabitz, S. 17 ff.; *Blanquet*, L'Article 5 du Traite C.E.E, Bibliotéque de Droit International et Communautaire, Bd. 108, Paris 1993, *Constantinesco*, in: FS Pescatore, S. 97 ff.; *Due*, Der Grundsatz der Gemeinschaftstreue in der Europäischen Gemeinschaft nach der neueren Rechtsprechung des Gerichtshofs, Zentrum für Europäisches Wirtschaftsrecht Nr. 9, 1992; *Lecheler*, EA 25, 1968, S. 403 ff.; *Lück*, Die Gemeinschaftstreue als allgemeines Rechtsprinzip im Recht der Europäischen Gemeinschaft, 1992; *Schermers/Pearson*, in: FS Steindorff, S. 1359 ff.; *Söllner*, Artikel 5 EWG-Vertrag in der Rechtsprechung des Europäischen Gerichtshofs, 1985; *Temple Lang*, CMLR 1990, S. 645 ff.; *Wuermeling*, EuR 1987, S. 237 ff.

sich, sowohl was den Inhalt als auch die Adressaten angeht, etliche historische Parallelen finden. Entsprechende Ansätze für Versuche, sowohl die Mitgliedstaaten als auch die am Integrationsprozeß teilnehmenden Internationalen Organisationen auf eine stimmige, einheitliche Politik zu verpflichten, lassen sich bis in die Anfänge des Integrationsprozesses zurückverfolgen.

A. Ansätze in den Verträgen zur EGKS, EVG und EPG

Sowohl im Vertrag zur Europäischen Gemeinschaft für Kohle und Stahl vom 18. April 1951 (nachfolgend EGKSV) als auch in den (gescheiterten) Verträgen über die Europäische Verteidigungsgemeinschaft (nachfolgend EVG) und die Europäische Politische Gemeinschaft lassen sich Bestimmungen finden, die eine Pflicht der teilnehmenden Parteien zur gegenseitigen Abstimmung der jeweiligen Politikbereiche beinhalten.

I. Vertrag über die Europäische Gemeinschaft für Kohle und Stahl

Bereits in der Präambel des EGKS-Vertrages finden sich Bezüge zu einer aufeinander abgestimmten Politikgestaltung. So spricht diese von der Absicht "durch die Errichtung einer wirtschaftlichen Gemeinschaft den ersten Grundstein für eine weitere und vertiefte Gemeinschaft unter Völkern zu legen, die lange Zeit durch blutige Auseinandersetzungen entzweit waren, und die institutionellen Grundlagen zu schaffen, die einem nunmehr allen *gemeinsamen Schicksal*[26] die Richtung weisen können[27]". Von Bedeutung ist hierbei die Betonung des gemeinsamen künftigen Schicksals und der Entschluß, dieses im Rahmen *gemeinsamer* Institutionen zu meistern. Dahinter steht sowohl der Gedanke, *die nationalen Politiken künftig stärker am gemeinsamen Interesse auszurichten*, als auch im institutionellen Rahmen eine gemeinsame Politik zu führen.

II. Europäische Verteidigungsgemeinschaft und Europäische Politische Gemeinschaft

Weitere, konkretere Ansätze für eine aufeinander abgestimmte, kohärente Politik finden sich auch im seinerzeit gescheiterten Vertrag über die Europäische Verteidigungsgemeinschaft vom 27. Mai 1952[28]. Von besonderer Bedeutung sind Artikel 38 § 1 lit. c) UAbs. 4 und Artikel 39 § 1 EVG. In der erstgenannten Vorschrift wird der Versammlung aufgetragen, "die Fragen zu prüfen, die sich aus dem Nebeneinander verschiedener, bereits vorhandener oder zu schaffender Organisatio-

[26] Hervorhebung des Verfassers.

[27] 5. Erwägungsgrund der EGKSV Präambel.

[28] Zur damaligen staatsrechtlichen Bewertung des EVG-Vertrags siehe z.B.: *Apelt*, NJW 1953, S. 641 ff.

nen für europäische Zusammenarbeit ergeben, um deren Zusammenfassung im Rahmen des bundesstaatlichen oder staatenbündischen Ausbaus sicherzustellen."[29] Die Versammlung sollte sich mit anderen Worten neben der Erforschung von Zukunftsperspektiven auch um die *innere Kohärenz* zwischen den unterschiedlichen Instrumenten europäischer Integration bemühen. Diese Bestimmung ist im Zusammenhang mit dem Projekt zur Bildung der Europäischen Politischen Gemeinschaft zu sehen[30].

Dem Rat war in Artikel 39 § 1 EVG die Aufgabe zugewiesen, "die Tätigkeit des Kommissariates und die Politik der Regierungen der Mitgliedstaaten *miteinander in Einklang zu bringen*[31]". Er sollte daher die Abstimmung zwischen der durch die EVG und der durch die Mitgliedstaaten verfolgten Politik sicherstellen[32]. Insoweit war dem Rat die Sicherstellung der *äußeren Kohärenz* zugewiesen.

Eine erhebliche Stärkung der koordinierten kohärenten Ausübung der Außenpolitik sahen etliche Artikel des Vertragsentwurfs zur Gründung der Europäischen Politischen Gemeinschaft vor, welcher von der eingesetzten ad hoc-Versammlung in Straßburg am 10. März 1953 beschlossen wurde[33].

So machte es Artikel 2 (iii) zur *Aufgabe der Gemeinschaft*, "in den Fragen, die den Bestand, die Sicherheit oder den Wohlstand der Gemeinschaft berühren können, die *Koordinierung der Außenpolitik*[34] der Mitgliedstaaten zu sichern." Das für die Abstimmung in erster Linie verantwortliche Organ war der Rat der nationalen Minister, der seine Tätigkeit dahingehend auszuüben hatte, daß die Aktionen des Europäischen Exekutivrates[35] und die der Regierungen der Mitgliedstaaten miteinander im Einklang standen[36]. Die Abstimmung sollte gemäß Artikel 35 Abs. 2 Vertragsentwurf durch gegenseitige Konsultation erfolgen. Dazu sah Artikel 70 § 1 Vertragsentwurf den Austausch von Informationen im Rat der nationalen Minister und die Einführung eines Verfahrens zur ständigen Konsultation vor. Insbesondere vor Beginn internationaler Konferenzen, welche die Belange der Gemeinschaft berühren konnten, war die Gemeinschaft beauftragt, durch ein Konsultationsverfahren die Festlegung einer gemeinsamen Haltung sicherzustellen[37].

Um eine bessere Koordinierung zu gewährleisten, sah Artikel 69 Abs. 2 Vertragsentwurf die Möglichkeit vor, durch einstimmigen Beschluß des Rates der natio-

---

[29] Artikel 38 § 1 lit. c) UAbs. 4 EVGV, abgedr. in: BGBl. Teil II, 1954, S. 342 ff.

[30] Vgl. hierzu auch: *Küsters*, in: Trausch, Europäische Integration ..., S. 259 ff.

[31] Hervorhebung des Verfassers.

[32] *Baxter*, British Year Book of International Law 1952, S. 340 ff. (342).

[33] Vertragsentwurf abgedruckt in: Europa-Archiv, Band. 8 (1953), S. 5669 ff.; vgl. auch die detaillierte Darstellung von: *Robertson*, British Year Book of International Law 1952, S. 383 ff.

[34] Hervorhebung des Verfassers.

[35] Der Europäische Exekutivrat sollte die Regierung der Gemeinschaft werden (vgl. Artikel 27 des Vertragsentwurfes).

[36] Artikel 35 des Vertragsentwurfes.

[37] Artikel 71 § 1 Vertragsentwurf.

nalen Minister den Europäischen Exekutivrat zum gemeinschaftlichen Beauftragten der Mitgliedstaaten zu ernennen.
Des weiteren untersagte Artikel 72 Vertragsentwurf den Mitgliedstaaten den Abschluß oder den Beitritt zu zwischenstaatlichen Verträgen oder Abkommen, die den von der Gemeinschaft übernommenen Verpflichtungen widersprachen. Zur Verhütung solcher Konfliktfälle sollten die Mitgliedstaaten gemäß Artikel 73 Vertragsentwurf verpflichtet werden, über die im Verhandlungsstadium befindlichen Vertragsentwürfe oder jede von ihnen ergriffene Initiative, welche die Interessen der Gemeinschaft berührt, den Europäischen Exekutivrat zu unterrichten. Im Streitfall sah Artikel 73 Abs. 2 Vertragsentwurf ein Schiedsverfahren vor. Obige Vorschriften unterlagen gemäß Artikel 41 § 1 Vertragsentwurf der vollen Jurisdiktionsgewalt des zu schaffenden Gerichtshofes. Die vorgesehene Abstimmungsverpflichtung der Mitgliedstaaten war daher sowohl weitgehend als auch justitiabel. Die Hauptzielrichtung lag dabei im Bereich *äußerer Kohärenz.*
Die politische Bedeutung des EPG-Projektes war jedoch begrenzt. Letztendlich stellte das Projekt der Europäischen Politischen Gemeinschaft lediglich einen zweckgebundenen Versuch dar, die Ratifikation des EVG-Vertrages zu erleichtern. Keine der beteiligten Regierungen sah 1952 in der Gründung einer Politischen Gemeinschaft einen konstitutiven Bestandteil westeuropäischer Integration[38]. Der ehrgeizige, wenn auch systematisch nicht ganz ausgereifte Plan zur Einrichtung der EPG scheiterte daher endgültig mit der Ablehnung der Ratifikation des EVG-Vertrages am 30. August 1954 durch die französische Nationalversammlung.

B. Fouchet-Pläne und die Entwicklung der EPZ

Der Fehlschlag bei der Ratifizierung des EVG-Vertrages durch die französische Nationalversammlung führte dazu, daß der integrationspolitische Ehrgeiz zunächst auf den Bereich wirtschaftlicher Integration verlegt wurde.
Nachdem die Europäische Wirtschaftsgemeinschaft im Jahr 1958 gegründet worden war, wurde die Frage nach der Entwicklung einer politischen Union Europas im wesentlichen auf das Drängen von *Jean Monnets* Aktionskomitee für die Vereinigten Staaten von Europa hin neu aufgegriffen[39]. Da der mittlerweile in Frankreich an die Macht gekommene General *de Gaulle* gegenüber allen Integrationsschritten im Wege der supranationalen Gemeinschaftsmethode skeptisch eingestellt war, stellte sich die Frage nach politischen Alternativen.

---

[38] *Küsters,* in: Trausch, Europäische Integration ..., S. 259 ff.
[39] *Allen/Wallace,* in: Rummel/Wessels, Die Europäische Politische Zusammenarbeit, S. 53 ff. (54).

I. Fouchet-Pläne und die Krise der Gemeinschaft

Auf Geheiß *de Gaulle's* legte sein Premierminister *Michel Debré* im Januar 1959 in einer Rede vor der Nationalversammlung das Konzept eines "Europas der Vaterländer" vor. Zur Vorbereitung der politischen Union Europas schlug er 1959 "regelmäßige und andauernde Konsultationen unter den Regierungschefs" vor. Eine Einigung darüber kam noch im November 1959 zustande[40], so daß bereits 1960 entsprechende Treffen stattfanden.

Dieser intergouvernementale Ansatz traf auf das Mißtrauen der kleineren Partner Belgien und Niederlande. Sie befürchteten eine Schwächung der supranationalen Organisationen[41], die den kleineren Staaten ein erhöhtes Gewicht gaben.

Nach einer zwölfmonatigen Diskussionsphase legte der französische Diplomat *Christian Fouchet* als Leiter der eingesetzten Studiengruppe am 18. Juli 1961 in Bonn bei der dort stattfindenden Konferenz der Staats- und Regierungschefs einen Plan zur Errichtung einer Staatenunion vor (Fouchet I-Plan)[42]. Danach sollte die Union u.a. "in Fragen von gemeinsamem Interesse zur Annahme einer gemeinsamen Außenpolitik gelangen"[43]. Ferner sollten die Mitgliedstaaten zu Solidarität und gegenseitigem Beistand verpflichtet werden. Es war ihnen untersagt, eine Initiative zu ergreifen oder einen Beschluß zu fassen, der die Verwirklichung der Ziele der Union behindern oder verzögern könnte[44].

Die Kohärenz des Handelns im Bereich der Unionskompetenzen sollte also, wenn auch recht konturenlos, zum Unionsprinzip erhoben werden. Zur besseren Koordination und Ausführung der Beschlüsse war die Einrichtung einer Europäischen Politischen Kommission vorgesehen[45].

Von Bedeutung war allerdings, daß eine Kohärenzverpflichtung im Sinne einer horizontalen Abstimmung mit den supranational ausgestalteten Politikbereichen, der EWG, EAG und EGKS, nicht vorgesehen war. Eine Verpflichtung auf *äußere Kohärenz* im Sinne eines *unierten Vorgehens*[46] von supranationalen und intergouvernementalen Politikbereichen fehlte also. Als einzige Verbindung zu den Gemeinschaften war ein Beratungs- und Informationsrecht des Europäischen Parlaments vorgesehen[47]. Diesem war zugleich als einziger Einrichtung der Römischen Verträge in Artikel 4 des Fouchet-I-Plans eine echte institutionelle Stellung innerhalb der Union zugebilligt worden.

---

[40] *Allen/Wallace*, in: Rummel/Wessels, Die Europäische Politische Zusammenarbeit, S. 53 ff. (55).

[41] *Allen/Wallace*, in: Rummel/Wessels, Die Europäische Politische Zusammenarbeit, S. 53 ff. (55).

[42] Abgedr. in: Europa-Archiv, Band 19 (1964), S. D-466 ff.; *Weidenfeld*, Materialien zur Union, S. 283 ff.

[43] Artikel 2 (i) des Fouchet-I-Plans.

[44] Artikel 11 des Fouchet-I-Plans.

[45] Artikel 4 (iii), 9 u. 10 des Fouchet-I-Plans.

[46] Zum Begriff siehe *Koenig/Pechstein*,. Die Europäische Union, S. 28.

[47] Artikel 7 des Fouchet-I-Plans.

Der Studienausschuß arbeitete im Anschluß an das Bonner Treffen einen überarbeiteten Plan (Fouchet-II-Plan)[48] aus. Die vorgesehene Verpflichtung der Union auf eine gemeinsame Politik sollte noch schwächer als im Fouchet-I-Plan statuiert werden. Danach war es Ziel der Union, "die Politik der Mitgliedstaaten auf den Gebieten von gemeinsamem Interesse anzunähern, zu koordinieren und zu vereinheitlichen."[49] Die Durchführung einheitlicher Außenpolitik war also noch weniger ambitioniert ausgestaltet als der ohnehin bescheidene Ansatz im Fouchet-I-Plan. Ursprünglich in Artikel 11 vorgesehene Konsultations- und Informationspflichten der Mitgliedstaaten fehlten im Neuentwurf gänzlich.
Ebenfalls war die Stellung der vorgesehenen Europäischen Politischen Kommission erheblich schwächer konzipiert. Während im Fouchet-I-Plan letzterer noch eine echte Exekutivfunktion zugewiesen war[50], sollte sie nach dem Fouchet-II-Entwurf lediglich Überwachungsfunktionen übernehmen[51]. Die schwache Ausprägung einer Kohärenzverpflichtung des Fouchet-I-Plans wurde folglich im überarbeiteten Entwurf weiter entkräftet. Die durch das Europäische Parlament vorgesehene Querverbindung zu den Politiken der Gemeinschaften wurde hingegen weitgehend unverändert übernommen.
Bei Vorlage des Fouchet-II-Plans im Januar 1962 brachen die alten Meinungsverschiedenheiten zwischen dem intergouvernementalen Ansatz der Fouchet-Pläne und der Gemeinschaftsmethode erneut hervor. Schließlich legte der belgische Außenminister *Spaak*, der den Verdacht hegte, daß die kleineren EWG-Länder vor vollendete Tatsachen gestellt werden sollten, beim Außenministertreffen im April 1962 in Paris sein Veto gegen jegliche weitere Diskussion über die Vorschläge ein[52]. Dies führte in der Folgezeit zu einer Verstärkung der feindseligen Haltung Frankreichs gegenüber den Gemeinschaftsinstitutionen. Sämtliche künftigen Vorschläge für die Koordinierung der Außenpolitik wurden unweigerlich mit der Frage nach dem Charakter (supranational oder intergouvernemental) einer vollständigen Europäischen Union verknüpft[53]. Auch die Gemeinschaftskrise der Jahre 1965/66, die durch *de Gaulle´s* Politik des leeren Stuhls ausgelöst worden war, warf ähnliche Fragen über die zukünftige Art europäischer Zusammenarbeit auf. Der "Luxemburger Kompromiß" beantwortete diese Grundsatzfragen nicht, auch wenn er in gewissem Sinne einer Intergouvernementalisierung Vorschub leistete.

---

[48] Abgedruckt in: *Weidenfeld*, Materialien zur Union, S. 283.
[49] Artikel 2 des Fouchet-II-Plans.
[50] Vgl. Artikel 10 S. 2 des Fouchet-I-Plans.
[51] Artikel 9 S.2 des Fouchet-II-Plans.
[52] *Allen/Wallace*, in: Rummel/Wessels, Die Europäische Politische Zusammenarbeit, S. 53 ff. (57).
[53] *Allen/Wallace*, in: Rummel/Wessels, Die Europäische Politische Zusammenarbeit, S. 53 ff. (57).

II. Einrichtung der Europäischen Politischen Zusammenarbeit

Nach dem Rücktritt *de Gaulle's* im Jahre 1968 griffen die Mitgliedstaaten das Thema der politischen Zusammenarbeit im Bereich der Außenpolitik erneut auf. So wurde beim Haager Gipfeltreffen die Absicht bekundet, "einem vereinten Europa den Weg zu bahnen, das seine Verantwortung in der Welt von morgen übernehmen und den Beitrag leisten kann, der seiner Tradition und Aufgabe entspricht"[54]. In dem nachfolgenden "Luxemburger Bericht" der Außenminister an die Staats- und Regierungschefs der EG-Mitgliedstaaten vom 27. Oktober 1970[55] schlugen diese als Ziel der Zusammenarbeit u.a. "die Harmonisierung der Standpunkte, die Abstimmung der Haltung vor, um, wo dies möglich und wünschenswert erscheint, ein *gemeinsames Vorgehen*[56] zu begünstigen und dadurch die Solidarität zu festigen"[57].
Zur Sicherstellung eines kohärenten Vorgehens waren regelmäßige Tagungen und in Dringlichkeitsfällen Konsultationen zwischen den Außenministern der Mitgliedstaaten vorgesehen[58]. Zudem sollte ein aus den Leitern der Politischen Abteilungen bestehendes Komitee gegründet werden, welches mindestens viermal jährlich zusammentreffen sollte.
Hinsichtlich der *Querschnittskohärenz* (horizontale Kohärenz) zu den Aktionen der Gemeinschaften war vorgesehen, daß in Fällen, in denen die Arbeit der Minister Auswirkungen auf die Tätigkeit der Gemeinschaft haben könnte, die Kommission zur Stellungnahme aufgefordert werden sollte[59]. Darüber hinaus wurden unter Ziff. VI halbjährliche Kolloquien mit den Ministern und den Mitgliedern der Politischen Kommission der Europäischen Parlamentarischen Versammlung vorgesehen.
Auffallend ist die zurückhaltende Formulierung der Vorschläge. Was die inhaltliche Festlegung auf eine gemeinsame Politikgestaltung betrifft, so waren diese noch unbestimmter formuliert als die in den Fouchet-Berichten vorgesehenen Bestimmungen. Es wurden lediglich Verfahrensregeln ohne verbindlichen Inhalt festgelegt, da keine Verpflichtung zur Übereinstimmung bestand[60].
Infolge der aus der Furcht vor einer weiteren Supranationalisierung resultierenden französischen Obstruktionshaltung bestand bis Ende 1973 eine strikte Trennung

---

[54] Kommunique der Konferenz der Staats- und Regierungschefs der Mitgliedstaaten der Europäischen Gemeinschaften am 1. und 2. Dezember 1969 in Den Haag; abgedr. in: Europäische Politische Zusammenarbeit (EPZ), Eine Dokumentation der Bundesregierung, Bonn 1978, S. 23 ff.

[55] Abgedruckt in: Rummel/Wessels, Die Europäische Politische Zusammenarbeit, Anhang III.

[56] Hervorhebung des Verfassers.

[57] Siehe Ziff. I (ii) der Luxemburger Erklärung.

[58] Siehe Ziff. II der Luxemburger Erklärung.

[59] Ziff. V der Luxemburger Erklärung.

[60] Vgl. *Allen/Wallace*, in: Rummel/Wessels, Die Europäische Politische Zusammenarbeit, S. 53 ff. (59).

der beiden Organisationsstränge (Gemeinschaftsinstitutionen einerseits, EPZ andererseits). So waren während der dänischen Präsidentschaft im 2. Halbjahr 1973 die Außenminister gezwungen, an einem Tag in zwei Städten zu tagen, um diese Trennung zu unterstreichen[61]. Erst ab dem Jahr 1974 trat eine allmähliche Besserung ein, die u.a. auf den neuen französischen Präsidenten (*Giscard d'Estaing*) zurückging.

Von Bedeutung für die Abstimmung der im Rahmen der EPZ verfolgten Politik mit den Gemeinschaftspolitiken waren die beiden Pariser Gipfeltreffen in den Jahren 1972 und 1974. Auf dem Gipfeltreffen im Oktober 1972 hoben die Staats- und Regierungschefs hervor, daß "bei Fragen, die sich auf die Tätigkeit der Gemeinschaft auswirken, ... enge Verbindung zu den Organen der Gemeinschaft gehalten (werden soll)"[62]. Dieses Bemühen wurde beim Pariser Gipfeltreffen vom Oktober 1974 noch stärker unterstrichen. In der Gipfelerklärung hieß es: "Um den Zusammenhang der Gemeinschaftstätigkeiten und die Kontinuität der Arbeit zu gewährleisten, werden die Außenminister als Rat der Gemeinschaft mit einer impulsgebenden und koordinierenden Rolle betraut. Sie können bei der gleichen Gelegenheit im Rahmen der Europäischen Politischen Zusammenarbeit zusammentreten"[63].

Zumindest das Prinzip der räumlichen Trennung der jeweiligen Sitzungen des Rates und der EPZ wurde dadurch aufgehoben. Im zweiten Bericht der Außenminister an die Staats- und Regierungschefs der Mitgliedstaaten vom 23. Juli 1973 (Kopenhagener Bericht)[64], betonten diese auch die Verpflichtung der EPZ-Organe, bei der Erarbeitung gemeinsamer Auffassungen "die Folgen und Wirkungen der im Entstehen begriffenen Gemeinschaftspolitiken zu beachten"[65].

Von nicht bloß institutioneller Bedeutung war die Tatsache, daß die Kommission regelmäßig bei den EPZ-Sitzungen vertreten war. Dies galt vor allem für die Tagungen des Europäischen Rates und für die Konferenz der Außenminister, an denen sowohl der Präsident als auch das für Auswärtige Angelegenheiten zuständige Kommissionsmitglied teilnahmen. Diese Beteiligung beförderte die Kohärenz zwischen den EPZ-Maßnahmen und denen auf Gemeinschaftsebene erheblich. Des weiteren wurde die Kommission auch an den vorbereitenden Treffen des Politischen Komitees beteiligt. Lediglich von dem davor stattfindendem "Arbeitsessen" des Komitees blieb der Kommissionsvertreter

---

[61] *Bonvicini*, in: Rummel/Wessels (Hrsg.), Die Europäische Politische Zusammenarbeit, S. 75 ff. (82).

[62] Abgedruckt in: Europäische Politische Zusammenarbeit. Eine Dokumentation der Bundesregierung, Bonn 1978, S. 52.

[63] Abgedruckt in: Europäische Politische Zusammenarbeit. Eine Dokumentation der Bundesregierung, Bonn 1978, S. 103.

[64] Abgedruckt in: Rummel/Wessels, Die Europäische Politische Zusammenarbeit, S. 357 ff.

[65] Ziff. 12 b) des Kopenhagener Berichts a.a.O.

(i.d.R. der Generaldirektor für Auswärtige Angelegenheiten) regelmäßig ausgeschlossen[66].
Aufgrund des Informationsvorsprunges des Kommissionsvertreters, der regelmäßig sowohl über die EPZ-Aktivitäten als auch über die Parallelaktivitäten im Gemeinschaftsbereich informiert war, ergaben sich faktisch erhebliche Einwirkungsmöglichkeiten für die Kommission. Als nachteilig erwies sich, daß die Beteiligung der Kommission an der EPZ auf keiner sicheren Grundlage fußte. Sie hing vielmehr vom guten Willen der jeweiligen Ratspräsidentschaft ab.
Die Sicherstellung einer Querschnittskohärenz zwischen EPZ- und Gemeinschaftsmaßnahmen stieß jedoch auch aus faktischen Gegebenheiten an Grenzen. Die wichtigste Ursache war, daß die Entscheidungsprozesse in beiden Bereichen weiterhin getrennt verliefen. Die Beibehaltung dieser organisatorischen Trennung wurde auch nicht vom belgischen Ministerpräsidenten *Tindemans* in seinem Bericht[67] an den Europäischen Rat über die Europäische Union vom 29. Dezember 1975 in Frage gestellt. Auch wenn einerseits gefordert wurde, die bestehende Unterscheidung zwischen den Ministertagungen, bei denen es um die politische Zusammenarbeit ging und den Tagungen, auf denen über die Fragen aus dem Bereich der Verträge beraten wurde, aufzuheben[68], so sollte durch die geforderte Schaffung eines gemeinsamen Entscheidungszentrums nicht die Trennlinie zwischen den beiden Tätigkeitsbereichen verwischt werden[69]. Die Kohärenz des Handelns sollte vielmehr durch die Behandlung der Probleme auf Ministerebene durch dieselben Personen an ein und demselben Ort sichergestellt werden[70]. Die Zusammenarbeit folgte also ganz bewußt einem streng diplomatischen und intergouvernementalen Verfahren.

C. Einheitliche Europäische Akte

Bereits seit dem Beginn der EPZ im Jahre 1970 wurde die Notwendigkeit einer Zusammenarbeit mit den Gemeinschaften betont[71]. Dies wurde, wie ausgeführt, in den hierzu abgefaßten Berichten[72] immer wieder unterstrichen. Im Londoner Bericht von 1981 wurde schließlich das Teilnahmerecht der Kommission an den Verfahren der EPZ, welches bis dahin von einigen Teilnehmern, ungeachtet der gängigen Praxis, immer noch in Zweifel gezogen wurde, explizit festgeschrieben.

---

[66] *Bonvicini*, in: Rummel/Wessels, Die Europäische Politische Zusammenarbeit, S. 85.
[67] *Tindemans*-Bericht, abgedruckt in: Weidenfeld, Materialien zur Union, S. 310 ff.
[68] Kapitel II A lit. a) des *Tindemans*-Berichts.
[69] Kapitel II A lit. b) des *Tindemans*-Berichts.
[70] Kapitel II A lit. b) des *Tindemans*-Berichts.
[71] *Lak*, in: Rummel, Towards Political Union, S. 47 ff. (50).
[72] Siehe Luxemburger Bericht a.a.O., Kopenhagener Bericht a.a.O., *Tindemanns*-Bericht, abgedruckt in: Weidenfeld, Materialien zur Union, S. 310 ff..

I. Entwicklung vor der EEA

Der erste ernsthafte Ansatz einer Zusammenführung der Institutionen der EPZ und der Gemeinschaften unter ein einheitliches Dach, welcher als *Genscher/Colombo*-Initiative bekannt wurde, scheiterte. Er gipfelte lediglich in der "Feierlichen Erklärung von Stuttgart zur Europäischen Union", wonach "der Europäische Rat die Kohärenz zwischen den Europäischen Gemeinschaften und der EPZ sicherstellt"[73].
Die Erklärung unterstrich zugleich "die Bedeutung stärkerer Übereinstimmung und engerer Koordinierung auf allen Niveaus, um ein kohärentes Vorgehen zu ermöglichen"[74]. Ihr fehlte jedoch die ursprünglich vorgesehene rechtliche Verbindlichkeit und die vormals geplante Bezeichnung als "Europäische Akte". Letzteres war u.a. auf die rechtstechnische Bedeutung des englischen Wortes "Act" zurückzuführen, welches rechtlich verbindlichen Dokumenten vorbehalten ist[75]
Das auf der Europäischen Ratstagung von Fontainebleau im Juni 1984 eingesetzte ad hoc-Komitee von persönlichen Beauftragten der Staats- und Regierungschefs, welches vom zweiten Halbjahr 1984 an unter dem Vorsitz des irischen Senators *Dooge* tagte, legte im März 1985 einen Bericht vor, der Grundlage für die Beratungen des Europäischen Rates in Mailand im Juni 1985 wurde[76]. Der *Dooge*-Bericht schlug im Bereich der Außenbeziehungen eine stärkere Kohärenz der Politiken der EG und der EPZ vor[77]. Darüber hinaus sollte in der EPZ die Entscheidungsfindung durch eine verstärkte Anwendung des Mehrheitsprinzips erleichtert werden[78]. Betont wurde die Notwendigkeit einer kohärenten Abstimmung zwischen EPZ und EG-Politiken[79].
Der Gipfel von Mailand am 28./29. Juni 1985 beschloß schließlich die Einberufung einer Regierungskonferenz zur Reform der Verträge. Bemerkenswert war die Entscheidung, sowohl die vorgesehene Reform der Gründungsverträge als auch die Arbeiten über die EPZ im gemeinsamen Rahmen einer einzigen Regierungskonferenz in Angriff zu nehmen. Diese Einheitlichkeit des Verhandlungsrahmens war keineswegs unumstritten. Einige Mitgliedstaaten hätten zwei getrennte internationale Konferenzen vorgezogen[80]. Die Behandlung der Reformvorhaben im Rahmen einer Konferenz ging zum großen Teil auf das Betreiben der Kommission zurück[81]. Auch wenn die Reformen der EPZ und der Gründungsverträge in zwei

---

[73] Zit. nach: *Lak*, in: Rummel, Toward Political Union, S. 47 ff. (51).
[74] *Lak*, in: Rummel, Toward Political Union, S. 47 ff. (51).
[75] *Nuttall*, CMLR 1986, S. 203 ff. (204).
[76] Der *Dooge*-Bericht wurde abgedruckt unter: Bull. EG 3-1985, S. 117 ff.; Europa-Archiv 1985, D-240 ff.
[77] Abschnitt II. Lit. C des Dooge-Berichts, Europa-Archiv 1985, D-240 ff. (246).
[78] Siehe Abschnitt III. Lit. A, a) des *Dooge*-Berichts, Europa-Archiv 1985, D-240 ff. (249).
[79] Abschnitt II. Lit. C, Europa-Archiv 1985, D-240 ff. (246).
[80] *Nuttall*, CMLR 1986, S. 203 ff. (206).
[81] *Lak*, in: Rummel, Toward Political Union, S. 47 ff. (54).

unterschiedlichen Arbeitsgruppen behandelt wurden, so ergab sich eine gemeinsame Behandlung auf ministerieller Ebene[82].
Die Kommission setzte darüber hinaus ihre Auffassung bezüglich der Zusammenfassung beider Reformvorhaben in ein einheitliches Vertragswerk, die Einheitliche Europäische Akte, durch. Diese Zusammenfassung in einem Vertrag war ursprünglich nicht vorgesehen[83]. Durch die Zusammenfassung in einen Vertragstext sollten "realistische Voraussetzungen für eine Osmose der wirtschaftlichen, sozialen, finanziellen und monetären Faktoren auf der einen und der Außenpolitik auf der anderen Seite geschaffen werden"[84].
Auch wenn durch die EEA keine Änderung des intergouvernementalen Charakters der EPZ eingetreten ist, stellte die Zusammenfassung in einem Vertragstext eine grundlegende Neuerung dar. Sie ist teilweise als ein Schritt zur Angleichung der rechtlichen Verbindlichkeit beider Systeme bewertet worden[85]. Dieser Auffassung kann jedoch angesichts der weiterhin bestehenden Unterschiede zwischen Gemeinschaftsrecht und den Regelungen der EPZ, die einfaches Völkerrecht darstellen, nicht zugestimmt werden. Von einem gleichen rechtlichen Status kann zumindest im Innenverhältnis nicht die Rede sein, da den Bestimmungen der EEA über die EPZ die Grundvoraussetzungen für eine Qualifizierung als selbständige supranationale Institution (u.a. direkter Durchgriff auf die Bürger der Mitgliedstaaten, verbindliche Rechtssetzung ohne die Notwendigkeit von Umsetzungsakten, Mehrheitsprinzip mit Bindungswirkung für die minorisierten Staaten) fehlen[86].
Die Bestimmungen der EPZ sind auch nicht Teil der Gemeinschaftsrechtsordnung geworden. Bei Vertragsverletzungen stehen lediglich die vom allgemeinen Völkerrecht vorgesehenen Sanktionen zur Verfügung[87].

II. Titel III der EEA über die Vertragsbestimmungen zur Europäischen Zusammenarbeit in der Außenpolitik

Die Bezeichnung "Einheitliche Europäische Akte" ging auf die erwähnte Zusammenfassung unterschiedlicher Regelungsbereiche zurück. Die ursprünglich differenzierte Behandlung gemeinschaftsspezifischer Fragestellungen in einem supranationalen Rahmen und außenpolitischer Fragen in einem intergouvernementalen wurde durch die EEA nicht aufgehoben. Dieser Dualismus wurde auch

---

[82] *Nuttall*, CMLR 1986, S. 203 ff. (206).

[83] So gingen sowohl der bei Vertragsbeginn vorliegende deutsch-französische als auch der britische Vertragsentwurf vom Abschluß zweier Verträge aus.

[84] Stellungnahme der Kommission v. 22. Juli 1985, abgedruckt in: KOM (85) 686 endg.

[85] Vgl. *Krenzler*, EuR 1986, S. 384 ff. (387), der sogar von einem gleichen Status an rechtlicher Verbindlichkeit ausgeht.

[86] A.A.: *Krenzler*, EuR 1986, S. 384 ff. (387).

[87] *Glaesner*, EuR 1986 S. 119 ff. (125); ebenso: *Müller-Graff*, integration 1993, S. 147 ff. (148,149).

durch die formale Trennung und Gliederung der Akte unterstrichen. Während Kapitel II die Bestimmungen zu Änderung der Gemeinschaftsverträge enthielt, waren die Bestimmungen über die intergouvernementale EPZ im Kapitel III zusammengefaßt. Diese Trennung stellte ein Zugeständnis an die Teilnehmerstaaten dar, die eine Behandlung in zwei unterschiedlichen Verträgen vorgezogen hätten[88]. In ihrer Substanz kodifizierte die EEA hinsichtlich der EPZ zudem lediglich ohnehin bestehende Praktiken[89]. Darauf ist wohl auch die verhältnismäßig schnelle Einigung auf die Bestimmungen des Titels III im Rahmen der Konferenz zurückzuführen.

1.) Artikel 30 EEA

Der gesamte Titel III der EEA[90] bestand lediglich aus Artikel 30, der in einen einführenden Satz und 12. Absätze untergliedert war. Von herausragender Bedeutung unter dem Aspekt des Kohärenzgebots waren die Bestimmungen der Artikel 30 Abs. 2 litt. a), c), d); Abs. 3 lit. a); Abs. 4; 5; Abs. 7 litt. a) und b) und der Abs. 8 und 11 lit. g). Die postulierten Pflichten waren unterschiedlicher Art. Sie lassen sich jedoch in folgende Grundkategorien einordnen:

a) Explizite Verpflichtung zur Kohärenz von EPZ und Gemeinschaftspolitiken

Gemäß Artikel 30 Abs. 5 UAbs. 1 EEA mußten die auswärtigen Politiken der Europäischen Gemeinschaft und die der EPZ kohärent sein. Die Sicherstellung dieser *äußeren Kohärenz* wurde insbesondere zur Aufgabe der Kommission und der jeweiligen Präsidentschaft erklärt (Abs. 5 UAbs. 2). Die Betonung liegt vor allem auf dem *horizontalen* Aspekt der Verpflichtung. Die Vorschrift stellte eine bedeutende Neuerung dar. Mit dieser Kohärenzverpflichtung wurde erstmals eine *rechtlich relevante Verknüpfung* zwischen der EPZ und dem Gemeinschaftssystem geschaffen[91]. Die Verpflichtung zur Information des Europäischen Parlaments (Abs. 4) und zur Berücksichtigung der Auffassungen des Parlaments sowie die Teilnahme eines Kommissionsmitgliedes an den Sitzungen der EPZ (Artikel 30 Abs. 3 a) S. 1 EEA) und die Einrichtung eines EPZ-Sekretariats am Kommissionssitz Brüssel gemäß Abs. 10 lit. g) dienten der praktischen Unterstützung zur Einhaltung der Kohärenzverpflichtung.

Hervorzuheben bleibt, daß dem Kohärenzbedarf beider Systeme, der in den vorausgegangenen Berichten immer wieder betont wurde, hier erstmals eine rechtsverbindliche Form verliehen wurde.

---

88 *Nuttall*, CMLR 1986, S. 203 ff. (209).

89 *Krenzler*, EuR 1986, S. 384 ff. (388); *Glaesner*, EuR 1986, S. 119 ff. (125).

90 Die Bestimmungen des Artikelss 30 EEA wurden mit dem Inkrafttreten des Maastrichter Vertrages unwirksam.

91 *Müller-Graff*, integration 1993, S. 147 ff. (148).

b) Informations- und Konsultationspflichten der Mitgliedstaaten untereinander
In Artikel 30 Abs. 2 lit. a) und Abs. 8 EEA wurden die Mitgliedstaaten dazu verpflichtet, sich gegenseitig zu konsultieren und zu informieren. Diese Verpflichtung galt sowohl für die Außenministerien (Abs. 2 lit. a)) als auch auf unterer Ebene für die jeweiligen Außenvertretungen (Abs. 9). Um eine Präjudizierung von Standpunkten zu vermeiden, sollten gemäß Artikel 30 Abs. 2 b) EEA die Konsultationen stattfinden, bevor die Mitgliedstaaten ihre endgültige Haltung festgelegt haben.

c) Gebot gemeinsamen Handelns und gegenseitiger Rücksichtnahme
Die Mitgliedstaaten wurden zwar nicht zur Erarbeitung gemeinsamer Standpunkte verpflichtet, sie sollten auf die Herausbildung derselben jedoch hinarbeiten (Abs. 2 lit. a) und 2 lit. c) UAbs. 2; Abs. 7 lit. a)). Darüber hinaus wurden die Vertragsparteien zur Berücksichtigung der Interessen sowohl der übrigen Partner (Abs. 2 c) UAbs. 1) als auch der im Rahmen der EPZ vereinbarten Standpunkte verpflichtet (Abs. 7 lit. b). Es bestand sogar eine stark abgeschwächte ("bemühen sich") Unterlassungsverpflichtung hinsichtlich solcher Maßnahmen, die der Wirksamkeit der Vertragspartner als kohärente Kraft in den internationalen Beziehungen abträglich wären.

2.) Ergänzende Bestimmungen (Entscheidung vom 28.2.1986)
Am 28. Februar 1986 verabschiedeten die Außenminister eine ergänzende Entscheidung, welche die praktische Anwendung verschiedener Aspekte des Kapitels III der EEA betraf. Sie schloß sich an die Vereinbarungen von Luxemburg (1970), Kopenhagen (1973), London (1981) und an die feierliche Erklärung von Stuttgart (1983) ergänzend an[92]. Es mangelte ihr zwar an rechtlicher Verbindlichkeit, der Erklärung kam aber eine faktische Bedeutung zu, so daß die Entscheidung zusammen mit den Bestimmungen des Titels III zu betrachten ist.
Die Entscheidung besteht aus einer Präambel und fünf Abschnitten, die die Beziehungen der EPZ zum Europäischen Parlament, die Kooperation der Außenvertretungen der Mitgliedstaaten und der Kommissionsvertretungen, das EPZ-Sekretariat und die Sprachenfrage betrafen. Von Bedeutung für die Kohärenz waren insbesondere die nachfolgenden Bestimmungen:
Im ersten Abschnitt wurde dem Europäischen Parlament korrespondierend zu Artikel 30 Abs. 4 EEA explizit ein umfassendes Informationsrecht bzgl. der Materien der EPZ zugebilligt und die Möglichkeit einer diesbezüglichen Plenumsdebatte unter Anwesenheit eines Vertreters auf Ministerebene eröffnet (Abschnitt I. Ziffer 3). Die Präsidentschaft wurde unter Ziffer 7 zudem zu gebührender Berücksichtigung der Parlamentsentschließungen bei der Koordination der EPZ verpflichtet. Entsprechend Abschnitt II Ziffer 2 sollten die Außenvertretungen der Mitgliedstaaten und der Kommission in Drittstaaten zwecks Koordinierung und

[92] Siehe Präambel der Erklärung; Text der Erklärung abgedruckt in: *Nuttall*, CMLR 1986, S. 203 ff. Annex C.

der Abfassung gemeinsamer Berichte regelmäßig zusammentreten. Die Verpflichtung dazu ergab sich aus Artikel 30 Abs. 9 EEA.
Im Abschnitt III Abs. 2 der Entscheidung vom 28. Februar 1986 wurde die Sicherstellung der Kohärenz mit den Positionen der Gemeinschaften zu einer Aufgabe des EPZ-Sekretariats erklärt.
Abschnitt IV bestimmte, daß das Politische Komitee seine Arbeitstagungen regelmäßig in Brüssel am Sitz des EPZ-Sekretariats abzuhalten hatte. Dies war für den Informationsaustausch mit den entsprechenden Arbeitsgruppen der Gemeinschaften von Bedeutung. Darüber hinaus wurde klargestellt, daß die Außenminister befugt waren, auf jeder gewöhnlichen Ratstagung auch EPZ-Fragen zu erörtern.
Ferner wurden die sprachlichen Bestimmungen der EPZ im Abschnitt V auf Ministerebene denen der Gemeinschaften angeglichen. Letzteres ging auf Initiative der Bundesrepublik Deutschland zurück[93]. Dadurch wurde die Verzahnung mit den Institutionen der Gemeinschaften unterstrichen.

III. Bewertung der EEA

Die EEA ist insoweit als Wendepunkt in der Entwicklung der EPZ zu bewerten, als durch die Zusammenfassung der Bestimmungen in einem Dokument zunächst ein weiteres Auseinanderdriften der Systeme verhindert wurde. Sie bewirkte durch ihre organisatorischen und politischen Auswirkungen eine stärkere Verzahnung der EPZ mit den Gemeinschaftsinstitutionen[94].
Insbesondere durch das Kohärenzgebot des Artikel 30 Abs. 5 EEA sind erstmals völkerrechtlich verbindlich zwei Tätigkeitsbereiche zusammengefügt worden, die bis dahin zumindest rechtlich beziehungslos nebeneinander standen[95]. Von Bedeutung war auch, daß zum ersten Mal eine Partneridentität zwischen den Europäischen Gemeinschaften und der EPZ in Artikel 30 Abs. 1 EEA ("Die Hohen Vertragsparteien, die Mitglieder der Europäischen Gemeinschaften sind...") rechtlich zwingend vorgeschrieben wurde. Die Notwendigkeit einer derartigen Partneridentität war in der Vergangenheit bezweifelt worden[96]. Darüber hinaus ließ die Einrichtung des EPZ-Sekretariats und seine Ansiedelung in Brüssel eine effektivere Sicherung der Kontinuität der EPZ und der Kohärenz zu den Gemeinschaftspolitiken erwarten. Dies ging einher mit einer Distanzierung im Verhältnis

---

[93] *Nuttall*, CMLR 1986, S. 203 ff. (216).
[94] *Krenzler*, EuR 1986, S. 384 ff. (390); A.A.: *Pescatore*, EuR 1986, S. 153 ff. (169), der in der EEA eine Bedrohung für den weiteren Integrationsprozeß erblickt, und die durch die EEA (angeblich) erstmalig vorgenommene Spaltung und Zementierung in den intergouvernementalen Bereich der EPZ und den supranationalen der Gemeinschaftsinstitutionen beklagt. Seine Kritik gipfelt in dem Aufruf an die nationalen Parlamente, die Ratifizierung der EEA scheitern zu lassen.
[95] *Müller-Graff*, integration 1993, S.147 ff. (148).
[96] *Krenzler*, EuR 1986, S. 384 ff. (388).

zum Außenministerium der jeweiligen Präsidentschaft und hatte eine gewisse Verselbständigung des Sekretariats zur Folge[97].
Allerdings enthielt die EEA inhaltlich keine dynamischen Neuerungen und die darauffolgende Weiterentwicklung der EPZ hin zur GASP war im wesentlichen auf den politischen Willen der Mitgliedstaaten und weniger auf die Kodifizierung der Zusammenarbeit in der EEA zurückzuführen.

D. Entwicklung bis zum Abschluß des Maastrichter Vertrages

Bereits bei der Verabschiedung der EEA ist mit der Bestimmung des Artikel 30 Abs. 12 EEA eine Revisionsklausel eingebaut worden, wonach die Vertragsparteien fünf Jahre nach Inkrafttreten der Akte überprüfen sollten, ob Titel III einer Revision bedürfe. Hierunter fiel natürlich auch die Kohärenzklausel des Artikel 30 Abs. 5 EEA. Bezüglich des Kohärenzgebots beschloss der Europäische Rat von Dublin im April 1990 "eine eingehende Prüfung über die Notwendigkeit möglicher Vertragsänderungen ... mit dem Ziel, ... ein einheitliches und kohärentes Vorgehen der Gemeinschaft auf internationaler Ebene zu gewährleisten"[98]. Diese Bestrebungen sollten institutionell durch eine einheitliche Entscheidungsstruktur abgesichert werden[99].
Diese Beschlüsse und das allgemeine Bestreben nach einem homogeneren Auftreten nach außen, waren primäre Gründe für die Ausarbeitung des politischen Teiles des Unionsvertrages[100]. Die zentrale Bedeutung des Kohärenzgebots wird auch an seiner Behandlung durch den Unionsvertrag deutlich, indem dieses bereits in den gemeinsamen Bestimmungen des Titels I in den Artikeln A und C angesprochen wird. Die Bedeutung der Kohärenzverpflichtung als verbindende Klammer zwischen dem intergouvernementalen und dem supranationalen System ist aber, wie ausgeführt, nicht erst mit dem Maastrichter Vertrag, sondern bedeutend früher erkannt worden.

---

[97] *Nuttall*, CMLR 1986, 203 ff. (216).

[98] Bull. EG 4-1990, S. 9.

[99] Siehe Bericht der Außenminister an den Europäischen Rat zum Gipfel in Dublin am 25-26 Juni 1990 (Dublin II), abgedruckt in: *Corbett*, The Treaty of Maastricht, S. 137 ff. (139).

[100] Vgl. dazu: Erklärung des Europäischen Rats von Dublin (I), April 1990, in: Bull. EG 4-1990, S. 9 Ziff. I.12; Bericht der Außenminister zur Notwendigkeit einer Vertragsänderung, vorgelegt dem Europäischen Rat in Dublin (II) am 25-26 Juni 1990, in *Corbett*, The Treaty of Maastricht, S. 137 ff. (138); Bericht der italienischen Präsidentschaft zur institutionellen Konferenz v. 16.11.1990, Ziff. 1, a.a.O., S. 191 ff. (192); Schlußfolgerungen des Europäischen Rates von Luxemburg vom 28-29 Juni 1991, a.a.O., S. 324 ff. (324); Standpunkt der Kommission zum Papier der Luxemburger Präsidentschaft über die Struktur des Vertragsentwurfes der Union. Ausführendes Memorandum, a.a.O., S. 289 ff. (291).

3. Abschnitt: Adressaten des Kohärenzgebots

A. Verbandszuständigkeit

Gemäß Artikel C Abs. 1 EUV verfügt die *Union* über einen einheitlichen institutionellen Rahmen, der die Kohärenz sicherstellt. Nach Artikel C Abs. 2 achtet die *Union* auf die Kohärenz der getroffenen Maßnahmen. Entsprechend Artikel A Abs. 3 S. 2 EUV ist es Aufgabe der *Union*, die Beziehungen zwischen den Mitgliedstaaten sowie zwischen ihren Völkern kohärent und solidarisch zu gestalten. Der verpflichtete Adressat sowohl zur Herstellung der äußeren als auch der inneren Kohärenz scheint nach dem Wortlaut der Bestimmungen daher eindeutig die *Union* zu sein.
Der Verband Union kann jedoch nur dann ein Pflichtenadressat sein, wenn er überhaupt als Zurechnungsendsubjekt von völkerrechtlich begründeten Rechten und Pflichten anzusehen ist[101]. Zurechnungsendsubjekte von Pflichten und Rechten können aber nur mit eigener Rechtspersönlichkeit ausgestattete Verbände sein[102].

I. Rechtsfähigkeit der Europäischen Union?

Die Rechtsfähigkeit der Union ist umstritten[103]. Dabei ist zwischen der völkerrechtlichen Rechts- und Handlungsfähigkeit der Union und deren Privatrechts-

---

[101] Ablehnend: *Koenig/Pechstein*, Die Europäische Union, S. 33.

[102] So für internationale Organisationen: *Verdross/Simma*, Völkerrecht, § 415 f.; für Verwaltungsorganisationen allgemein: *Maurer*, Allgemeines Verwaltungsrecht, S. 490 f.

[103] Für eine Rechtsfähigkeit sprechen sich aus: *Borchardt*, Grundlagen der EU, S. 49; *Dörr*, NJW 1995, S. 3162 ff.; *ders.* EuR 1995, S. 334 ff. (wobei er lediglich von einer Rechtspersönlichkeit in statu nascendi spricht); *Ress*, JuS 1992, S. 985 ff.; *v. Bogdandy/Nettesheim*, NJW 1995, S. 2324 ff.; *dies.*, EuR 1996, S. 3 ff. (letztere stellen sogar eine "Verschmelzungsthese" auf, wonach die Gemeinschaften in der Union aufgegangen seien); *Schroeder*, in: Hummer/Schweitzer, Österreich und die EU, S. 3 ff. (19); *Trüe*, Verleihung von Rechtspersönlichkeit an die EU, S. 59; dagegen: *Beutler/Bieber/Pipkorn/Streil*, Die Europäische Union, S. 74; *Curtin*, CMLR 1993, S. 17 ff.; wohl auch: *Epping*, Jura 1995, S. 449 ff.; *Edward/Lane*, European Community Law, S. 139; *Everling*, DVBl. 1993, S. 936 ff.; *di Fabio*, DÖV 1997, S. 89 ff. (90); *Herdegen*, Europarecht, München 1997, Rn. 82; *Koenig/Pechstein*, Die Europäische Union, S. 20 ff.; *dies.*, EuZW 1997, S. 225; *Pechstein*, EuR 1996, S. 137 ff. (137); *Thun-Hohenstein/Cede*, Europarecht, S. 48; *Oppermann*, in: Hommelhoff/Kirchhoff (Hrsg.), Der Staatenverbund der EU, S. 87 ff. (90); *Streinz*, Europarecht, Rn. 121b; wohl auch: *Iglesias*, EuGRZ 1996, S. 125 ff.; *Müller-Graff*, integration 1993, S. 147 ff.; *Seidel*, EuR 1992, S. 125 ff.; ebenso: BVerfGE 89,155 (195) v. 12. Oktober 1993 (Maastricht-Urteil).

fähigkeit zu unterscheiden[104]. Die Union verfügt zwangsläufig über Privatrechtsfähigkeit zumindest gegenüber ihren Mitgliedstaaten, sofern sie über Völkerrechtspersönlichkeit verfügt, da sie ohne eine solche ihre Aufgaben nicht ausführen könnte[105]. Sollte die Union daher ein selbständiges Völkerrechtssubjekt darstellen, so würde sie zugleich über Privatrechtsfähigkeit verfügen. Während der Mangel einer internationalen Rechtspersönlichkeit der Europäischen Union bis vor einiger Zeit unbestritten war[106], werden gegen diese Ansicht seit einiger Zeit Einwendungen erhoben[107].

1.) These von der "Verschmelzung" von Union und Gemeinschaften

Eine der hierzu vertretenen Thesen, welche von *v.Bogdandy/Nettesheim* vorgetragen wird, spricht von der "rechtlichen Einheit der Union". Die Befürworter dieser Auffassung gehen so weit, den Begriff des Gemeinschaftsrechts durch den Begriff "Unionsrecht" ersetzen zu wollen[108]. Demnach sollen die drei Gemeinschaften EAG, EG (vormals EWG) und EGKS in der Struktur der neugeschaffenen Union aufgegangen sein. In letzter Konsequenz bedeutet dies, daß die Gründungsverträge der Gemeinschaften und die darin enthaltenen Kompetenzzuweisungen lediglich unterschiedliche Verfahrensordnungen ein und derselben Unionsgrundordnung sind. Rechtliche Zurechnungsfigur für die im Rahmen der Gemeinschaftsverträge erlassenen Rechtsakte wäre demnach die Organisation mit dem Namen "Europäische Union"[109].

---

[104] Vgl. *Seidl-Hohenveldern/Loibl*, Recht der Internationalen Organisationen, Rn. 0328.

[105] *Seidl-Hohenveldern/Loibl*, Recht der Internationalen Organisationen, Rn. 0327; a.A. *Koenig/Pechstein*, Die Europäische Union, S. 30.

[106] So *Hilf*, in: Grabitz/Hilf (Hrsg.), EUV/EGV, Artikel A EUV, Rn. 25 f.; Curtin, CMLR 1993, S. 17 ff.; *Everling*, DVBl. 1993, S. 936 ff.; *Koenig/Pechstein*, Die Europäische Union, S. 20 ff.; *dies.*, EuZW 1997, S. 225; *Pechstein*, EuR 1996, S. 137 ff. (137); *Streinz*, Europarecht, Rn. 121b; wohl auch: *Iglesias*, EuGRZ 1996, S. 125 ff.; *Müller-Graff*, integration 1993, S. 147 ff.; *Seidel*, EuR 1992, S. 125 ff.; ebenso: BVerfGE 89,155 (195) v. 12. Oktober 1993 (Maastricht-Urteil).

[107] Z.B. *v. Bogdandy/Nettesheim*, NJW 1995, S. 2324, *dies.* EuR 1996, S. 3 ff.; *Borchardt*, Grundlagen der EU, S. 49; (ansatzw.) *Dörr*, NJW 1995, S. 3162 ff., *ders.* EuR 1995, S. 334 (336); *Ress*, EuR 1995/Beiheft 2, S. 27 ff., wohl auch: *Klein/Haratsch*, DÖV 1993, S. 785 ff. (788).

[108] *v. Bogdandy/Nettesheim*, EuR 1996, S. 3 ff. (13 f.).

[109] *Dies.*, EuR 1996 S. 3 ff. (18); danach soll sogar die gegenteilige Annahme, die Union besäße keine eigene Rechtspersönlichkeit, kein Argument gegen die "Einheitsthese" sein. Dazu führen die Autoren das Beispiel Großbritanniens ins Feld, welches von der einheitlichen Organisation des britischen Staates geprägt sei, dem aber keine eigenständige Rechtspersönlichkeit zukomme (a.a.O.). Dazu sei angemerkt, daß dem britischen Staat zwar tatsächlich die Rechtspersönlichkeit fehlt, das Zurechnungsendsubjekt der Organhandlungen ist aber auch nicht der abstrakte Staat sondern die "Krone", welche sehr wohl über Rechtspersönlichkeit verfügt. Ein derartiges

So klar die sich hieraus ergebende Struktur auf den ersten Blick auch erscheinen mag, so unhaltbar erweist sie sich bei näherer Betrachtung des Vertragssystems. Bereits Artikel A Abs. 3 EUV geht keineswegs von einer Überführung der Gemeinschaften in eine übergeordnete Struktur aus, vielmehr erklärt er diese ausdrücklich zur Grundlage der Union.

Gegen die von *v.Bogdandy/Nettesheim* vertretene These von der Einheitlichkeit der Unionsrechtsordnung sprechen auch weitere, gewichtigere Überlegungen grundsätzlicher, historischer, völkerrechtlicher und integrationspolitischer Art. Die Autoren gehen vermeintlich bei der Betrachtung des Vertragssystems einen klaren Weg zu gehen, indem sie die rechtsdogmatisch schwierig zu erfassende Unionsstruktur mit Hilfe einer sich an *Hermann Heller* orientierten organisationssoziologischen Betrachtung aufzulösen versuchen. Nach dieser Betrachtung komme es bei der Untersuchung einer Organisation und der Entscheidung, ob eine oder mehrere Organisationen vorlägen, primär darauf an, daß die Organe derselben zu einem einheitlichen Effekt zusammenwirken. Da in den Kompetenzbereichen der diversen Verträge ein und dieselben Organe handelten, handele es sich folglich um ein und dieselbe Organisation[110].

Was als "tiefere Schicht rechtswissenschaftlicher Erkenntnis"[111] bezeichnet wird, stellt sich bei genauerer Analyse als juristisch nicht haltbares, ergebnisorientiertes Denken heraus. Eines der Hauptargumente für ihre "Verschmelzungstheorie" sehen die Autoren darin, daß in den Kompetenzbereichen der diversen Verträge ein und dieselben Organe handelten[112]. Dieses Argument beruht aber auf einem juristischen Zirkelschluß. Die Erkenntnis, bei den im Rahmen der Verträge handelnden Gremien handele es sich um ein und dieselben Organe, kann nicht am Anfang, sondern muß am Ende einer Untersuchung des Verhältnisses von Union und Gemeinschaften stehen[113].

Die Hauptstütze für ihre Annahme sehen die Autoren in den Artikeln C Abs. 1 und E EUV. Beide Bestimmungen sind jedoch als Argumente für die "Einheits- oder Verschmelzungsthese" ungeeignet. Keineswegs können diese Bestimmungen als Argument für eine institutionelle Identität der handelnden Organe herangezogen werden. Artikel C Abs. 1 EUV spricht nämlich gerade nicht von identischen Institutionen bzw. Organen, sondern von einem "einheitlichen institutionellen Rahmen". Einheitliche Entscheidungsstrukturen bedeuten aber nicht zwingend institutionelle Identität. Noch deutlicher wird dies an der englischen Version des Vertrages[114].

Staatsverständnis wurzelt im Mittelalter. Sein Beispielwert für die Charakterisierung der Union kann nur bescheiden sein.

110 So *v. Bogdandy/Nettesheim*, EuR 1996, S. 3 ff. (12).

111 *v. Bogdandy/Nettesheim*, EuR 1996 S. 3 ff. (11).

112 So *v. Bogdandy/Nettesheim*, EuR 1996 S. 3 ff. (13).

113 So zutreffend: *Pechstein*, EuR 1996, S. 137 ff. (138).

114 "The Union *shall be served* by a single institutional framework..." (Artikel C Abs. 1 EUV).

Die wirkliche Bedeutung des Artikel C Abs. 1 EUV wird sichtbar, wenn man die historischen und politischen Gründe für seine Implementierung in den Vertrag zu Rate zieht. Insbesondere die durch die strikte institutionelle Trennung des EPZ-Sekretariats von den Gemeinschaftseinrichtungen verursachten Koordinierungs- und Informationsmängel waren die Hauptursache für mangelnde Kohärenz im Außenverhältnis von EPZ und Gemeinschaftspolitik. Folgerichtig sieht die in die Schlußakte aufgenommene "Erklärung zu den praktischen Einzelheiten im Bereich der Gemeinsamen Außen- und Sicherheitspolitik"[115] ein Aufgehen des EPZ-Sekretariats im Generalsekretariat des Rates vor. Bei dieser Betrachtung wird auch die inhaltliche Nähe zu dem mit Artikel C Abs. 1 und Artikel C Abs. 2 EUV zugleich postulierten Kohärenzgebot deutlich. Mit Hilfe *einheitlicher* (nicht identischer) Entscheidungsstrukturen stellt die Union die Kohärenz ihrer Handlungen sicher. Die Verschmelzung des EPZ-Sekretariats mit den Einrichtungen des Generalsekretariats bedeutet aber keineswegs zwingend die Aufgabe der Differenzierungen auf Ratsebene. Es handelt sich lediglich um organisatorische Maßnahmen auf Arbeitsebene.

Keinesfalls ist, wie die Autoren postulieren, das Kohärenzgebot ein Argument für die Einheitsthese[116]. Das Gegenteil ist der Fall. Dies ergibt sich aus folgenden Überlegungen:

Der koordinationstechnische Aspekt des Kohärenzgebots stellt jedoch den inhaltlichen Hauptregelungsanteil einer derartigen Verpflichtung dar[117]. Denn die bloße Betonung sog. "inhaltlicher" Kohärenz wäre reine Wiederholung von Selbstverständlichem. Inhaltlich unstimmige, widersprüchliche Maßnahmen innerhalb *derselben* Organisation sagen allenfalls etwas über die Inkompetenz der administrativen Leitung aus. Sie können nicht mit Hilfe einer rechtlichen Verpflichtung beseitigt werden, dies hieße den Hebel an der falschen Stelle anzusetzen. Rein organisatorische Maßnahmen wären effizienter.

Einen echten Sinn erhält eine rechtlich statuierte Kohärenzverpflichtung aber dann, wenn der koordinationstechnische Aspekt hinreichend berücksichtigt wird, also wenn man von *unterschiedlichen* Akteuren ausgeht, deren Aktionen untereinander abgestimmt werden müssen. Auch wenn *v. Bogdandy/Nettesheim* die redaktionelle Qualität des Unionsvertrages teilweise zu Recht beklagen, unterstellen sie mit ihrer These den Vertragsverfassern mehr Unstimmigkeiten als gerechtfertigt ist. Denn mit ihrer Auslegung machen sie die immerhin an drei Stellen im Vertrag auftauchende Kohärenzverpflichtung völlig überflüssig, da sie diese ihres Hauptregelungsanteiles, nämlich deren koordinationstechnischen Aspektes, entheben. Bei der Statuierung des Kohärenzgebots in Artikel A Abs. 3 und Artikel C Abs. 1 und Abs. 2 EUV sind die Verfasser eindeutig vom Bestehen *unterschiedlicher* Akteure, nämlich der im Rahmen der GASP bzw. ZBJI agierenden Vertragsstaaten des Unionsvertrages und den weiterhin fortbestehenden Gemein-

---

[115] Erklärung Nr. 28 der Schlußakte.
[116] So *v. Bogdandy/Nettesheim*, EuR 1996, S. 3 ff. (15).
[117] Vgl. die Ausführungen unter Kap. 1 Abschn. 1, *B*.

schaften, ausgegangen. Dies ist die einzige Auslegung, die die erwähnten Bestimmungen nicht regelungstechnisch vollkommen entleert.
Die historische Betrachtung stützt diese These. Zumindest Artikel C Abs. 2 EUV läßt sich eindeutig auf Artikel 30 Abs. 5 EEA zurückführen[118]. Genauso, wie damals die in der EPZ zusammenarbeitenden Akteure auf die Kohärenz ihrer Aktionen mit den Gemeinschaften achten sollten, genauso sollen dies die GASP-Akteure tun. Eine solche Regelung ist nur dann sinnvoll, wenn man vom Fortbestand der Gemeinschaften ausgeht.
Aber auch der in Verbindung mit Artikel C Abs. 1 EUV erwähnte Artikel E EUV[119] vermag die Einheitsthese nicht zu stützen. Aus dem Wortlaut des Artikel E EUV läßt sich für die Erkenntnis der Qualität der dort erwähnten Gremien gar nichts gewinnen. Artikel E EUV spricht lediglich davon, daß das Europäische Parlament, der Rat, die Kommission und der Gerichtshof ihre Befugnisse nach Maßgabe der Gründungsverträge und des Unionsvertrages ausüben. Keinesfalls spricht Artikel E EUV den erwähnten Gremien irgendeine *Organqualität* im Rahmen des Unionsvertrages zu. In der Originalfassung spricht der Unionsvertrag an keiner Stelle von "Organen"[120] der Union. Das für die "Verschmelzungsthese" vorgebrachte Hauptargument der Einheitlichkeit der Organe erweist sich damit als unhaltbar.
Gegen die von *v. Bogdandy/Nettesheim* vorgebrachte These ergeben sich auch weitere rechtliche, historische und integrationspolitische Bedenken. Die Verschmelzungsthese verstößt gegen fundamentale gemeinschaftsrechtliche Grundsätze. Der Europäische Gerichtshof hat bereits in mehreren Entscheidungen festgestellt, daß er von der Vorschrift des Artikel 236 EWGV abweichende Vereinbarungen der Mitgliedstaaten nur unter bestimmten, begrenzten Voraussetzungen als Vertragsänderungen anerkennt[121]. Ohne an dieser Stelle zu der Frage Stellung zu nehmen, ob ein derartiges Vorgehen völkerrechtlich wirksam und zulässig wäre[122], ist jedenfalls die gemeinschaftsrechtliche Zulässigkeit[123] evident proble-

[118] Artikel 30 Abs. 5 lautete:
"Die auswärtigen Politiken der Europäischen Gemeinschaft und die im Rahmen der Europäischen Politischen Zusammenarbeit vereinbarten Politiken müssen kohärent sein. Es fällt unter die besondere Verantwortung der Präsidentschaft und der Kommission, in ihrem jeweiligen Zuständigkeitsbereich dafür Sorge zu tragen, daß diese Kohärenz angestrebt und aufrechterhalten wird."

[119] *v. Bogdandy/Nettesheim*, EuR 1996, S. 3 ff. (8).

[120] Lediglich in Artikel J.11 Abs. 2 EUV wird der Begriff "Organ" verwendet, wobei aber davon auszugehen sein dürfte, daß es sich hierbei um eine bloß technische Bezeichnung ohne rechtliche Qualifizierung handelt.

[121] EuGH, Rs. 43/75, *Defrenne I*, Slg. 1976, S. 455 ff. (Rn. 56/58); Rs. 59/75, *Manghera*, Slg. 1976, S. 91 ff. (Rn. 21); I Gutachten zum EWR Abkommen, EuR 1992, S. 163 ff. (Rn. 71).

[122] Es handelt sich um die vieldiskutierte Frage, ob die Mitgliedstaaten noch als "Herren der Verträge" anzusehen sind.

matisch. Ungeachtet dessen, ob der stellenweise vertretenenen These zu folgen ist, lediglich grundsätzliche Strukturprinzipien der Gemeinschaften seien der Dispositionsbefugnis der Vertragsstaaten entzogen, dürfte zumindest darüber Einigkeit zu erzielen sein, daß eine lediglich *implizit vorgenommene Aufhebung der Gemeinschaften*, und um eine solche handelt es sich ja, wenn man der "Verschmelzungsthese" folgt, nicht zulässig sein kann. Dagegen spricht auch nicht, daß der Unionsvertrag entsprechend den Vorgaben des Artikel 236 EWGV verabschiedet worden ist. Denn zur wirksamen Aufhebung wäre gemäß Artikel 236 EWGV bei einem so weitgehenden Eingriff eine entsprechende wörtliche Änderung der Gründungsverträge erforderlich. Diese gehen aber keineswegs von einer Aufhebung der Gemeinschaften aus. Die Verschmelzungsthese ist daher auch aus gemeinschaftsrechtlichen Erwägungen nicht haltbar.

Darüber hinaus läßt sich die von *v. Bogdandy/Nettesheim* vertretene These auch aus historischen Gründen nicht halten. Bei der Abfassung des Unionsvertrages folgte man ganz bewußt nicht dem ursprünglich vom Europäischen Parlament in seinem Entwurf eines "Vertrages zur Gründung der Europäischen Union" vom Februar 1984[124] vorgeschlagenen Weg einer Verschmelzung der Union und der Gemeinschaften (vgl. insbesondere Artikel 7 des Entwurfes). Ebensowenig konnte sich der Vorschlag der niederländischen Präsidentschaft vom 24. September 1991[125], der tatsächlich die Gründung einer einheitlichen "Europäischen Gemeinschaft" mit der Integration der GASP und der ZBJI in einen gemeinschaftlichen Rahmen vorsah[126], durchsetzen. Der politische Wille zur Verschmelzung war gerade nicht vorhanden[127]. Daher setzen sich *v. Bogdandy/Nettesheim* mit ihrer Intepretation über den mehrfach erklärten Willen der Vertragspartner hinweg. Dies verstößt gegen Grundsätze des Völkerrechts. Es gehört zu den Eigenheiten des Völkerrechts, daß der historischen und teleologischen Auslegung viel stärkere Bedeutung beizumessen ist, als bei der Auslegung privatrechtlicher Verträge[128]. Diese Berücksichtigung des Willens der Vertragsparteien findet ihre positivrechtliche Ausprägung in Artikel 31 und Artikel 32 WVK. Auch wenn Artikel 31 WVK der objektiven Auslegungsmethode den Vorzug gibt, stellt er zugleich klar, daß bei der Auslegung eben nicht bloß am Wortlaut ausgerichtete, sondern in

---

[123] Von der gemeinschaftsrechtlichen Unzulässigkeit gehen auch die Befürworter der These aus, wonach die Staaten weiterhin "Herren der Verträge" geblieben sind, vgl.: *Vedder*, in: Grabitz/Hilf (Hrsg.), EUV/EGV, Artikel 236, Rn. 26; *ders.*, in: Die auswärtige Gewalt des Europa der Neun, 1980, S. 222 und 251.

[124] ABl. EG 1984 C 77; auch abgedruckt, in: *Weidenfeld*, Materialien zur Union, S. 354 ff.

[125] Abgedruckt in: *Corbett*, The Treaty of Maastricht, S. 329 ff.

[126] So in Teil IV und VII des Vertragsentwurfes der niederländischen Präsidentschaft v. 24. September 1991.

[127] Auch ein entsprechender Kommissionsvorschlag wurde nicht umgesetzt: *Burghardt/Tebbe*, EuR 1995, S. 1 ff. (5).

[128] Vgl. *Seidl-Hohenveldern*, Völkerrecht, Rn. 335 ff.

besonderem Maße teleologische Maßstäbe zugrundezulegen sind[129]. Die Einheitsthese verstößt gegen diesen fundamentalen Grundsatz des Völkerrechts.
Zudem erweisen *v. Bogdandy/Nettesheim* mit ihrer vorgeblich progressiven und integrationsfreundlichen These von der "Verschmelzung" der Gemeinschaften in der Union der weiteren Integration keinen guten Dienst. Es sei hier nur an den Artikeln D EUV erinnert, der die allgemeine Lenkungsbefugnis des Europäischen Rates festlegt. Bei konsequenter Anwendung der "Einheitsthese" ergibt sich die völlige Unterordnung sämtlicher Gemeinschaftspolitiken unter die politischen Vorgaben des Europäischen Rates[130]. Die Kommission erhält die Funktion eines bloßen Ausführungsorgans. Die supranationalen Regeln und Politikbereiche stehen unter dem Vorbehalt intergouvernementaler Vereinbarungen, welche zweimal im Jahr vom Europäischen Rat vorgegeben werden[131]. Dies kann kaum als positiver Integrationsschritt bewertet werden. Nicht zufällig wehrt sich daher gerade die Kommission gegen jegliche Tendenzen die auf eine Unterordnung der Gemeinschaftspolitiken unter die Vorgaben der GASP zielen.
Die Einheitsthese vermag daher nicht einmal das von ihr politisch gewünschte Ziel zu fördern. Sie ist für eine Beschreibung der Unionsstruktur unbrauchbar.

2.) Theorie der selbständigen Rechtsfähigkeit der Union
Eine ebenfalls vertretene Auffassung ist die von der selbständigen Rechtsfähigkeit der Union, sei es als "Dach mit eigener juristischer Persönlichkeit" über den bisherigen Gemeinschaften[132] (sog. Modell der vertikalen Eingliederung), oder als weitere juristische Person neben den Gemeinschaften[133] (Modell der horizontalen Reihung).

a) Modell der vertikalen Eingliederung
Gegen das Modell der vertikalen Eingliederung sprechen ähnliche Bedenken, wie gegen die "Einheitsthese". Es ergeben sich ähnliche Probleme hinsichtlich einer Unterordnung der supranationalen Gemeinschaften unter die intergouvernementalen Vorgaben des Europäischen Rates. Auch die Betrachtung der politischen Umstände bei der Abfassung des Unionsvertrages führt nicht zu der Annahme, daß den supranationalen Gemeinschaften eine weitgehend intergouvernemental ausgestaltete Union "übergestülpt" werden sollte. Der Unionsvertrag stellt im wesentlichen einen Kompromiß zwischen dem Bestreben einiger Staaten nach der

---

[129] *Verdross/Simma*, Universelles Völkerrecht, § 776.
[130] Die Gefahr der „Überordnung" des Europäischen Rats gegenüber dem EG-System sieht auch: *Badura*, EuR Beiheft 1/1994, S. 9 ff. (12).
[131] Solche Befürchtungen waren schon bei der Ausarbeitung der EEA laut geworden, siehe dazu: *Glaesner*, Europarecht 1986, S. 119 ff. (124).
[132] *Ress*, JuS 1992, S. 985 ff. (985); *ders.*, EuR Beiheft 2/1995, S. 27 ff. (34f); von einer „Dachkonstruktion" der EU ohne nähere Begründung gehen auch aus: *Fischer/Köck*, Das Recht der EU, S. 332.
[133] *Dörr*, NJW 1995, S. 3162 ff. (3164); *ders.* EuR 1995, S. 334 ff. (336).

Vergemeinschaftung weiter Bereiche der Außen- und Sicherheitspolitik sowie der Innenpolitik einerseits und den "Intergouvernementalisten" andererseits dar. Das Modell der vertikalen Eingliederung bedeutet aber letztendlich eine Bevorzugung der "Intergouvernementalisten", da durch die Lenkungsbefugnisse des Europäischen Rates das Handeln der supranationalen Gemeinschaften den intergouvernementalen Strukturen der Union unterstellt wird[134].
Das Modell vermag zudem nicht die Vorschrift des Artikel M EUV zu erklären. Aus konstruktionstechnischer Sicht stellt es, ungeachtet der vorgeblichen Einfachheit, ein sehr unübersichtliches Gebilde her. Demnach bestünde die Union einerseits aus 15 Einzelstaaten, den drei Gemeinschaften sowie denselben 15 Einzelstaaten als Mitgliedstaaten der untergeordneten Gemeinschaften. Aufgrund des Über-Unterordnungsverhältnisses zwischen Union und Gemeinschaften wären die Mitgliedstaaten befugt und verpflichtet, im rein intergouvernementalen Rahmen unter Einhaltung des Einstimmigkeitsprinzips getroffene Beschlüsse im Wege supranationaler Hoheitsausübung durch die Gemeinschaften sich selbst gegenüber durchzusetzen. Diese Komplexität erscheint nicht nur gekünstelt, sondern widersinnig. In letzter Konsequenz ergäbe sich einerseits eine Intergouvernementalisierung der Supranationalität und zugleich, nach Verabschiedung der Beschlüsse, eine Supranationalisierung der Intergouvernementalität.

b) Modell der horizontalen Reihung

Jedoch auch das Modell der horizontalen Reihung, welches die Union neben den Gemeinschaften bestehen läßt, vermag nicht zu überzeugen. Eine eigene Völkerrechtssubjektivität der Union könnte sich nur aufgrund ausdrücklicher Verleihung oder kraft der implied-powers-Lehre ergeben[135]. Eine ausdrückliche Verleihung der Völkerrechtssubjektivität an die Union liegt, im Gegenteil zu den Gründungsverträgen der Gemeinschaften, (vgl. Artikel 210 EGV, Artikel 6 Abs. 1 und Abs. 2 EGKSV und Artikel 184 EAGV) jedenfalls nicht vor. Wie Artikel 106 Abs. 2 EGV (EZB) und Artikel 109f Abs. 1 EGV (EWI) zeigen, war den Mitgliedstaaten die Problematik bei der Vertragsabfassung durchaus bewußt. Auch bei der Vertragsrevision von Amsterdam haben die Vertragsverfasser wiederum bewußt von der Verleihung der Völkerrechtssubjektivität an die Union Abstand genommen, obwohl ein solcher Schritt in den ursprünglichen Vertragsentwürfen vorgesehen

---

[134] Vgl. zur problematischen Stellung des Europäischen Rates gegenüber Gemeinschaftsorganen: *Everling*, EuR Beiheift 2/1995, S. 41 ff.; *Koenig/Pechstein*, Die Europäische Union, S. 69 ff; die Befürchtung einer möglichen "Flucht ins Unionsrecht" äußern auch: *Krenzler/Schneider*, EuR 1994, S. 144 ff. (152); ebenso: *Burghardt/Tebbe*, EuR 1995, S. 1 ff. (6).

[135] Ausführlich dazu *Koenig/Pechstein*, Die Europäische Union, S. 20 ff.; vgl. zur Verleihung der Völkerrechtssubjektivität an Internationale Organisationen allgemein: *Seidl-Hohenveldern*, Völkerrecht, Rn. 808 ff.;

war[136]. Eine solche Verleihung der Rechtspersönlichkeit wäre ohnehin zuerst nur zwischen den Vertragsstaaten wirksam. Diese mehrfach bewußt getroffene Entscheidung der Nichtverleihung sollte respektiert werden[137].
Nach außen ergäbe sich die Völkerrechtssubjektivität erst mit deren ausdrücklichen oder stillschweigenden Anerkennung durch Drittstaaten[138]. Die Völkerrechtssubjektivität könnte sich letztendlich daher nur kraft der implied-powers-Lehre ergeben. Demnach wäre die Völkerrechtspersönlichkeit aus Bestimmungen zu folgern, die notwendigerweise das Bestehen einer solchen voraussetzen[139]. Es handelt sich dabei um den Grundsatz der Ausfüllung von Lücken des Vertrages, falls ansonsten der Vertragszweck nicht erreicht werden kann[140]. Die Vertreter der Auffassung von einer selbständigen Rechtspersönlichkeit führen als Beispiele für derartige Bestimmungen insbesondere Artikel J.1 Abs. 1 und Abs. 4 sowie Artikel K.3 Abs. 2 lit. 1 b) EUV[141] an. Darüber hinaus spräche die Einführung von Kompetenzen des Rates und die Beteiligung von Parlament und Kommission für einen selbständigen Charakter der Union. Diese Argumentation vermag nicht zu überzeugen. Zu den Kompetenzen der Kommission und des Parlaments ist zu vermerken, daß bereits im Rahmen der EPZ beiden Institutionen eigene Rechte verliehen wurden[142]. Gleiches gilt für den Rat. Eine selbständige Rechtspersönlichkeit der EPZ wurde aber niemals ernsthaft in Betracht gezogen, Zurechnungsendsubjekte und damit Politikträger waren immer die Mitgliedstaaten[143].
Auch die angesprochene Abgrenzung der Unionspolitiken von denen der Mitgliedstaaten ist nicht neu. So waren sich auch die Verfasser der EEA darüber klar, daß die Einzelpolitik der Mitgliedstaaten von den im Rahmen der EPZ festgelegten gemeinsamen europäischen Standpunkten abweichen konnte. Daher wurde im Vertrag zwischen beiden unterschieden und die Mitgliedstaaten wurden auf die Unterstützung und Berücksichtigung letzterer verpflichtet[144]. Der Hauptunterschied der angeführten Bestimmungen des Unionsvertrages ist daher vor allem in einem *höheren Verpflichtungsgrad* und der *Substantivierung* der Politischen Zusammenarbeit unter dem Begriff "Union" zu sehen. Dies reicht jedoch nicht für die Annahme einer selbständigen Rechtspersönlichkeit aus.

[136] Vgl: Bericht der irischen Ratspräsidentschaft vom 5. Dezember 1996 (Dublin II), DOK CONF/2500/96, S. (D) 91 f.; Addendum der niederländischen Präsidentschaft vom 20. März 1997, DOK CONF/2500/96 ADD. 1, S. (EN) 46 f; eingehend *Pechstein/Koenig*, Die Europäische Union, 2. Aufl., Rn. 61 ff.

[137] *Everling*, EuR Beiheft 2/1995, S. 41 ff. (43).

[138] Vgl. *Seidl-Hohenveldern/Loibl*, Recht der Internationalen Organisationen, Rn. 0321.

[139] Vgl. ICJ Reports 1949, S. 178 ff. (184).

[140] *Seidl-Hohenveldern*, Völkerrecht, Rn. 354.

[141] So *Dörr*, EuR 1995, S. 334 ff. (336).

[142] Vgl. Artikel 30 Abs. 3 lit. b); Abs. 4; Abs. 5 UAbs. 2 EEA.

[143] Stellvertretend: *Müller-Graff*, integration 1993, S. 147 ff. (152).

[144] Artikel 30 Abs. 2 lit. c); Abs. 7 lit. b) EEA.

Dem widerspricht auch nicht die Bestimmung des Artikel J.5 Abs. 1 EUV, wonach in Angelegenheiten der GASP der Vorsitz die Union vertritt[145]. Diese Bestimmung hat ihren Vorläufer in Artikel 30 Abs. 10 lit. b) EEA, wonach die Präsidentschaft u.a. für die Vertretung der Mitgliedstaaten gegenüber Drittländern bei Tätigkeiten, die unter die Europäische Politische Zusammenarbeit fallen, verantwortlich war. Es handelte sich dabei um eine partielle Vertretungsbefugnis *für die restlichen Teilnehmerstaaten an der EPZ*. Etliches, insbesondere der allgemeine intergouvernementale Charakter der GASP, spricht dafür, daß dies auch nach Inkrafttreten des Maastrichter Vertrages so geblieben ist[146], zumal sich in Artikel J.5 Abs. 4 UAbs. 2 EUV eine dem Artikel 30 Abs. 7 lit. b) EEA entsprechende parallele Beschränkung der Vertretungsbefugnis finden läßt.
Auch das Argument, durch die neue Beitrittsvorschrift des Artikel O EUV sei nunmehr nur noch die Aufnahme von neuen Mitgliedern als *Mitgliedstaaten der Union* möglich, geht fehl. Erstens sieht Artikel O Abs. 2 EUV ausdrücklich ein Abkommen zwischen dem Neumitglied und den Mitgliedstaaten der Union vor. Die Union tritt hier gerade nicht als selbständiger Vertragspartner auf[147]. Die Vorschrift läßt sich also auch ohne weiteres im Sinne einer Kombination von Einzelbeitritten zu den drei Gemeinschaften und den Kooperationsstrukturen der Union deuten[148]. Im übrigen findet sich auch hierzu in der durch die EEA eingeführten Partneridentität von EPZ und Gemeinschaftsmitgliedschaft, (Artikel 30 Abs. 1 EEA) ein entsprechender Ansatz, so daß auch Artikel O Abs. 1 EUV nicht als völlige Neuerung zu werten ist. Darüber hinaus spräche die Vorschrift des Artikel O Abs. 1 EUV bei konsequenter Auslegung gerade gegen den selbständigen Rechtscharakter der Union. Da die "Verschmelzungsthese" und die Theorie von der vertikalen Eingliederung (Union als Dach über den Gemeinschaften) aus den angeführten Gründen abzulehnen sind, würde der Beitritt zu einem *selbständigem Rechtskörper* der Europäischen Union noch keinesfalls die Mitgliedschaft in den übrigen selbständig verbliebenen Gemeinschaften bedeuten.
Die Bedeutung der Vorschrift wird aber deutlich, wenn man die Union als einen materiell-rechtlich zu verstehenden *Verbund* von Mitgliedstaaten und internationalen Organisationen ansieht ohne selbständige Völkerrechtspersönlichkeit[149]. Denn ein Beitritt zu einem Verbund kann aufgrund der damit zusammenhängenden *Pflicht zum Handeln im Verbund* nur insgesamt und nicht mehr bloß partiell erfolgen. Die Verbundtheorie erklärt zugleich den scheinbaren Widerspruch des Artikel J.4 Abs. 2 EUV, wonach die Westeuropäische Union, unzweifelhaft eine Internationale Organisation mit selbständigem Völkerrechtscharakter, zwar

---

[145] *Koenig/Pechstein*, Die Europäische Union, S. 23.
[146] So *Koenig/Pechstein*, Die Europäische Union, S. 24
[147] Ebenso *Koenig/Pechstein*, Die Europäische Union, S. 24.
[148] *Koenig/Pechstein*, Die Europäische Union, S. 25; zustimmend *Dörr*, EuR 1995, S. 334 ff. (345); *Pechstein*, in: Stern, Zukunftsprobleme der Europäischen Union, S. 163 ff. (167).
[149] So *Koenig/Pechstein*, Die Europäische Union, S. 27 f.

einerseits einen integralen Bestandteil der Entwicklung der Union darstellt, aber andererseits darum ersucht wird, die Entscheidungen und Aktionen der Union durchzuführen.
Nach der Theorie der horizontalen Reihung kann die Union als selbständige Rechtspersönlichkeit zwar die WEU um etwas ersuchen, letztere kann aber aufgrund der eigenen Völkerrechtspersönlichkeit nicht zugleich einen integralen Bestandteil der selbständigen Völkerrechtspersönlichkeit Union darstellen, sonst ergäbe sich das, gegenüber der vertikalen Eingliederung bestrittene, Über-Unterordnungsverhältnis. Die Charakterisierung der Union als Verbund vermag hingegen auch diesen (scheinbaren) Widerspruch aufzulösen.
Die Vertreter der horizontalen Reihung verkennen zudem noch einen weiteren Aspekt. Die implied-powers-Lehre kann zur Herleitung einer selbständigen Völkerrechtspersönlichkeit im Außenverhältnis erst dann herangezogen werden, wenn eine entsprechende ausdrückliche oder stillschweigende Anerkennung durch Drittstaaten in deren Völkerrechtspraxis erfolgt ist. Die angeführten Vorschriften könnten also allenfalls ein vorhandenes Potential der Union für die Erlangung einer Völkerrechtspersönlichkeit belegen, nicht aber diese konstituieren. Eine solche könnte sich erst durch eine entsprechende Praxis ausbilden. Es sind zwar rudimentäre Ansätze für den Beginn einer derartigen Praxis vorhanden[150]. Diese Praxis kann aber noch keineswegs als verfestigt angesehen werden. Selbst wenn also die Herausbildung einer selbständigen Völkerrechtspersönlichkeit der Union, sei es durch nachträgliche Vertragsänderungen[151], sei es aufgrund einer entsprechenden Praxis der Mitglied- und beteiligter Drittstaaten, nicht auszuschließen ist[152], bleibt festzuhalten, daß eine derartige völkerrechtliche Verfestigung zum gegenwärtigem Zeitpunkt noch nicht eingetreten ist. Zwar spricht *Dörr* von einer Völkerrechtspersönlichkeit im *statu nascendi*[153]. Es stellt sich jedoch verstärkt die Frage nach der vertraglichen Zulässigkeit einer solchen Entwicklung.

[150] Vgl. die Vereinbarung über die Verwaltung von Mostar, Bull. EU 7/8-1994, Ziff. 1.3.2, die als internationale Vereinbarung förmlich vom Rat gebilligt worden war (Bull. EU 6-1994, Ziff. 1.3.9), wobei dieser dafür die mit Ratsbeschluß 93/603/GASP beschlossene Gemeinsame Aktion als Grundlage der Vertragsschlußkompetenz ansah.

[151] Zwar sah ein neuer Artikel des Unionsvertrages im Vertragsentwurf der irischen Ratspräsidentschaft (CONF/2500/96) eine derartige Verleihung der Rechtspersönlichkeit vor (S. 92 des Vertragsentwurfes), die Vorschrift wurde aber, auch aufgrund der erheblichen Bedenken (siehe dazu ausführlich: *Pechstein*, EuR 1996, S. 137 ff. (139 f.); *Pechstein/Koenig*, Die Europäische Union, 2. Aufl., Rn. 61 ff.) nicht in den endgültigen Vertragstext aufgenommen.

[152] Diese Möglichkeit sehen auch *Koenig/Pechstein*, Die Europäische Union, S. 29.

[153] *Dörr*, EuR 1995, S. 334 ff. (343).

II. Ergebnis zur Frage der Rechtsfähigkeit

Da die Union nicht über Völkerrechtspersönlichkeit verfügt, kommt eine hieraus *abgeleitete* Privatrechtsfähigkeit ebenfalls nicht in Betracht. Diese könnte sich daher nur aus ausdrücklicher Verleihung ergeben. Bezüglich der Gemeinschaften finden sich in den jeweiligen Gründungsverträgen entsprechende Vorschriften, welche die Gemeinschaften mit Privatrechtsfähigkeit ausstatten (Artikel 211 EGV, Artikel 6 Abs. 3 EGKSV, Artikel 185 EAGV). Eine Parallelvorschrift im Unionsvertrag fehlt. Die ausdrückliche Zuweisung einer Privatrechtsfähigkeit nimmt der Unionsvertrag also nicht vor. Eine solche ausdrückliche Zuweisung ist aber im Hinblick auf die Privatrechtsfähigkeit einer internationalen Organisation nicht konstitutiv[154], da die meisten Internationalen Privatrechtsordnungen die Anerkennung im Ausland zuerkannter Rechtspersönlichkeiten vorsehen[155].
Nach deutschem internationalen Privatrecht (IPR) kommt es entsprechend der herrschenden Sitztheorie für die Rechtsfähigkeit einer ausländischen juristischen Person darauf an, ob die juristische Person in ihrem Sitzstaat Rechtsfähigkeit besitzt[156]. Die Europäische Union verfügt jedoch nicht über einen Sitzstaat und kann sich diesbezüglich auch nicht auf die entsprechenden Regelungen der drei Gemeinschaften berufen[157]. Eine Zuerkennung der Privatrechtsfähigkeit kommt also über das deutsche internationale Privatrecht nicht in Betracht.
Da die Union somit weder über eine völkerrechtliche noch eine internationale Privatrechtsfähigkeit verfügt, kann sie folglich auch *nicht über eigene Organe im rechtlichen Sinne* verfügen[158], denn Organe werden Rechtspersönlichkeiten zugerechnet, die sie durch Handeln berechtigen und verpflichten[159]. Die Union kann damit auch nicht Zurechnungsendsubjekt, also Pflichtenadressat des Kohärenzgebots sein.

B. Mitgliedstaaten als Pflichtenadressaten des Kohärenzgebots?

Die Mitgliedstaaten sind Signatarstaaten des Unionsvertrages. Als solche sind sie per se Adressaten der Kohärenzverpflichtung. Dabei ist zu beachten, daß die Mitgliedstaaten, je nach Politikbereich, eine unterschiedliche Stellung im Unionssystem einnehmen. Es ist denkbar, daß die Betroffenheit der Mitgliedstaaten als

---

[154] *Koenig/Pechstein*, Die Europäische Union, S. 30.
[155] *Seidl-Hohenveldern/Loibl*, Recht der Internationalen Organisationen, Rn. 0721.
[156] Vgl. *v. Bar*, Internationales Privatrecht, Bd. II, Rn. 619.
[157] *Koenig/Pechstein*, Die Europäische Union, S. 31; anderes ergibt sich wenn man der (hier abgelehnten) "Verschmelzungstheorie" von *v. Bogdandy/Nettesheim*, NJW 1995, S. 2324 ff. und EuR 1996, S. 3 ff., folgt.
[158] Da *Schroeder*, in: Hummer/Schweitzer, Österreich und die EU, S. 3 ff. (19) von einer Völkerrechtspersönlichkeit der Europäischen Union ausgeht, spricht er ihr konsequenterweise die Fähigkeit zu, über eigene Organe zu verfügen (S. 10 f.)
[159] *Hilf/Pache*, in: Grabitz/Hilf (Hrsg.), EUV/EGV, Artikel E, Rn. 7.

Adressaten des Kohärenzgebots davon abhängig ist, in welcher Funktion die Staaten handeln. Daher ist erstens zu untersuchen, in welchen unterschiedlichen Funktionen die Mitgliedstaaten tätig werden können.

I. Mitwirkung im Unionsverbund

Ein Wirkungsfeld betrifft die Stellung der Unionsstaaten als *Mitglieder des Verbundes "Union"*. In diesem Wirkungsbereich füllen die Staaten eine Doppelfunktion aus. Dies ergibt sich aus diversen Bestimmungen des Unionsvertrages, in denen zwischen der *Politik der Union als Gesamtverbund* und der *Politik der Einzelstaaten als Teil des Verbundes* unterschieden wird[160].

1.) Betroffenheit als Einzelteil des Unionsverbundes
Die Mitgliedstaaten sind in ihrer Stellung als *Einzelteile* des *Verbundes* Union zur Kohärenz verpflichtet. Die Verpflichtung gilt für alle ihre Aktionen als Einzelstaaten, soweit sie sich im Regelungsrahmen des Unionverbundes bewegen. Die Staaten unterwarfen sich mit der Unterzeichnung des Unionsvertrages für die geregelten Bereiche der Zusammenarbeit den hierdurch vorgesehenen Bindungen. Die Verpflichtung ergibt sich aus allgemeinen Grundsätzen des Völkerrechts, wonach die Vertragsparteien an die unterzeichneten Verträge gebunden sind[161].

2.) Mitarbeit in den Gremien
In einer weiteren Funktion nehmen die Mitgliedstaaten an den Sitzungen des Rates teil, führen die beschlossenen gemeinsamen Aktionen durch und nehmen an der Ausarbeitung einer Gemeinsamen Außen- und Sicherheitspolitik teil. Bei ihrer Mitwirkung im Rat würde diese Bindung der Einzelstaaten zu einer Bindung des Rates als Kollektivgremium insgesamt führen, wenn die Handlungen des Rates den Mitgliedstaaten als Zurechnungsendsubjekten zuzuordnen wären. Dabei wären die Zurechnungsendsubjekte weiterhin die Mitgliedstaaten. Mit der Bindung des Rates als Kollektivgremium ist lediglich gemeint, daß hier die Mitgliedstaaten in ihrer Sonderrolle als Mitglieder des Gremiums betroffen sind.
Dabei muß bei der Tätigkeit des Rates wiederum strikt danach unterschieden werden, in welcher Funktion ein Beschluß gefaßt worden ist. Die Bestimmung des Artikel C Abs. 2 EUV spricht bei der Gremienbezeichnung lediglich pauschal vom "Rat" als dem für die Kohärenz mitverantvortlichen Gremium. Hinzu kommt, daß gemäß Artikel C Abs. 1 EUV die Union über einen einheitlichen institutionellen Rahmen verfügen soll. Nach Artikel E EUV übt u.a. der "Rat" seine Befugnisse nach Maßgabe und im Sinne der Gemeinschaftsverträge sowie der Bestimmungen des (vorliegenden) Unionsvertrages aus. Die Bestimmungen erwecken den Eindruck, es handele sich hierbei um ein und dasselbe Gremium,

[160] Vgl. Artikel Artikel J.1 Abs. 4; J.2 Abs. 2 UAbs. 2 u. Abs. 3; J.4 Abs. 4; K.7 EUV.
[161] *Ipsen*, Völkerrecht, §10, Rn. 30 ff.

welches je nach Regelungsbereich, entweder aufgrund der Gemeinschaftsverträge oder des Unionsvertrages tätig wird.
Dieser Auffassung folgend, nannte sich der EG-Ministerrat mit Beschluß vom 8. November 1993[162] in "Rat der Europäischen Union" um. Zwar ist die personelle Identität der handelnden Minister bei Beschlüssen des Rates sowohl in den Bereichen GASP und ZBJI als auch im Gemeinschaftsbereich gewährleistet, dies sagt aber noch nichts darüber aus, ob das im jeweiligen Politikbereich handelnde Gremium auch rechtlich identisch ist. Der Umbenennungsbeschluß vermag zu dieser Frage nichts auszusagen, da er als bloß organisatorisch-deklaratorischer Akt keine Statusänderung bewirken kann und zudem einer gültigen (gemeinschaftsrechtlichen) Rechtsgrundlage entbehrt[163].
Fraglich ist daher, ob es sich trotz (unzulässiger) identischer Organbezeichnung, unabhängig vom Regelungsbereich, auch rechtlich um dasselbe Organ handelt. Dies wäre u.a. dann der Fall, wenn über die Artikel C Abs. 1 und Artikel E EUV die dort genannten Organe der Gemeinschaft zugleich eigene Organe der Union geworden wären[164].

a) Unionsrat als Leihorgan der Mitgliedstaaten?
Die Handlungen des EG-Ministerrates auf der Grundlage der Gemeinschaftsverträge werden der jeweiligen Gemeinschaft als selbständigem Völkerrechtssubjekt zugeordnet. Der Rat wird aber, soweit er im Bereich GASP und ZBJI handelt, aufgrund der mangelnden Völkerrechtspersönlichkeit der Union *nicht* als eigenes Organ der Union tätig[165].
Er könnte aber als Leihorgan im Sinne einer Organleihe zu qualifizieren sein. Da die Union über eine Rechtspersönlichkeit nicht verfügt, kommt allenfalls *eine Organleihe zugunsten der Unionsstaaten* in Betracht. Eine Organleihe liegt bei der Inanspruchnahme des Organs eines Rechtssubjekts für ein anderes Rechtssubjekt vor. Regelmäßiges Motiv ist dabei die Vereinfachung vor allem in Fällen, in denen die Errichtung eines eigenen Organs aus Effizienzgründen nicht angebracht ist[166].
Das Vorliegen eines Effizienzgewinns bei der Inanspruchnahme der EG-Organe durch die Union wird zumindest für den Rat durch *Koenig/Pechstein* bestritten[167]. Da der rein intergouvernementale Charakter der zweiten und dritten Säule der Union im wesentlichen mit den Tagungen der Außenminister im Rahmen der EPZ auf rein völkerrechtlicher Basis vergleichbar sei, seien auch die notwendigen

[162] ABl. EG 1993 Nr. L 281, S. 18.
[163] *Hilf/Pache*, in: Grabitz/Hilf (Hrsg.), EUV/EGV, Artikel E, Rn. 11 m.w.N.; *Koenig/Pechstein*, Die Europäische Union, S. 72.
[164] So *Klein/Haratsch*, DÖV 1993, S. 788 ff.
[165] Insoweit unklar: *Jacque*, in: Groeben/Thiesing/Ehlermann, Kommentar zum EU/EGV, 5. Aufl., Art. C Rn. 2 und Art. E.
[166] *Koenig/Pechstein*, Die Europäische Union, S. 74.
[167] So *Koenig/Pechstein*, Die Europäische Union, S. 74.

Verfahrensneuerungen minimal[168]. Ein echtes Bedürfnis für eine Organleihe ist nach Auffassung von *Koenig/Pechstein* nicht ersichtlich, da diese keine Verfahrensvereinfachung darstelle. Der betreffende EG-Fachministerrat wechsele nur von einer Sekunde zur nächsten das rechtliche Etikett und verwandle sich in eine Art völkerrechtlicher Regierungskonferenz[169]. Die angebliche Vereinfachung dieses Vorgangs durch die Inanspruchnahme des EG-Ministerrates im Wege einer Organleihe sei allenfalls marginal. Diese minimale Aufwandverringerung rechtfertigt nach *Koenig/Pechstein* nicht die Annahme einer echten Organleihe, da für diese regelmäßig ein echter Effizienzgewinn Voraussetzung sei[170]. Ebensowenig lasse sich der Gesichtspunkt einer Verfahrensvereinfachung durch eine mit der Organleihe automatisch erfolgende Übernahme von Verfahrensregeln für die Annahme einer Organleihe anführen. Die lediglich selektive Verweisung des Unionsvertrages auf EG-Verfahrensregeln spreche eher gegen eine derartige Annahme, da bei einer echten Übernahme von Verfahrensvorschriften eine selektive Verweisung nicht erforderlich gewesen wäre[171]. Daher ist der Unionsrat nach Auffassung von *Koenig/Pechstein*, soweit er in Angelegenheiten der GASP und der ZBJI tätig werde, nicht als geliehenes Organ der Gemeinschaften zu qualifizieren.
Da der Unionsvertrag aber zumindest eine partielle Vertretungsbefugnis des Ratsvorsitzes im Bereich der GASP statuiert (vgl. Artikel J.5 Abs. 1 EUV), etliche Verfahrens- und Abstimmungsvorschriften einführt (vgl. Artikel J.3 Abs. 2, Artikel J.8 Abs. 2, Artikel J.11 Abs. 1; Artikel K.4 Abs. 3 und Artikel K.8 Abs. 1 EUV) und ausdrücklich die Möglichkeit von Mehrheitsentscheidungen vorsieht (Artikel J.3 Abs. 2, Artikel K.3 Abs 2 litt. b), c)), ist der Rat nach *Koenig/Pechstein* nicht als bloße Regierungskonferenz, sondern als *Vertragsorgan* der Union anzusehen. Dies ändere jedoch nichts an der Zurechnungsendsubjektivität der Mitgliedstaaten[172].
Andere Auffassungen hingegen qualifizieren den Rat pauschal als geliehenes Organ[173]. Es fällt jedoch auf, daß die Qualifizierung als Leihorgan der Klarstellung, daß es sich in keinem Fall um ein eigenes Unionsorgan handelt, dient, und keiner eingehenden dogmatischen Untersuchung unterzogen wird. Der Begriff des Vertrags- und Leihorgans wird stellenweise synonym gebraucht[174]. Nach allen Auffassungen bleibt es jedoch bei der *Zurechnungsendsubjektivität der Mitglied-*

---

[168] *Koenig/Pechstein*, Die Europäische Union, S. 74.
[169] So *Koenig/Pechstein*, Die Europäische Union, S. 74.
[170] *Koenig/Pechstein*, Die Europäische Union, S. 75.
[171] *Koenig/Pechstein*, Die Europäische Union, S. 75.
[172] Soweit *Koenig/Pechstein*, Die Europäische Union, S. 75.
[173] Siehe *Beutler/Bieber/Pipkorn/Streil*, Die Europäische Union, S. 72; *Curtin*, CMLR 1993, S. 17 ff. (27); *Hilf/Pache*, in: Grabitz/Hilf (Hrsg.), EUV/EGV, Artikel E, Rn. 7; *Müller-Graff*, integration 1993, S. 147 ff. (159); *Streinz*, Europarecht, Rn. 230d.
[174] So bei *Hilf/Pache*, in: Grabitz/Hilf (Hrsg.), EUV/EGV, Artikel E, Rn. 7, die von einer "Organleihe in einer einem Vertragsorgan vergleichbaren Stellung" sprechen.

staaten[175]. Da die selbständige Völkerrechtspersönlichkeit der Union abzulehnen ist (s.o.), kommt eine Zurechnung der Handlungen des Rates an die Adresse der Union nicht in Betracht. Die Organleihe wirkt folglich als *Leihe zugunsten der Mitgliedstaaten der Union* und nicht zugunsten der Union[176].

Da hinsichtlich der rechtlichen Konsequenzen, namentlich der Zurechnung der Handlungen des Rates, bei beiden Auffassungen Einigkeit besteht, ist fraglich, ob die differenzierte Betrachtung, die den Rat der Europäischen Union nicht als Leih-, sondern als Vertragsorgan betrachtet, gerechtfertigt ist. Hinsichtlich der wichtigsten Rechtsfolge, namentlich der Zurechnung der Handlungen des Rates, besteht kein Unterschied zur Qualifikation als Leihorgan. Es besteht auch keine Differenz dergestalt, daß der Rat bei Qualifizierung als Leihorgan etwa verpflichtet wäre, sämtliche Verfahrensregeln des EG-Rates zu übernehmen. Denn für Beschlüsse im Bereich der GASP und der ZBJI sieht der Unionsvertrag ausdrücklich eigene Verfahrensregeln vor. Diese Regelungen gehen entgegenstehenden Verfahrensregeln der Gemeinschaftsverträge vor, da der Rat außerhalb des Gemeinschaftsrechts tätig wird[177].

Die Heranziehung gemeinschaftsrechtlicher Verfahrensregeln kommt aber zur Lückenfüllung in Betracht und zwar in Fällen, in denen diese nicht gegen den intergouvernementalen Charakter der zweiten und dritten Säule verstoßen. Diese immerhin gegebene *Möglichkeit* eines Rückgriffs auf ein ausgearbeitets System an Verfahrensregeln stellt durchaus einen, von *Koenig/Pechstein* bestrittenen, Effizienzgewinn dar. Eine Festlegung neuer Verfahrensregeln ist dann nämlich nur in Kollisionsfällen notwendig.

Jedoch auch aus systematischen Gründen erscheint die Qualifizierung des Rates als bloßes Vertragsorgan nicht gerechtfertigt. Dagegen sprechen Artikel C Abs. 1 EUV und Artikel E EUV. In beiden Bestimmungen werden die Organe der Gemeinschaften, sowohl die Kommission als auch der Rat, in einem einheitlichen Zusammenhang genannt. Es ist daher davon auszugehen, daß keine unterschiedliche Bewertung gewollt war. Die Kommission, der Gerichtshof und das Europäische Parlament sind aber auch nach der von *Koenig/Pechstein* vorgenommenen Qualifizierung als Leihorgane anzusehen[178]. Die dadurch erfolgte Verfahrensvereinfachung ist unbestritten. Der Vereinfachungsgewinn trifft auch auf den Rat zu. Gerade die Aufgabe des strikten Dualismus hinsichtlich des Rates wird allgemein als der wichtigste Fortschritt gegenüber den Regelungen der EEA angese

---

[175] Darüber sind sich, bis auf die Befürworter einer selbständigen Rechtspersönlichkeit der Union, sowohl diejenigen einig, die den Rat der Union als Leihorgan, als auch diejenigen die darin ein Vertragsorgan sehen, so: *Koenig/Pechstein*, Die Europäische Union, S. 75; *Hilf/Pache* in Grabitz/Hilf (Hrsg.), EUV/EGV, Artikel E, Rn. 7.

[176] So auch für die Kommission, das Parlament und den Gerichtshof: *Koenig/Pechstein*, Die Europäische Union, S. 77.

[177] *Curtin*, CMLR 1993, S. 17 ff. (26).

[178] Siehe *Koenig/Pechstein*, Die Europäische Union, S. 77.

hen[179]. Während dort noch peinlich auf die Unterscheidung zwischen dem EG-Ministerrat und den Tagungen der Hohen Vertragsparteien im Rahmen der EPZ geachtet wurde, sollte die Regelung des Artikel C Abs. 1 EUV die Abkehr von dieser strikten Unterscheidung deutlich machen. Nach der erfolgten Zusammenlegung des EPZ-Sekretariats mit dem Generalsekretariat[180] besteht unterhalb der Ratsebene eine institutionelle Verknüpfung der Entscheidungsstrukturen. Sowohl der angesprochene Gewinn bei den Verfahrensregeln als auch die institutionelle Verknüpfung stellen einen echten Effizienzgewinn dar. Die Unterscheidung zwischen dem Rat als Vertragsorgan und den übrigen betroffenen Gemeinschaftsorganen als Leihorganen, erscheint daher nicht gerechtfertigt.

b) Doppelcharakter des Rates

Es ist zu betonen, daß bei Handlungen des Rates in den Bereichen der ZBJI und der GASP, die Mitgliedstaaten Zurechnungsendsubjekte verbleiben. Die Qualifizierung des Rates als Leihorgan zugunsten der Unionsstaaten vermag hieran nichts zu ändern. Dem Rat kommt demnach bei seinen Handlungen ein *doppelter Charakter* zu.

Einerseits fungiert dieser als EG-Rat mit den Zurechnungsendsubjekten Gemeinschaften, andererseits als Leihorgan der Unionsstaaten mit den Zurechnungsendsubjekten Mitgliedstaaten. Abhängig vom jeweiligen Bereich, in dem der Rat tätig wird, unterliegt er unterschiedlichen Verfahrens- und Beschlußregeln und seine Handlungen treffen unterschiedliche Rechtssubjekte.

Zur begrifflichen Unterscheidung empfiehlt es sich, bei den Aktionen des Rates *im Bereich der Gründungsverträge weiterhin vom* ***EG-Rat*** *zu sprechen*, bei den Handlungen *im Bereich der ZBJI und der GASP vom* ***Unionsrat***[181]

Durch das Kohärenzgebot des Artikel A Abs. 3 S. 2, C Abs. 1 und Abs. 3 EUV ist der Rat in seiner Funktion als *Unionsrat* betroffen, da die Mitgliedstaaten als Signatarstaaten an die durch den Unionsvertrag ausgesprochenen Verpflichtungen gebunden sind. Die Verpflichtung trifft vermittelnd durch ihre Mitgliedschaft in dem Leihorgan Rat auch die Institution als solche. Allerdings handelt es sich nicht um eine Pflicht im rechtlichen Sinne, da der Unionsrat mangels eigener Rechtspersönlichkeit kein Zurechnungsendsubjekt von Pflichten sein kann. Letztendlich sind weiterhin die Mitgliedstaaten Adressaten. Sie sind aber zu einem *kohärenten Zusammenwirken* verpflichtet. Insofern ist diese Art Verpflichtung nicht mit der Verpflichtung als *Einzelstaat* bei Handlungen im Regelungsrahmen der Union deckungsgleich, da sie *kollektiv* geprägt ist. Sie kann daher, wie noch auszuführen sein wird, auf das Abstimmungsverhalten einwirken.

---

[179] *Burghardt/Tebbe*, EuR 1995, S. 1 ff. (6).

[180] Vgl. Erklärung Nr. 28 zu den praktische Einzelheiten im Rahmen der Gemeinsamen Außen- und Sicherheitspolitik. Eingeleitet wurde die Fusion mit der Entscheidung des Rates v. 11.5.1992 (Dok. SI 92/348), S. 17 ff.

[181] So *Koenig/Pechstein*, Die Europäische Union, S. 72 f.

Diese Pflicht gilt *unabhängig davon, ob der Rat als Organ der Gemeinschaften* ebenfalls an das Kohärenzgebot gebunden ist. Beide Aspekte sind voneinander zu trennen. Der Frage der Verpflichtung des Rates als EG-Rat wird noch nachzugehen sein.

c) Europäischer Rat als Adressat des Kohärenzgebotes?

Mit Rat i.S.d. Artikel C Abs. 2 S. 2 EUV könnte zugleich auch der Europäische Rat gemeint sein. Dafür spräche seine herausragende Leitungs- und Lenkungsrolle innerhalb der Union. Gemäß Artikel D ist der Europäische Rat auch für die Festlegung der allgemeinen politischen Zielvorstellungen verantwortlich. Er ist daher das politische Leitungsgremium der EU[182]. Als ein mit so weitreichenden Befugnissen und entsprechendem politischen Gewicht ausgestattetes Gremium scheint der Europäische Rat prädestiniert, die Verantwortung für die Sicherstellung der horizontalen Kohärenz übernehmen zu können[183]. Dagegen spricht jedoch, daß der Unionsvertrag in den Fällen, in denen der Europäische Rat als ein solcher gemeint ist, explizit den Terminus "Europäischer Rat" gebraucht[184]. Darüber hinaus unterscheidet der Vertrag ausdrücklich zwischen den Befugnissen des Europäischen Rates und denen des *Unionsrates* in der Zusammensetzung der zuständigen Minister[185]. Diese bewußte und konsequente Unterscheidung spricht dafür, daß in Artikel C Abs. 2 S. 2 EUV der Europäische Rat nicht unter den Begriff "Rat" zu subsumieren ist. Er ist daher nicht Adressat des Kohärenzgebots, soweit er in seiner Sonderstellung als Europäischer Rat betroffen ist[186].

---

[182] *Beutler/Bieber/Pipkorn/Streil*, Die Europäische Union, S. 57; *Streinz*, Europarecht, Rn. 279, die vom politischen Lenkungsorgan sprechen. Der Organbegriff ist jedoch juristisch vorgeprägt. Aufgrund der hier vertretenenen Auffassung von der mangelnden Rechtspersönlichkeit der EU kann es sich jedenfalls nicht um ein Organ der EU im rechtlichen Sinne handeln. Aber auch seine Qualifizierung als Vertragsorgan wird bestritten, so *Koenig/Pechstein*, Die Europäische Union, S. 68; a.A.: *Hilf/Pache*, in: Grabitz/Hilf (Hrsg.), EUV/EGV, Artikel D, Rn.9. Auch letzterer stellt jedoch klar, daß es sich nicht um ein Organ im rechtlichen Sinne handelt (a.a.O. Rn. 41). Es ist daher der neutralere Begriff des Gremiums vorzuziehen.

[183] Häufig wird der Europäische Rat auch als die einzige echte Unionsinstitution bezeichnet, so z.B.: *Curtin*, CMLR 1993, S. 17 ff. (26); *Hilf/Pache*, in: Grabitz/Hilf (Hrsg.), EUV/EGV; Artikel D Rn. 41.

[184] So in den Artikeln D, J.3 Ziff. 1, J.4 Abs. 6 und J.8 Abs. 1 EUV.

[185] Siehe Artikel J.3 Ziff. 1, J.4 Abs. 6 und J.8 Abs. 1 u. 2 EUV.

[186] Insoweit unklar *Streinz*, Europarecht, Rn. 279, wonach die nötige Kohärenz durch den einheitlichen institutionellen Rahmen sicherzustellen sei (Artikel C Abs. 1 EUV). Der Verweis auf den Artikel C Abs. 1 EUV ist insoweit irreführend, weil das Hauptmotiv für seine Implementierung die institutionelle Verschränkung der GASP und ZBJI mit den Gemeinschaftsinstitutionen sein sollte. Beim Europäischen Rat gibt es aber gerade keine Parallelinstitution auf Gemeinschaftsebene, so daß das Primat des einheitlichen institutionellen Rahmens, soweit der Europäische Rat davon betroffen ist, ins Leere zielt. Daß der Europäische Rat durch das Kohärenzgebot gerade nicht betroffen sein soll, ergibt sich auch im Wege des Umkehrschlusses aus Artikel J.8 Abs. 2 EUV. Dies ist

Gleiches gilt auch, wenn der Europäische Rat nicht in seiner Funktion nach Artikel D EUV tätig wird, sondern als "die im Rat vereinigten Vertreter der Regierungen der Mitgliedstaaten" beschließt, was natürlich jederzeit möglich ist[187]. Da in diesem Fall der Kommissionspräsident jedoch nicht Mitglied des Gremiums ist, handelt es sich eben nicht um den Europäischen Rat i.S.d. Artikel D EUV, auch wenn die Staats- und Regierungschefs der Mitgliedstaaten den Beschluß fassen sollten.
Zwar wird teilweise argumentiert, daß, da die Staats- und Regierungschefs als Vertreter der kohärenzverpflichteten Unionsstaaten an dieses Gebot gebunden sind und gleiches wegen der Bindung des Kohärenzgebotes auch für den Kommissionspräsidenten gelte, sich hieraus auch eine Bindung des Gesamtgremiums ergibt[188]. Diese Argumentation berücksichtigt jedoch nicht, daß sich die Bindungen der Staats- und Regierungschefs und die des Kommissionspräsidenten in ihrer Art unterscheiden. Während sich die Bindung der Staats- und Regierungschefs aus dem *unionsrechtlichen Kohärenzgebot* ergibt, folgt die Bindung des Kommissionspräsidenten, wie noch zu zeigen sein wird aus dem *gemeinschaftsrechtlichen Kohärenzgebot*[189]. Letzteres gilt jedoch nur bei Handlungen im Gemeinschaftsbereich. Eine Bindung der Kommission und damit auch des Kommissionspräsidenten an das *unionsrechtliche Kohärenzgebot* besteht hingegen, wie noch dargelegt wird, nicht[190]. Der Kommissionspräsident ist daher bei seiner Teilnahme an den Sitzungen des Europäischen Rates eben nicht an das Kohärenzgebot gebunden, da er im intergouvernementalen Bereich tätig wird und in diesem nur das unionsrechtliche Kohärenzgebot einschlägig ist. Daher kann sich keine Bindung des Gesamtgremiums ergeben.

II. Handlungen außerhalb des Regelungsbereichs der Union

Die vom Unionsvertrag geregelten Bereiche der GASP und der ZBJI stellen weder das gesamte mögliche Aktionsfeld der Staaten dar[191], noch beanspruchen sie für

---

politisch nachvollziehbar. Die Staats- und Regierungschefs wollten eine zu starke Bindung an Vorgaben der Gemeinschaften ausschließen. Anderes mag gelten, wenn der Europäische Rat ausnahmsweise als Rat der EG handelt, was jedoch nicht unumstritten ist, siehe: *Hilf/Pache*, in: Grabitz/Hilf (Hrsg.), EUV/EGV, Artikel D, Rn. 31; für eine solche Handlungsmöglichkeit des Europäischen Rates: *Streinz*, a.a.O. Rn. 278; *Hartley*, The Foundations of EC-Law, S. 23.

[187] *Streinz*, Europarecht, Rn. 278.

[188] So *Pechstein/Koenig*, Die Europäische Union, 2. Aufl., Rn. 132

[189] Zu den Begriffen vgl. unten unter Kap. 1, 3. Abschnitt, *C*, III.

[190] Vgl. unten unter Kap. 1, *C*, 3. Abschnitt, IV, 1.) b).

[191] Für die GASP siehe z.B. Artikel J.2 Abs. 1 EUV, aus dem sich im Umkehrschluß folgern läßt, daß Fragen, welche nur Teile der Union betreffen, nicht generell der Unterrichtungs- und Abstimmungsverpflichtung unterliegen. Dem steht auch nicht Artikel J.4 Abs. 1 EUV entgegen, da dieser von der *Sicherheit der gesamten Union*

alle geregelten Bereich einen Exklusivcharakter[192]. Hieraus folgt, daß den Mitgliedstaaten noch ein Aktionsraum verbleibt, bei dem sie vollkommen außerhalb des Unionsverbundes agieren können.
Es bleibt ihnen auch unbelassen, anläßlich einer Ratstagung weder als EG-Rat noch als Leihorgan (Unionsrat) im obigen Sinne, sondern schlicht als die im Rat vereinigten Vertreter der Mitgliedstaaten zu tagen[193]. Letztere Möglichkeit wurde durch die Unterzeichung des Unionsvertrages nicht ausgeschlossen, vielmehr sehen die Verträge diese Möglichkeiten sogar ausdrücklich vor[194]. Diese Lückenhaftigkeit des Unionsverbundes ist unmittelbare Folge der fehlenden Kompetenz-Kompetenz der Gemeinschaften und der Union.
Soweit es sich um Aktionen der Staaten handelt, welche Ziele des EG-Vertrages zumindest tangieren, unterliegen sie bereits der Verpflichtung des Artikel 5 Abs. 2 EGV. Für Handlungen innerhalb des Regelungsbereichs der Union gilt zudem das Kohärenzgebot des Unionsvertrages[195].
Gewisse Handlungen liegen aber sowohl außerhalb des supranationalen Gemeinschaftsbereichs als auch außerhalb des intergouvernemental ausgestalteten Kooperationsbereichs der GASP oder der ZBJI[196]. Fraglich ist, ob die Mitgliedstaaten auch bei diesen Aspekten ihres Handelns einer Kohärenzverpflichtung unterliegen. Das den Unions- und Gemeinschaftskompetenzen zugrundeliegende Enumerationsprinzip spricht gegen die Annahme einer solch allumfassenden Kohärenzpflicht. Für den Anwendungsbereich des Artikel 5 Abs. 2 EGV ist anerkannt, daß nur eine enge Konnexität und ein gesteigertes Gemeinschaftsinteresse zum Hinüberziehen völkerrechtlicher Pflichten in den Integrationsbereich führen kann[197]. Jedoch auch der Wortlaut der Artikel A Abs. 3 S. 2, Artikel C Abs. 1 und Abs. 2 EUV spricht gegen eine derartig weitgehende Auslegung. Die Vorschriften sprechen davon, daß es Aufgabe der *Union* ist, die Beziehungen zwischen ihren Völkern kohärent zu gestalten (Artikel A Abs. 3 S. 2 EUV), daß die *Union* über einen einheitlichen Rahmen, der die Kohärenz ihrer Maßnahmen sicherstellt, verfügt, (Artikel C Abs. 1) und daß die *Union* insbesondere auf die Kohärenz ihrer Maßnahmen im Rahmen ihrer Außen-, Sicherheits-, Wirtschafts- und Entwicklungspolitik achtet (Artikel C Abs. 2 EUV). Auch wenn die Bezeichnung "Union" nicht im körperschaftlichen Sinne zu verstehen ist, da letzterer eine selbständige Rechtspersönlichkeit fehlt, so sind die aufgeführten Bestimmungen dahingehend

spricht. Für die ZBJI siehe bspw. Artikel K.3 Abs. 1 i.V.m. Artikel K.1 welche das Enumerativprinzip für den ZBJI-Bereich statuieren.

[192] Vgl. z.B. Artikel J.4 Abs. 5 und Artikel K.7 EUV.

[193] So auch *Streinz*, Europarecht, Rn. 272.

[194] Vgl. Artikel N EUV, Artikel 109a Abs. 2 lit. b), Artikel 158 Abs. 2 EGV, Artikel 167 Abs. 1 EGV, Artikel 216 EGV.

[195] Siehe dazu unter Kap. 1. Abschn. 3, *B* I 2.).

[196] So z.B. Fragen außenpolitischer Natur, die jedoch nicht von allgemeiner Bedeutung i.S.d. Artikels J.2 EUV sind.

[197] So: EuGH Rs. 44/84, *Hurd*, Slg. 1986, S. 29 ff. (81); zustimmend: *v. Bogdandy*, in: Grabitz/Hilf (Hrsg.), EUV/EGV, Artikel 5 EGV, Rn. 20.

auszulegen, daß die Verpflichtung zur Kohärenz die Staaten nur in ihrer *Funktion als Mitglieder des Unionsverbundes* treffen soll. Außerhalb des Verbundes treffen die Mitgliedstaaten daher nur ihre allgemeinen völkerrechtlichen Verpflichtungen. Eine andere Auslegung hätte die faktische Etablierung einer Kompetenz-Kompetenz des Unionsverbundes zur Folge, da sämtliches Handeln der Unionsstaaten, auch solches außerhalb des Regelungsbereichs des Unionsverbundes, dem unionsrechtlichen Grundsatz der Kohärenzpflicht unterläge. Eine derartig allumfassende Bindung stimmt aber nicht mit dem erklärten Willen der Mehrheit der Vertragspartner überein. Die Auslegung widerspräche zudem dem völkerrechtlichen Grundsatz, daß über die ausdrücklich ausgesprochene Bindung hinausgehende Einschränkungen der Souveränität nicht vermutet werden[198]. Soweit also die Mitgliedstaaten außerhalb der Regelungsbereiche des Unionverbundes agieren, sind sie dabei von der Kohärenzpflicht nicht betroffen.

III. Betroffenheit als Mitglieder der Gemeinschaften

Ein Betätigungsfeld der Unionsstaaten betrifft diese als Mitglieder der supranationalen Gemeinschaften. Soweit sie in dem zuständigem Gremium EG-Rat tätig werden, hängt die Frage ihrer Verpflichtung auf das Kohärenzgebot des Unionsvertrages von der Verpflichtung der Gemeinschaften generell ab. Dieser Aspekt ist im nachfolgenden Abschnitt zu klären.

C. Die Gemeinschaften

I. Gemeinschaften sind keine Vertragspartei

Artikel C Abs. 2 S. 3 EUV stellt lapidar fest, der Rat und die Kommission seien für die Kohärenz verantwortlich. Im Fall des Unionsrates sind die aus dem Kohärenzgebot tatsächlich Verpflichteten die Vertragsstaaten. Eine derartige Bindung ist völkerrechtlich unproblematisch, da diese den Vertrag ausgearbeitet, unterzeichnet und ratifiziert haben.

Bei der Kommission ist die Lage anders. Diese ist Organ der Gemeinschaften. Letztere sind aber nicht Vertragspartner des Unionsvertrages. Die Mitverpflichtung der Kommission auf die Einhaltung des Kohärenzgebotsin Artikel C Abs. 2 S. 3 EUV erscheint damit als Belastung eines unbeteiligten Dritten. Entsprechendes gilt für den Rat, sobald dieser in seiner Eigenschaft als EG-Rat (Ministerrat) tätig wird.

Die Vereinnahmung der Gemeinschaften geht noch weiter. Die Gemeinschaften werden durch den EUV einfach zur "Grundlage der Union" erklärt (Artikel A Abs. 3 EUV). Letztere erklärt sich für die Einhaltung ihrer Ziele zuständig (Arti-

[198] Vgl. *Seidl-Hohenveldern*, Völkerrecht, Rn. 342.

kel B Abs. 2 EUV), bedient sich der Institutionen der Gemeinschaften (Artikel E EUV) und deren Verfahrensordnungen, finanziert sich teilweise zu Lasten des Gemeinschaftshaushalts (Artikel J.11 Abs. 2, Artikel K.8 Abs. 2 EUV) und erklärt sich für die Aufnahme neuer Mitglieder fortan alleinzuständig (Artikel O EUV).
Durch die wieder in den Gründungsvertrag neu aufgenommene Regelung des Artikel 157 Abs. 2 EGV soll jedoch weiterhin die Weisungsunabhängigkeit der Kommission gesichert werden. Dies scheint im Widerspruch zu einer Verpflichtung der Kommission auf Kohärenz und der daraus folgenden Rücksichtnahme auf Vorgaben der GASP und ZBJI zu stehen.
Die genannten Drittbelastungen sind aufgrund der völkerrechtlichen Selbständigkeit der Gemeinschaften problematisch[199]. So wurde für die Einheitliche Europäische Akte eine Bindung der Kommission an das durch den Artikeln 30 Abs. 5 EEA statuierte Kohärenzgebot ausdrücklich abgelehnt[200]. Die Beifügung der Phrase "in ihrem jeweiligem Zuständigkeitsbereich" sollte nach dieser Auffassung einerseits deutlich machen, daß der Kommission eine neue institutionalisierte Rolle im Rahmen der EPZ nicht zukam, andererseits sollte dadurch unterstrichen worden sein, daß die Kommission unabhängig verblieben ist und durch einen im Rahmen der EPZ erreichten Konsens nicht rechtlich gebunden wäre[201]. Ob diese Auffassung einer eingehenden Überprüfung standzuhalten vermag, bedarf einer weitergehenden Analyse. Hierauf wird im folgenden noch einzugehen sein.

II. Grundlagen einer materiell-rechtlichen Bindung

Sowohl die Kommission als auch der EG-Rat als Organe der Gemeinschaften können nur soweit verpflichtet sein, als eine Bindung der Gemeinschaften an Bestimmungen des EU-Vertrages vorliegt. Dabei soll hier von den Bestimmungen des Unionsvertrages isoliert der Frage nachgegangen werden, inwiefern sich eine Bindung an die *Kohärenzverpflichtung* ergeben kann.

1.) Höherrangigkeit des Unionsrechts?
Eine derartige Bindung wäre zu bejahen, wenn von einer normativen Höherrangigkeit zumindest des primären Unionsrechts und damit auch der Artikel A Abs. 3 S. 2, Artikel C Abs. 1 und Abs. 2 EUV auszugehen wäre. Die Vertreter der bereits angesprochenen unterschiedlichen Theorien zur selbständigen Rechtspersönlichkeit der Union äußern sich zu dieser Frage nicht, die Theorien beinhalten aber teilweise implizit eine derartige Höherrangigkeit. Dies muß bei konsequenter Fortführung für die Vertreter der Theorie von der vertikalen Eingliede-

---

[199] Dazu zuerst *Koenig/Pechstein*, Die Europäische Union, S. 36 f.
[200] *Simon Nuttall*, Yearbook of European Law, 5, 1985, S. 203 ff. (211); *Servantie*, in: Groeben/Thiesing/Ehlermann (Hrsg.), Kommentar zum EWG-Vertrag, 4. Aufl., Artikel 30 EEA, Rn. 69.
[201] Siehe *Nuttall*, Yearbook of European Law, 5, 1985, S. 203 ff. (211).

rung[202] gelten. Denn ein überwölbendes rechtliches Dach ist ohne eine entsprechende Normenhierarchie undenkbar. Wenn demnach die Union als eine *über* den Gemeinschaften stehende Konstruktion gedacht wird, so muß den Unionsnormen zumindest ein Anwendungsvorrang gegenüber dem Gemeinschaftsrecht zukommen. Diese Konsequenz ist nicht nur integrationspolitisch fragwürdig, sie ist zudem ein gewichtiges Argument gegen die Theorie der vertikalen Eingliederung.
Jedoch auch bei stringenter Anwendung der "Verschmelzungsthese" ergibt sich nach dem Grundsatz lex posteriori derogat legi priori ein normativer Vorrang des Unionsrechts gegenüber dem Gemeinschaftsrecht[203]. Da beide Theorien jedoch aus den angeführten Gründen abzulehnen sind, stellt sich die Frage nach sonstigen Anhaltspunkten für eine entsprechende Höherrangigkeit des Unionsrechts.
Der Unionsvertrag ist in erster Linie ein einfacher völkerrechtlicher Vertrag[204]. Als solcher schafft er zunächst nur Verpflichtungen zwischen den Vertragsparteien, also lediglich den Vertragsstaaten. Eine erhöhte Rangordnung gegenüber dem Gemeinschaftsrecht läßt sich hieraus nicht ablesen, da die Gemeinschaften samt deren autonomer Rechtsordnung eben nicht Vertragspartei sind. Eine normative Einbindung völkerrechtlicher Verträge in das gemeinschaftsrechtliche System, ohne eine Vertragsparteieigenschaft der Gemeinschaften, ist dem EG-Vertrag zwar nicht unbekannt, hierbei handelt es sich aber um explizit vorgesehene Ausnahmefälle für Sonderregelungsbereiche[205]. Die betreffenden Abkommen sind gegenüber primärem und sekundärem Gemeinschaftsrecht nachrangig[206], für das EuGVÜ hat der Gerichtshof aber immerhin einen Anwendungsvorrang gegenüber nationalem Recht statuiert[207], ein Privileg, welches sonst nur dem primären und sekundären Gemeinschaftsrecht zukommt. Solche Sonderfälle sind jedoch für die Rangbestimmung eines so weitumfassenden Vertragswerkes wie des Unionsvertrages ungeeignet. Eine Parallelvorschrift zu Artikel 220 EGV fehlt ohnehin. Zudem ergäbe sich auch danach kein entsprechender *Vorrang* des Unionsrechts.

---

[202] Vgl. dazu: *Ress*, JuS 1992, S. 985 ff.; *Klein/Haratsch*, DÖV 1993, S. 785 ff., und obige Ausführungen.

[203] Auch wenn die Befürworter der Theorie eine derartige Konsequenz (vorgeblich aus Platzgründen?) nicht explizit statuieren, vgl.: *v. Bogdandy/Nettesheim*, EuR 1996, S. 3 ff. (17).

[204] *Hilf/Pache*, in: Grabitz/Hilf (Hrsg.), EUV/EGV, Vorbem. z. EUV, Rn. 1; *Koenig/Pechstein*, Die Europäische Union, S. 35.

[205] Es handelt sich dabei um Abkommen, die aufgrund der Verhandlungsverpflichtung des Artikels 220 EGV abgeschlossen und auf diese Vorschrift gestützt wurden, so das: EuGVÜ von 1968 (ABl. EG 1990 C 189/2); EuAnerkÜ (BGBl. 1972 II S. 370) und ein Doppelbesteuerungsab-kommen im Falle von Gewinnberichtigungen zwischen verbundenen Unternehmen (ABl. EG 1990 L 225/10).

[206] *Streinz*, Europarecht, Rn. 426; vgl. dazu im einzelnen: *Schwartz*, in: FS Grewe, S. 551 ff.; *Schwarze*, EuR 1983, S. 1 ff.; *Bernhardt*, EuR 1983, S. 199 ff.

[207] EuGH, Rs. 25/79 - *Sanicentral/Collin*, Slg. 1979, S. 3423 ff. (3429); Rs. 288/82 - *Duijnstee/Goderbauer*, Slg. 1983, S. 3663 ff. (3674 f.).

Aber auch bei einem Beitritt der Gemeinschaften zum Unionsvertrag wäre ein Vorrang, zumindest vor dem Primärrecht, nicht die Folge. Die von den Gemeinschaften abgeschlossenen Verträge müssen im Rang unter dem Primärrecht stehen, da dieses die Rechtsgrundlage für den Abschluß stellt[208]. Eventuelle Kollisionen mit dem Primärrecht wären entsprechend Artikel 228 Abs. 6 und 7 EGV zu lösen.
Gegenüber dem Sekundärrecht ergäbe sich allerdings ein Vorrang, da völkerrechtliche Abkommen dem Rang nach zwischen dem Primär- und dem Sekundärrecht angesiedelt werden[209]. Damit wäre die Kommission als Gemeinschaftsorgan an die Bestimmungen des EU-Vertrages und somit auch an die Kohärenzverpflichtung gebunden. Die Bindung entfiele allerdings bei Kollisionen mit Normen des Primärrechts. Der Beitritt der Gemeinschaften zum Unionsvertrag ist jedoch weder erfolgt noch vorgesehen. Eine normative Höherrangigkeit des Unionsrechts ist daher auch gegenüber dem Sekundärrecht nicht feststellbar.

2.) Artikel A Abs. 3, Artikel C Abs. 1 und Abs. 2 EUV als Form von Nebengemeinschaftsrecht?
Eine weitere Möglichkeit für die Bejahung einer Bindungswirkung wäre die Qualifizierung der Artikel A Abs. 3 S. 2, Artikel C Abs. 1 und Abs. 2 EUV als ergänzendes Primärrecht. Eine solche Qualifizierung wurde bereits für den Artikeln 2 EEA in Betracht gezogen[210]. Zu einer derartigen Auffassung scheint *Pache* zu gelangen, wobei er die entsprechenden Vorschriften als eine "spezifische Art des Nebengemeinschaftsrechts" ansieht[211]. Zwar ist die Setzung von Primärrecht außerhalb der Gründungsverträge dem Gemeinschaftsrecht grundsätzlich nicht fremd[212]. Auffällig ist aber, daß dann sämtliche Vertragsvorschriften Primärrang erhalten, wie dies im Falle des Fusionsvertrages geschah. Davon kann hinsichtlich des Unionsvertrages nicht die Rede sein. Hier müßte demnach bei jeder einzelnen Vorschrift entschieden werden, ob dieser primärrechtlicher Geltungsvorrang oder lediglich eine völkerrechtliche Bindung zukommt. Die Rechtsunsicherheit wäre enorm. Da zudem die fraglichen Vorschriften der Jurisdiktion des EuGH entzogen sind, wäre eine Klärung von dieser Seite nicht zu erwarten.

---

[208] *Bleckmann*, Die Europäische Union, Rn. 660 f.; *Schweitzer/Hummer*, Europarecht, S. 161; *Vedder*, in: Grabitz/Hilf (Hrsg.), EUV/EGV, Artikel 228, Rn. 53.

[209] *Bleckmann*, Die Europäische Union, 660 f.; *Koenig/Pechstein*, Die Europäische Union, S. 35; *Tomuschat*, in: Groeben/Thiesing/Ehlermann (Hrsg.), Kommentar zum EWG Vertrag, 4. Aufl., Artikel 228, Rn. 81; ebenso: *Vedder*, in: Grabitz/Hilf (Hrsg.), EUV/EGV, Artikel 228, Rn. 53 m.w.N.

[210] Vgl. *Meng*, in: Groeben/Thiesing/Ehlermann (Hrsg.), Kommentar zum EWG Vertrag, 4. Aufl., Artikel 236, Rn. 16.

[211] *Pache*, in: Grabitz/Hilf (Hrsg.), EUV/EGV, Artikel M, Rn. 16.

[212] So geschehen z.B. im Rahmen des Fusionsvertrages v. 8.4.1965 (BGBl. II S. 1454). Letzterer enthält neben ausdrücklichen Textänderungen der Gründungsverträge weitere institutionelle Vorschriften im primärrechtlichen Rang.

Die Qualifikation als "spezifische Art des Nebengemeinschaftsrechts" ist demnach ohne dogmatischen Erkenntniswert, da sie nichts über das Verhältnis zum Recht der Gründungsverträge im Falle einer Kollision auszusagen vermag. Das Rang bzw. Vorrangverhältnis wird offen gelassen. Die Kategorie der "spezifischen Art des Nebengemeinschaftsrechts" ist daher für eine eingehende Untersuchung der Auswirkungen der Artikel A Abs. 3 S. 2, Artikel C Abs. 1 und Abs. 2 EUV auf das Gemeinschaftsrecht unbrauchbar.

3.) Implizite Änderungen der Gründungsverträge?

Ausdrückliche Bindungen der Europäischen Gemeinschaft an Vorgaben aus den intergouvernementalen Bereichen der GASP und der ZBJI, *mithin Spezialfälle der Kohärenzverpflichtung*, finden sich in den Gründungsverträgen an zwei Stellen. Eine der Bestimmungen, Artikel 199 Abs. 2 EGV, ist haushaltsrechtlicher Natur. Darin wird festgelegt, daß die für die Organe anfallenden Verwaltungsausgaben in Zusammenhang mit den die Gemeinsame Außen- und Sicherheitspolitik und die Zusammenarbeit in den Bereichen Justiz und Inneres betreffenden Bestimmungen des Unionsvertrages zu Lasten des Haushalts der Europäischen Gemeinschaft gehen.

Die zweite Bestimmung betrifft Vorgaben aus dem Bereich der GASP. Gemäß Artikel 228a EGV ist in dem Fall der Verhängung von wirtschaftlichen Embargomaßnahmen ein zweistufiges Verfahren vorgesehen. Zuerst beschließt der *Unionsrat* einstimmig politisch im Rahmen der GASP über das "Ob" einer solchen Maßnahme. Danach entscheidet der *EG-Rat* auf Vorschlag der Kommission über das "Wie" des Embargos.

Mit Inkrafttreten des in Amsterdam beschlossenen Revisionsvertrages wird eine weitere, gemeinschaftsrechtlich statuierte Übernahme unionsrechtlicher Vorgaben in den EG-Vertrag aufgenommen. Es handelt sich um den neuen Artikel 309 EGV[213]. Gemäß Artikel 309 Abs. 1 EGV gilt die nach Artikel 7 Abs. 2 EUV mögliche Aussetzung der Stimmrechte eines Mitgliedstaates wegen schwerwiegender und anhaltender Verletzung der in Artikel 6 Abs. 1 EUV genannten Grundsätze auch in bezug auf den EG-Vertrag.

Bei den angesprochenen Fällen handelt es sich um spezielle, ausdrücklich geregelte Unterfälle der Kohärenzverpflichtung.

Eine darüber hinausgehende, *generelle* Bindungswirkung der Gemeinschaften an das Kohärenzgebot ist jedoch zu bejahen, wenn dieses als implizite Änderung der Gemeinschaftsgründungsverträge zu bewerten ist. Da der Unionsvertrag völkerrechtlich auf der gleichen normativen Ebene wie die Gründungsverträge abgeschlossen wurde, ließe sich nach der völkerrechtlichen lex posterior Regel auch eine materiell-rechtliche Verpflichtung der Gemeinschaften begründen[214].

Dabei ergibt sich nur auf den ersten Blick eine inhaltliche Deckungsgleichheit mit der oben abgelehnten Kategorie der "spezifischen Art des Nebengemeinschafts-

[213] Die Zählung folgt der neuen, konsolidierten Fassung.

[214] So *Koenig/Pechstein*, Die Europäische Union, S. 36.

rechts". Während letztere lediglich eine sui generis-Qualifizierung ohne entsprechenden Erkenntnisgewinn statuiert, können aufgrund der an eine implizite Vertragsänderung zu stellenden Anforderungen Schlüsse hinsichtlich des Geltungsverhältnisses zwischen der Bindungswirkung und gegenläufigen Primärrechtsvorschriften gezogen werden.
Darüber hinaus läßt sich eine derartige Qualifizierung widerspruchsfrei in das bereits bestehende dogmatische Gerüst einfügen. Die Notwendigkeit einer rechtsdogmatisch fragwürdigen sui generis-Charakterisierung enfällt. Bei der Untersuchung empfiehlt sich eine differenzierte Betrachtung der völkerrechtlichen und der gemeinschaftsrechtlichen Zulässigkeit einer derartigen impliziten Vertragsänderung.

a) Völkerrechtliche Wirksamkeit einer Vertragsänderung
Zu untersuchen ist zuerst, welchen völkerrechtlichen Beschränkungen die Mitgliedstaaten bei einer impliziten Vertragsänderung unterlagen und ob diese auch von den Signatarstaaten beabsichtigt wurde.

aa) Grundsätzliche Möglichkeit einer Änderung
Keine Beschränkung völkerrechtlicher Art läßt sich aus der bloßen Tatsache herleiten, daß die Gemeinschaften nicht Vertragspartner des Unionsvertrages sind. Das Verbot einer Belastung unbeteiligter Dritter des Artikel 34 Wiener Vertragsrechtskonvention schützt nämlich explizit nur dritte Staaten und nicht internationale Organisationen[215]. Danach begründet ein Vertrag für einen *Drittstaat* ohne dessen Zustimmung weder Rechte noch Pflichten. Bei der Bestimmung handelt es sich um die positivrechtliche Ausprägung des römisch-rechtlichen Grundsatzes pacta tertiis nec nocent nec prosunt[216]. Diese findet jedoch keine Anwendung auf dritte internationale Organisationen[217].
Dessen ungeachtet kann bereits entweder aus allgemeinen Rechtsgrundsätzen des Völkerrechts oder aus dem Völkergewohnheitsrecht hergeleitet werden, daß die Gestaltungsmöglichkeiten von Vertragsstaaten bei der Auferlegung von Pflichten auf dritte internationale Organisationen begrenzt sind. Diese Begrenzungen liegen in der Selbständigkeit der internationalen Organisationen begründet[218].
Zu berücksichtigen ist die vorliegende Besonderheit, daß die Vertragsstaaten des Unionsvertrages mit den Mitgliedstaaten der hier betroffenen internationalen Or-

[215] *Koenig/Pechstein*, Die Europäische Union, S. 36; zwar sehen die Artikel 34 ff. des „Konventionsentwurfes über Verträge zwischen Staaten und Internationalen Organisationen oder zwischen Internationalen Organisationen" dem Artikel 34 WVK entsprechende Regelungen vor, die Konvention ist jedoch bislang noch nicht in Kraft getreten; vgl. dazu auch: *Klein/Pechstein*, Das Vertragsrecht internationaler Organisationen, S. 34 ff.

[216] *Ipsen*, Völkerrecht, S. 138.

[217] So auch *Koenig/Pechstein*, Die Europäische Union, S. 36.

[218] *Koenig/Pechstein*, Die Europäische Union, S. 37

ganisationen identisch sind. Grundsätzlich steht es den Vertragsstaaten einer internationalen Organisation jederzeit frei, Änderungen der Gründungsverträge vorzunehmen. Das Recht zum einhelligen Abschluß eines solchen, die Gründungsverträge ändernden *Zusatz*vertrages, steht aufgrund allgemeiner Regeln des Völkerrechts den Mitgliedstaaten einer Organisation selbst im Falle entgegenstehender ausdrücklicher Bestimmungen in der Satzung zu[219]. Die Tatsache, daß es sich lediglich um implizite, also nicht den Vertragswortlaut der Gründungsverträge modifizierende Änderungen handelt, steht der Annahme einer Zulässigkeit derartiger Änderungen grundsätzlich nicht entgegen. Im Völkerrecht gilt auch bei Vertragsänderungen der Grundsatz der Formfreiheit [220], so daß auch eine konkludente Änderung der Gründungsverträge völkerrechtlich zulässig wäre.
Eine Vertragsänderung völkerrechtlicher Abkommen ist selbst unter Verletzung entgegenstehender Bestimmungen des betreffenden Vertrages zulässig, sobald die "Herren der Verträge" einstimmig einen neuen entsprechenden Vertrag schließen[221], denn auch die Revisionsklauseln unterliegen ja dem allgemeinen Völkerrecht. Derartige, zum Vertragstext konträre oder implizit vorgenommene Änderungen, sind auch im Rahmen europäischer Integration keinesfalls unbekannt. So ist der EGKS-Vertrag unter Nichtbeachtung seiner Revisionsklauseln mehrfach geändert worden[222]. Auch die Luxemburger Beschlüsse vom 29.1.1966 sind z.T. als derartige außervertragliche und *implizite* Vertragsänderungen angesehen worden, da sie die im Vertragstext übernommenen Bindungen veränderten, ohne in den Text einzugreifen [223].
Die Gemeinschaften haben jedoch im Verlauf des Integrationsprozesses einen ansonsten völkerrechtlich unbekannt hohen Grad an Selbständigkeit erreicht. Teilweise wird daher eine erhöhte "Wehrfähigkeit" des Gemeinschaftsrechts[224] diskutiert. Dabei geht es um die Frage, ob die Mitgliedstaaten der Gemeinschaften überhaupt noch "Herren der Verträge" im völkerrechtlichen Sinne sind[225]. Bei der Fragestellung nach den "Herren der Verträge" ist zwischen der grundsätzlichen

---

[219] *Seidl-Hohenveldern/Loibl*, Recht der Internationalen Organisationen, S. 214; ebenso: *Koenig/Pechstein*, Die Europäische Union, S. 37.
[220] *Ipsen*, Völkerrecht, S. 144.
[221] *Seidl-Hohenveldern/Loibl*, Recht der Internationalen Organisationen, S. 217; *Verdross/Simma*, Universelles Völkerrecht, § 792; zu den Wirkungen solcher Änderungen innerhalb der Gemeinschafts- und Unionsrechtsordnung vgl. *Pechstein/Koenig*, Die Europäische Union, 2. Aufl., Rn. 501 ff.
[222] So durch zwei Verträge vom 27.10.1956 (BGBl. 1956 II, S. 1875 (Statusänderung des Saargebiets)) und 25.3.1957 (Abkommen über Gemeinsame Organe, BGBl. 1957 II, S. 1156) obwohl die Revisionsklauseln der Artikel 95 u. 96 eine derartige Möglichkeit *vor Ablauf der Übergangszeit* nicht vorsahen.
[223] *Seidl-Hohenveldern/Loibl*, Recht der Internationalen Organisationen, S. 217.
[224] Zum Begriff: *Koenig/Pechstein*, Die Europäische Union, S. 37.
[225] Vgl. dazu die umfangreiche Literatur bei: *Vedder*, in: Grabitz/Hilf (Hrsg.), EUV/EGV, Artikel 236; *Meng*, in: Groeben/Thiesing/Ehlermann (Hrsg.), Kommentar zum EWGV, 4. Aufl., Artikel 236, jeweils m.w.N.

Frage zu unterscheiden, ob etwa bestimmte Vertragsgrundsätze der Dispositionsbefugnis der Mitgliedstaaten bereits vollständig entzogen[226] sind und der Frage, ob lediglich die Änderungen, die entgegen der Revisionsklausel des Artikel 236 a.F. vorgenommen wurden, völkerrechtlich unwirksam sind[227]. Während allgemein davon ausgegangen wird, daß der "point of no return" noch nicht erreicht ist, die gesamten Verträge also zur Dispositionsbefugnis der Vertragsstaaten stehen, wird zugleich überwiegend davon ausgegangen, daß der EGV ausschließlich im Verfahren nach Artikel 236 a.F. (jetzt Artikel N EUV) geändert werden kann[228].

Die Frage nach der Dispositionsmöglichkeit der Vertragsstaaten bezüglich *fundamentaler Grundsätze* des Gemeinschaftsrechts kann hier offengelassen werden, da eine Bindung der Gemeinschaften an das Kohärenzgebot *grundsätzlich* nicht den unveränderlichen Bestandteil der Verträge berührt. Eine solche Bindung wäre dem Integrationsgedanken vielmehr förderlich. Sollte sich hingegen in *Einzelfällen* aus dieser Bindung eine dahingehende Beeinflussung ergeben, so wäre die Bindung wegen der an eine implizite Vertragsänderung zu stellenden Anforderungen[229] in den angesprochenen Fällen unwirksam.

Von Belang ist daher einzig die Frage nach der *Zulässigkeit außervertraglicher Änderungen*. Vereinzelt wird auch die Relevanz dieser Problematik bestritten. So ist nach Auffassung von *Koenig/Pechstein* auch die Frage nach der Zulässigkeit außervertraglicher Vertragsänderungen unerheblich, weil die unionsvertraglichen Änderungen des Gemeinschaftsrechts ja gerade unter der Einhaltung der inzwischen aufgehobenen Änderungsvorschriften der Artikel 236 EWGV a.F; Artikel 96 EGKSV a.F. und Artikel 204 EAGV a.F. verfaßt worden seien, so daß die Mitgliedstaaten gar nicht als "Herren der Verträge" im obigen Sinne gehandelt hätten[230]. Für diese Auffassung spricht zwar Teil I der Schlußakte, worin die Ände-

---

[226] Grundlegend dazu *Heintzen*, EuR 1994, S. 35 ff.; gegen derartige Annahmen spricht sich aus: *Meng* in: Groeben/Thiesing/Ehlermann (Hrsg.), Kommentar zum EWGV, 4. Aufl., Artikel 236, Rn. 54, dafür: *Oppermann*, Europarecht, Rn. 410, der dies zumindest für die Allgemeinen Rechtsgrundsätze annimmt.

[227] Für eine ausschließlich gemeinschaftsrechtliche Revisionsmöglichkeit: *Everling*, in: FS Mosler, S. 173 ff. (188); *Heintzen*, EuR 1994, S. 35 ff. (42); *Nicolaysen*, Europarecht I, S. 73; *Klein*, in: Hailbronner u.a., Handkommentar EUV/EGV, Artikel N, Rn. 4, der allerdings eine völkerrechtliche Wirksamkeit bejaht; *Meng*, in: Groeben/Thiesing/Ehlermann (Hrsg.), Kommentar zum EWGV, 4. Aufl., Artikel 236, Rn. 27; *Pechstein/Koenig*, Die Europäische Union, 2. Aufl., Rn. 505 ff.; *Schwarze*, EuR 1983, S. 1 ff. (14), dagegen: *Klein*, DÖV 1985, S. 900 ff. (901); *Vedder*, in: Grabitz/Hilf (Hrsg.), EUV/EGV, Artikel 236, Rn. 25 f. Der EuGH ist der Auffassung, daß derartige Vertragsänderungen unter bestimmten Voraussetzungen *gemeinschaftsrechtlich* unwirksam bleiben: EuGH, Rs. 59/75, Slg. 1976, S. 91 ff. (102); Rs. 43/75, Slg. 1976, S. 455 ff. (478).

[228] Siehe dazu *Vedder*, in: Grabitz/Hilf (Hrsg.), EUV/EGV, Artikel 236, Rn. 24, mit entsprechenden Nachweisen.

[229] Siehe nachfolgende Ausführungen unter: b) bb).

[230] So aber *Koenig/Pechstein*, Die Europäische Union, S. 37.

rungen zur Verwirklichung der Politischen Union als im Rahmen der nach Artikel 236 a.F. einberufenen Regierungskonferenz beschlossen charakterisiert werden. Hierfür spricht auch die Einheitlichkeit der Beschlußverfahren bei den Vertragsverhandlungen.

Gegen eine derartige Qualifizierung spricht aber die *ausdrückliche Trennung* zwischen den expliziten Textänderungen der Gründungsverträge in den Titeln II-IV und den übrigen Bestimmungen des Unionsvertrages, die eine textliche Änderung der Gemeinschaftsverträge eben gerade nicht vorgesehen haben. Eine *formale textliche Änderung* des EWG-Vertrages (jetzt EGV) stellt aber den Regelfall für die Anwendung des Artikel 236 EWGV a.F. dar[231]. Es geht bei der vorliegenden Fragestellung einer impliziten Vertragsänderung daher gerade nicht um die unter Einhaltung der vorgesehenen Revisionsklauseln vorgenommenen Änderungen, sondern um darüber hinausgehende, sonstige Ergänzungen.

Ohne Belang ist allerdings die Frage nach der Zulässigkeit von Vertragsänderungen außerhalb der Revisionsklauseln für deren völkerrechtliche Wirksamkeit. Die Einhaltung der vertraglichen Revisionsklauseln ist nur für die Beurteilung der gemeinschaftsrechtlichen Bindung von Bedeutung. Daß eine vielleicht *gemeinschaftsrechtlich unzulässige* Vertragsänderung nichtsdestotrotz *völkerrechtlich wirksam* ist, ist auch unter den Anhängern der ausschließlichen Bindung des Artikel 236 a.F. weitgehend unbestritten[232]. Insoweit handelt es sich um eine terminologische Ungenauigkeit, wenn ein Teil der Literatur von der "völkerrechtlichen Unwirksamkeit" derartiger Vertragsänderungen spricht. Was in Wirklichkeit bestritten wird, ist die Befugnis zu einer wirksamen entsprechenden Abänderung der Gründungsverträge. Dessen ungeachtet entsteht eine, wenn auch pflichtwidrige Bindung der Mitgliedstaaten *außerhalb* der Gründungsverträge, deren Wirkung sich nach allgemeinen völkerrechtlichen Kollisionsgrundsätzen bemißt.

In diesen Zusammenhang sind teilweise vorgebrachte Argumente gegen eine entsprechende Bindung der Gemeinschaften an das Kohärenzgebot, wie das Fehlen einer Bindungsübernahmeklausel im Gemeinschaftsrecht, einzuordnen. Dabei wird verkannt, daß eine fehlende Bindungsübernahmeklausel in den Verträgen allenfalls etwas über die *gemeinschaftsrechtliche* Wirkung einer Bindung auszusagen vermag. Zur völkerrechtlichen Wirksamkeit unter den Vertragsstaaten kann hieraus keine Aussage getroffen werden.

Eine andere Auffassung wäre nur bei der Annahme vertretbar, daß die Mitgliedstaaten sich ihrer Souveränität und damit auch ihrer völkerrechtlichen Vertragsschlußkompetenz *endgültig sachlich* begeben hätten, was jedoch nicht der Fall

---

[231] *Vedder*, in: Grabitz/Hilf (Hrsg.), EUV/EGV, Artikel 236, Rn. 20.

[232] *Everling*, in: FS Mosler, S. 173 ff. (188); *Heintzen*, EuR 1994, S. 35 ff. (42); *Nicolaysen*, Europarecht I, S. 73; *Schwarze*, EuR 1983, S. 1 ff. (14); ausdrücklich: *Klein*, in: Hailbronner u.a., Handkommentar EUV/EGV, Artikel N, Rn. 4; a.A: *Meng*, in: Groeben/Thiesing/Ehlermann (Hrsg.), Kommentar zum EWGV, 4. Aufl., Artikel 236, Rn. 22, der auch von der *völkerrechtlichen Unwirksamkeit* einer derartigen Vereinbarung ausgeht.

ist[233]. Die Gemeinschaft hat den qualitativen Sprung vom Völkerrecht zum internen Verfassungsrecht noch nicht vollzogen[234]. Eine völkerrechtlich wirksame Vereinbarung der angesprochenen impliziten Vertragsänderung war daher grundsätzlich möglich.

bb) Völkerrechtliche Gesichtspunkte, die gegen eine Bindung sprechen

Fraglich ist jedoch, ob eine derartige Änderung dem völkerrechtlich erklärten Willen der Vertragsparteien entsprach. Gegen die Annahme einer impliziten Änderung der Gründungsverträge sprechen mehrere Gesichtspunkte. Mit der Abfassung des EU-Vertrages sind durch die Titel II-IV etliche ausdrückliche Änderungen der Gemeinschaftsverträge vorgenommen worden. Es ließe sich daher e contrario argumentieren, daß darüber hinausgehende, implizite Änderungen, nicht beabsichtigt waren. Die in den Artikeln 199 Abs. 2 und 228a EGV ausgesprochenen Verpflichtungen sehen ja als Gegenbeispiel ausdrücklich eine Verbindlichkeit von Vorgaben der übrigen Politikbereiche vor. Wäre eine entsprechende *allgemeine* Bindung gewünscht worden, hätte diese im Wege expliziter Vertragsänderung vorgenommen werden können.

Die Argumentation erscheint auf den ersten Blick einleuchtend. Doch ist die Anwendung einer e contrario-Argumentation bei der Auslegung völkerrechtlicher Verträge, bedingt durch das Zusammenspiel unterschiedlicher Rechtsordnungen und hieraus resultierender Unklarheiten, nur begrenzt zulässig[235].

Darüber hinaus kann dem e contrario-Argument entgegenhalten werden, daß aufgrund der potentiellen Betroffenheit von sehr vielen Regelungsbereichen des Gemeinschaftsrechts durch das Kohärenzgebot und dessen Einzelfallabhängigkeit eine derartige Klausel nicht mehr als eine weitgehend inhaltsleere allgemeine Floskel gewesen wäre[236]. Letztere Erwägung gilt jedoch nur eingeschränkt, da der Vorwurf allgemeiner Inhaltsleere auch gegenüber einer impliziten Vertragsänderung im Wege des Artikel C EUV erhoben werden kann.

Bei näherer Betrachtung wird aber deutlich, daß die Aufnahme einer Bindungsübernahmeklausel aus mehreren Gründen *nicht erwünscht* war.

Die Klausel hätte erstens *kumulativ*, also sowohl in den Gründungsverträgen als auch im Unionsvertrag und nicht *alternativ*, also nur im Gründungsvertrag aufgenommen werden müssen, da sich ansonsten die Frage einer Bindung der GASP- und ZBJI-Bereiche an Vorgaben der Gemeinschaften, also die bestehende, lediglich mit entgegengesetzten Vorzeichen, ergäbe.

---

[233] Davon scheint lediglich *Meng*, in: Groeben/Thiesing/Ehlermann (Hrsg.), Kommentar zum EWGV, 4. Aufl., Artikel 236, Rn. 22, auszugehen.

[234] *Vedder*, in: Grabitz/Hilf (Hrsg.), EUV/EGV, Artikel 236, Rn. 25 f.

[235] So auch *Seidl-Hohenveldern/Loibl*, Völkerrecht, S. 95; nach *Ipsen*, Völkerrecht, S. 127, Rn. 19, kommt diesen Auslegungsregeln allenfalls ergänzender Charakter zu.

[236] So *Koenig/Pechstein*, Die Europäische Union, S. 39.

Ferner hätte bei *zwei*[237] Klauseln konsequenterweise eine strikte Trennung zwischen der Kohärenzpflicht im intergouvernementalen und der im supranationalen Bereich vorgenommen werden müssen, da im EG-Vertrag mit einer Klausel in der vorliegenden Fassung nicht die Kohärenz mit den Maßnahmen der GASP oder der ZBJI hätte angeordnet werden können. Aufgrund der *rechtlichen Selbständigkeit* der Gemeinschaften und der damit verbundenen Begrenzungen würde eine Formulierung wie die der Artikel A Abs. 3, Artikel C Abs. 1 und Abs. 2 EUV aus systematischen Gründen lediglich auf den *innergemeinschaftlichen Rahmen begrenzt* sein. Die gerade besonders gewünschte Verknüpfung *zwischen* den Bereichen wäre ausgeblieben. Die gewählten Formulierungen vermögen ihren verknüpfenden Charakter nämlich nur im Rahmen eines *Verbundes* und nicht im Bereich einer juristischen Person zu entfalten. Sobald sie im Rahmen einer juristischen Person zur Anwendung kommen, können sie Pflichten eben nur in deren Wirkungsbereich wirksam anordnen. Dies bedeutet, daß eine Klausel wie die der Artikel A Abs. 3, Artikel C Abs. 1 und Abs. 2 EUV in ihrer Wirkung innerhalb einer juristischen Person auf den Bereich eben dieser Person beschränkt bleibt.
Der *einzig mögliche Weg* die angestrebte Verknüpfung zu erreichen, wäre eine *entsprechende Bezugnahme* in den jeweiligen Klauseln auf die übrigen Bereiche. Die Klauseln hätte demnach in etwa den folgenden Inhalt haben müssen:

> *"Die Gemeinschaften (Union) achten (achtet) auf die Kohärenz aller ergriffenenen Maßnahmen. Die Gemeinschaften (Union) achten (achtet) insbesondere auf die Kohärenz mit den im Rahmen der GASP und ZBJI (der Gemeinschaften) beschlossenen Maßnahmen.*[238]*"*

Eine derartige Ausgestaltung hätte aber weitreichende und unerwünschte, politische Konsequenzen. Die Aufnahme einer Bindungsklausel an Vorgaben der intergouvernementalen Bereiche der Union in den EG-Vertrag hätte die *faktische Unterstellung* des gesamten supranationalen Rahmens unter die Vorgaben der intergouvernementalen Unionspolitiken zur Folge.
Einerseits wäre die Kommission zum bloßen Ausführungsorgan degradiert worden. Es wird noch zu zeigen sein, daß sich bei einer impliziten Vertragsänderung wegen der *inhaltlichen Beschränkungen solcher Änderungen* eine andere Situation hinsichtlich der Stellung der Kommission und der anderen Gemeinschaftsorgane ergibt. Die angesprochenen inhaltlichen Beschränkungen die sich aus dem Charakter einer impliziten Vertragsänderung ergeben[239], würden in dem Fall einer expliziten Aufnahme einer Kohärenzklausel nicht mehr gelten. Insbesondere die Beschränkung einer Änderung der Grundlagen der

[237] Korrekterweise hätten wegen der drei unterschiedlichen supranationalen Gemeinschaften sogar vier Klauseln aufgenommen werden müssen.

[238] Bei den angesprochenen vier Klauseln wären ebensoviele Bezugnahmen notwendig geworden.

[239] Vgl. dazu unten unter 1. Kap., 3. Abschnitt, *C*, 3.) b),

Gemeinschaft[240] würde im Falle einer expliziten Änderung nicht mehr gelten, was erhebliche Auswirkungen auf die Stellung der Kommission hätte. Andererseits würde sich durch die Aufnahme einer Abstimmungsverpflichtung mit den Maßnahmen des GASP- und ZBJI - Bereichs in den EG-Vertrag eine *gemeinschaftsrechtlich* statuierte Verpflichtung der Mitgliedstaaten zur kohärenten Politikgestaltung, die diese in ihrer Funktion als Mitgliedstaaten der Gemeinschaften träfe, ergeben. Über diesen Umweg würde die Koordinationspflicht im sensiblen Bereich der GASP und der ZBJI *primärrechtlichen Rang* erhalten und die sorgfältig aufrechterhaltene Trennung zwischen dem intergouvernementalen und dem supranationalen Bereich wäre aufgehoben. Schwerwiegender noch, damit unterläge die Klausel der vollen Justitiabilität des Gerichtshofs.
Die Folge wäre die faktische Supranationalisierung von GASP und ZBJI. Aus diesem Grund konnten weder die Kommission noch die Mitgliedstaaten, wenn auch aus diametral entgegengesetzten Motiven, an einer gemeinschaftsrechtlich statuierten Übernahmeklausel interessiert sein. Das Fehlen einer Bindungsübernahmeklausel im EG-Vertrag kann daher nicht als e contrario-Argument gegen einen entsprechenden Bindungswillen der Vertragsstaaten gelten.

cc) Die Bestimmung des Artikel M EUV
Ein gewichtiges völkerrechtliches Argument gegen die Bindung der Gemeinschaften an das Kohärenzgebot findet sich in der Bestimmung des Artikel M EUV. Danach sind, abgesehen von den ausdrücklichen Änderungen, weitergehende Änderungen der Gründungsverträge nicht vorgesehen. In dieser Bestimmung wird teilweise eine Unberührtheitsklausel gesehen, mit der zum Ausdruck gebracht werden soll, daß nur bestimmte, enumerativ aufgezählte Teile des EU-Vertrages, zu Bestandteilen des Gemeinschaftsrechts werden[241]. Die Vorschrift sei weitgehend mit der Vorläuferbestimmung des Artikel 32 EEA identisch, sie entbehre lediglich deren Präzision[242]. Es scheint daher, daß die Vertragsparteien tatsächlich eine über die explizit vorgenommenen Vertragsänderungen hinausgehende Ergänzung nicht beabsichtigt haben. Dies spräche gegen die Annahme, der EU-Vertrag habe weitergehende Vertragsänderungen beabsichtigt.
Gegen eine dahingehende Auslegung des Artikel M EUV wird von *Koenig/Pechstein* eingewandt, daß *eindeutig gewünschte* implizite Änderungen eben auch als Bestimmungen zur Änderung der Gemeinschaftsverträge i.S.d. Artikel M EUV anzusehen sind[243]. Der Begriff der "Bestimmungen zur Änderung ...(der Gemeinschaftsverträge)" wird damit sowohl auf explizite als auch auf implizite Änderungen angewandt. Eine solche Auslegung erscheint nicht unbedenklich. Gegen eine relativierende Auslegung spricht die *wörtliche Identität* der Bestim-

[240] Vgl. unten a.a.O.
[241] *Pache*, in: Grabitz/Hilf (Hrsg.), EUV/EGV, Rn. 1.
[242] *Pache*, in: Grabitz/Hilf (Hrsg.), EUV/EGV, Rn. 4.
[243] *Koenig/Pechstein*, Die Europäische Union, S. 39.

mung des Artikel M EUV und der entsprechenden Titelüberschriften in den Titeln II-IV. Diese Übereinstimmung stellt klar, daß mit den in Artikel M EUV gemeinten Bestimmungen nur die in den Titeln II-IV und den Schlußbestimmungen befindlichen gemeint sein können. Darüber hinaus verliert durch die angesprochene relativierende Auslegung der Artikel M EUV seinen Regelungsgehalt. Denn was als *eindeutig gewünschte* Änderung zu definieren ist, bleibt weitgehend offen. Zwar begrenzen *Koenig/Pechstein* die Auslegungsmöglichkeiten, indem sie als eindeutig gewünschte Änderung die durch die Zielvorschriften des Artikel B EUV gedeckten Ziele definieren[244]. Jedoch sind auch die in Artikel B EUV beschriebenen Zielvorstellungen recht vage formuliert. Die Vorschrift des Artikel M EUV verliert damit ihren ausdrücklich gewünschten, beschränkenden Charakter. Diese relativierende Auslegung des Artikel M EUV widerspricht damit scheinbar dem erklärten Willen der Vertragsparteien, die vorgenommenen Änderungen nur auf die unmittelbaren, textlichen Änderungen der Gemeinschaftsverträge zu beschränken.

Bereits aus dem Wortlaut des Artikel C Abs. 2 S. 2 EUV, in welchem dieser neben dem Rat auch die Kommission für die Einhaltung der Kohärenz verantwortlich macht, ergibt sich jedoch klar, daß eine rechtliche Bindung der Gemeinschaft auch und gerade an das Kohärenzgebot gewollt war. Die Kommission als *Organ der Gemeinschaften* soll die Einhaltung der Kohärenz in ihrem Zuständigkeitsbereich sicherstellen (Artikel C Abs. 2 S. 3 EUV).

Die Formulierung ist ersichtlich an die Vorgängervorschrift des Artikel 30 Abs. 5 UAbs. 2 EEA angelehnt. Zu dieser Bestimmung wurde teilweise die Auffassung vertreten, die Formulierung "in ihrem jeweiligem Zuständigkeitsbereich" sei dahingehend zu verstehen, daß die Kommission unabhängig verbleibe und an etwaige Vorgaben der EPZ nicht gebunden sei[245]. Nun ließe sich einwenden, gleiches gelte für Artikel C Abs. 2 S. 3 EUV. Dazu ist zu vermerken, daß die erwähnte Argumentation bereits im Bereich des Artikel 30 Abs. 5 UAbs. 2 EEA kaum nachvollziehbar war. Wie ausgeführt, stellt gerade der koordinationstechnische Anteil den *Hauptregelungsaspekt* eines Kohärenzgebots dar. Natürlich sollte die Kommission die Kohärenz in ihrem eigenen Zuständigkeitsbereich sicherstellen. Nur dazu war sie überhaupt in der Lage, da sie nur dort über Einwirkungsmöglichkeiten verfügte. Sie sollte aber in ihrem eigenen Zuständigkeitsbereich eben auch darauf achten, daß die von ihr durchgeführte Politik *kohärent mit den übrigen vereinbarten Politiken* war. Damit konnten nur die Politiken der EPZ gemeint sein.

Bei einer anderen Auslegung kann die Vorschrift des Artikel 30 Abs. 5 UAbs. 2 EEA (und ebenso auch die des Artikel C Abs. 2 EUV) nur als Gebot zur "Maßnahmenkohärenz" (vertikale Kohärenz) verstanden werden. Wie obige Aus-

---

[244] *Koenig/Pechstein*, Die Europäische Union, S. 40.

[245] *Nuttall*, Yearbook of European Law, Jg. 5, 1985, S. 203 ff. (211); *Servantie*, in: Groeben/Thiesing/Ehlermann (Hrsg.), Kommentar zum EWG-Vertrag, 4. Aufl., Artikel 30 EEA, Rn. 69.

führungen gezeigt hatten[246], ist aber die Statuierung einer bloßen "Maßnahmenkohärenzpflicht" sinnlos, da sie die bloße Wiederholung einer Selbstverständlichkeit darstellt.
Wenn sich keine *Koordinationspflicht* zwischen zwei getrennten Bereichen, namentlich zwischen der EPZ bzw. GASP und dem Gemeinschaftsbereich ergibt, worin sollte dann die Pflicht zur Kohärenz bestehen? Etwa darin, daß sowohl der Rat als auch die Kommission sicherstellen, daß *ihre eigene Politik* nur *in ihrem eigenem Bereich* kohärent bleibt, ohne Rücksicht darauf, daß diese eventuell diametral entgegengesetzt zu den übrigen Bereichen verläuft?
Dies kann nicht richtig sein. Daher ist die Formulierung "in ihrem jeweiligen Zuständigkeitsbereich" nicht dahingehend auszulegen, daß eine Koordinationspflicht nicht besteht[247]. Vielmehr ist die Bestimmung so zu verstehen, daß die Verantwortung der jeweiligen Gremien naturgemäß primär in den Bereichen liegt, in denen besondere institutionelle Einwirkungsmöglichkeiten bestehen, daß diese aber bei der Gestaltung ihrer Politik einer Pflicht zur Rücksichtnahme auf die Nachbarbereiche unterliegen. Der in Artikel C Abs. 1 EUV vorgesehene "einheitliche institutionelle Rahmen" kann nur bei Vorliegen einer entsprechenden Koordinierungspflicht zwischen den unterschiedlichen Politikbereichen seine Wirkung entfalten. Damit steht fest, daß eine Pflicht zur Koordination seitens der Kommission als Gemeinschaftsorgan bereits bei der Bestimmung des Artikel 30 Abs. 5 UAbs. 2 EEA auferlegt werden sollte. Dies gilt auch für die Nachfolgeregelung des Artikel C Abs. 2 S. 2 EUV.
Diese Zielgerichtetheit steht scheinbar diametral entgegengesetzt zur Bestimmung des Artikel M EUV. Daß entgegen der Behauptung des Artikel M EUV dennoch implizite Änderungen der Gründungsverträge gewollt waren, zeigt jedoch eindeutig der Wortlaut des Artikel C Abs. 2 S. 2 EUV, der nur an die Kommission als Organ der Gemeinschaft gerichtet sein kann. Letztere kann aber die ihr zugedachte Funktion der Kohärenzsicherung nur erfüllen, wenn sie die Sicherung der Koordination nicht in der GASP oder der ZBJI sondern vor allem im Gemeinschaftsbereich übernimmt. Wie ist nun der scheinbare Widerspruch zur Bestimmung des Artikel M EUV aufzulösen?
Von Bedeutung für die Auflösung dieses Widerspruches ist Artikel 31 Abs. 1 WVK. Danach sind Verträge nach Treu und Glauben und im Lichte ihrer Ziele und Zwecke auszulegen. Dabei ist bei der Ermittlung des Konsenses nicht allein auf den Vertragswortlaut abzustellen, vielmehr ordnet Artikel 31 Abs. 1 WVK auch die Berücksichtigung des Vertragszweckes an[248].
Ein *Hauptanliegen* bei der Abfassung des Maastrichter Vertrages war die Verbesserung des Zusammenwirkens zwischen den intergouvernementalen Formen der

[246] Siehe dazu unter Kap. 1. Abschn. 1, *A* III 1.).
[247] So aber im Ergebnis: *Nuttall*, Yearbook of European Law, Jg. 5, 1985, S. 203 ff. (211); *Servantie*, in: Groeben/Thiesing/Ehlermann (Hrsg.), Kommentar zum EWG-Vertrag, 4. Aufl., Artikel 30 EEA, Rn. 69.
[248] *Verdross/Simma*, Universelles Völkerrecht, § 776.

Zusammenarbeit und den supranationalen Gemeinschaften, also die Erhöhung der Kohärenz zwischen den getrennten Politikbereichen. Dies ergibt sich aus einer Zusammenschau etlicher vorbereitender Dokumente der Regierungskonferenz, insbesondere aus den Schlußfolgerungen und Erklärungen des Europäischen Rates[249]. Dazu wurde z.B. im Bericht der Außenminister zur Notwendigkeit einer Vertragsänderung, vorgelegt dem Europäischen Rat in Dublin (II) am 25.-26. Juni, die Notwendigkeit einer einheitlichen Entscheidungsstruktur zur Erhöhung der Kohärenz im Bereich der GASP unterstrichen[250]. Die italienische Präsidentschaft wiederum betonte in ihrem Bericht zur institutionellen Konferenz vom 16. November 1990 die Bedeutung einer Übereinstimmung der Wirtschafts- und Entwicklungspolitik der Gemeinschaft mit den grundsätzlichen Zielen der Gemeinsamen Außenpolitik[251]. Die Betonung der notwendigen Verbesserung der Kohärenz in der Außen- und Sicherheitspolitik findet sich auch in den Schlußfolgerungen des Rates von Luxemburg vom 28.-29. Juni 1991[252].
Die Verpflichtung zur kohärenten Politikgestaltung des Artikel C EUV stellt damit lediglich eine explizite Ausprägung dieses u.a. auch in der Präambel[253] und Artikel B dargestellten Zieles dar. Für die Auslegung des mit Vertragsabschluß beabsichtigten Gesamtzweckes sind die Aussagen der Präambel aber von besonderer Bedeutung[254]. Die Einhaltung des an mehreren Stellen des Vertrages statuierten Zieles eines *einheitlichen* Vorgehens in allen Bereichen konnte aber nur durch eine entsprechende Verpflichtung der Gemeinschaften sichergestellt werden.

---

[249] Vgl. dazu: Erklärung des Europäischen Rats von Dublin (I), April 1990, in: Bull. EG 4-1990, S. 9 Ziff. I.12; Bericht der Außenminister zur Notwendigkeit einer Vertragsänderung, vorgelegt dem Europäischen Rat in Dublin (II) am 25-26 Juni 1990, in: *Corbett*, The Treaty of Maastricht, S. 137 ff. (138 f.); Bericht der italienischen Präsidentschaft zur institutionellen Konferenz v. 16.11.1990, Ziff. 1, a.a.O., S. 191 ff. (192); Schlußfolgerungen des Europäischen Rates von Luxemburg vom 28-29 Juni 1991, a.a.O., S. 324 ff. (324); Standpunkt der Kommission zum Papier der Luxemburger Präsidentschaft über die Struktur des Vertragsentwurfes der Union. Ausführendes Memorandum, a.a.O., S. 289 ff. (291).

[250] Bericht der Außenminister zur Notwendigkeit einer Vertragsänderung, vorgelegt dem Europäischen Rat in Dublin (II) am 25-26 Juni 1990, in: *Corbett*, The Treaty of Maastricht, S. 137 ff. (138 f.).

[251] Bericht der italienischen Präsidentschaft zur institutionellen Konferenz v. 16.11.1990, Ziff. 1, in: *Corbett*, The Treaty of Maastricht, S. 191 ff. (192).

[252] Schlußfolgerungen des Europäischen Rates von Luxemburg vom 28-29 Juni 1991, in: *Corbett*, The Treaty of Maastricht, S. 324 ff. (324).

[253] So z.B. in der 5. Erwägung, die von einer Stärkung der Effizienz in einem einheitlichen Rahmen spricht und in der 9. Erwägung, in der von einer GASP und einer gemeinsamen Identität die Rede ist.

[254] *Seidl-Hohenveldern/Loibl*, Völkerrecht, S. 96; ebenso: *Verdross/Simma*, Universelles Völkerrecht, § 777.

Für eine derartige Auslegung spricht ebenfalls der insbesondere im Vertragsrecht zur Gründung internationaler und supranationaler Organisationen angewendete Grundsatz des effet utile, da nur diese die Erreichung der gesteckten Vertragsziele sicherzustellen vermag. Unter Zugrundelegung des Artikel 31 Abs. 1 WVK und des sowohl völkerrechtlich als auch gemeinschaftsrechtlich anerkannten Grundsatzes des effet utile, muß der Unionsvertrag dahingehend ausgelegt werden, daß *entgegen* dem Wortlaut des Artikel M EUV auch implizite Änderungen der Gründungsverträge mit dem Ziel einer Bindung der Gemeinschaften an die statuierte Kohärenzpflicht beabsichtigt waren. Eine derartige Auslegung gegen den Wortlaut des Artikel M ist unter Zugrundelegung völkerrechtlicher Auslegungsgrundsätze sowohl zulässig als auch geboten[255]. Denn maßgeblich ist nicht allein der Vertragswortlaut, sondern insbesondere auch der mit Vertragsabschluß verfolgte Zweck, der aus dem operativen Vertragstext, aus der Präambel und aus Anhängen zu ermitteln ist[256]. Die angesprochenen vorbereitenden Dokumente[257] können nach Abschluß des Auslegungsvorganges gemäß Artikel 32 WVK als sog. "ergänzende Auslegungsmittel" zur Untermauerung des Ergebnisses herangezogen werden[258].
Das Fehlen einer entsprechenden Bindungsübernahmeklausel kann im Wege der e contrario-Argumentation einer Auslegung entsprechend den Regeln des Artikel 31 WVK unter völkerrechtlichen Aspekten nicht entgegengehalten werden, da erstere, wie erwähnt, lediglich ergänzend heranzuziehen ist[259]. Deren Fehlen ist jedoch, wie gezeigt wurde, nicht auf ein bloßes redaktionelles Versehen oder die potentielle Floskelhaftigkeit einer derartigen Klausel zurückzuführen [260].

---

[255] Zum selben Ergebnis, wenn auch mit einer anderen Begründung, kommen *Koenig/Pechstein*, Die Europäische Union, S. 39. Der Unterschied im Ansatz liegt darin, daß *Koenig/Pechstein* gewisse implizite Änderungen als tatbestandsmäßig i.S.d. Artikels M EUV ansehen, während der hier vertretene Ansatz bewußt entgegen dem Wortlaut des Artikels M EUV von einem entsprechenden Willen der Vertragsverfasser ausgeht.

[256] *Ipsen*, Völkerrecht, S. 125.

[257] Erklärung des Europäischen Rats von Dublin (I), April 1990, in: Bull. EG 4-1990, S. 9 Ziff. I.12; Bericht der Außenminister zur Notwendigkeit einer Vertragsänderung, vorgelegt dem Europäischen Rat in Dublin (II) am 25-26 Juni 1990, in: *Corbett*, The Treaty of Maastricht, S. 137 ff. (138); Bericht der italienischen Präsidentschaft zur institutionellen Konferenz v. 16.11.1990, Ziff. 1, a.a.O., S. 191 ff. (192); Schlußfolgerungen des Europäischen Rates von Luxemburg vom 28-29 Juni 1991, a.a.O., S. 324 ff. (324); Standpunkt der Kommission zum Papier der Luxemburger Präsidentschaft über die Struktur des Vertragsentwurfes der Union. Ausführendes Memorandum, a.a.O., S. 289 ff. (291).

[258] *Ipsen*, Völkerrecht, S. 126.

[259] Vgl. *Ipsen*, Völkerrecht, S. 127.

[260] Dieser Auffassung scheinen zumindest *Koenig/Pechstein*, Die Europäische Union, S. 39, zu sein.

b) Gemeinschaftsrechtliche Geltung einer impliziten Vertragsänderung

Obige Ausführungen habe gezeigt, daß eine entsprechende Bindung der Vertragsstaaten mit dem Ziel der Verpflichtung der Gemeinschaften auf das Kohärenzgebot des Artikel C Abs. 2 EUV auf völkerrechtlicher Ebene hatte getroffen werden können und, wie eine teleologisch orientierte Vertragsauslegung zeigte, auch getroffen wurde. Diese Feststellung sagt aber noch nichts über die *gemeinschaftsrechtliche Wirksamkeit* der ausgesprochenen Bindung aus.

aa) Vorbehalte grundsätzlicher Art

Es ist daher zu prüfen, ob eine derartige implizite Änderung grundsätzlichen Vorbehalten gemeinschaftsrechtlicher Art begegnet. Der Zulässigkeit steht zunächst die Bestimmung des Artikel M EUV unter *gemeinschaftsrechtlichen Aspekten* nicht entgegen. Denn die Befugnis zur impliziten Änderung der Gründungsverträge kann allein daraus abgeleitet werden, daß hier die Mitgliedstaaten als "Herren der Verträge" gehandelt haben. Eine Abwehrbefugnis der Gemeinschaft gegen implizite Vertragsänderungen kann daher nur auf Beschränkungen gestützt werden, welche den Mitgliedstaaten in dieser Eigenschaft durch das Gemeinschaftsrecht auferlegt sind. Die Bestimmung des Artikel M EUV ist aber als Bestandteil einer völkerrechtlichen Vereinbarung rein völkerrechtlicher Art. Da die Gemeinschaften nicht Vertragspartner des Unionsvertrages sind, sind sie grundsätzlich auch nicht berechtigt, etwaige Änderungen der Gründungsverträge unter Verweis auf Artikel M EUV abzuwehren. Das Handeln der Mitgliedstaaten mag daher zwar widersprüchlich sein, Berechtigte und Verpflichtete des Artikel M EUV sind jedoch nur die Signatarstaaten als Vertragspartner. Abwehrbefugnisse der Gemeinschaften können daraus nicht folgen.

Die übrigen unionsvertraglichen Änderungen des Gemeinschaftsrechts wurden unter Einhaltung der Änderungsvorschriften der Artikel 236 EWGV a.F., 96 EGKSV a.F. und 204 EAGV a.F., also unter textueller Änderung, vorgenommen. Zu untersuchen ist daher, ob es auch gemeinschaftsrechtlich zulässige Änderungen der Verträge ohne Textänderung geben kann.

Eine dem Artikel 79 Abs. 1 S. 1 GG entsprechende Verpflichtung zur ausschließlich wörtlichen Änderung enthalten weder die Gründungsverträge, noch der neue Artikel N EUV. Teilweise wird zwar vertreten, Artikel 236 EWGV a.F. (und konsequenterweise ebenso der neue Artikel N EUV) erfordere eine entsprechende textliche Änderung[261], dies ist jedoch ohne Belang, da es sich bei den impliziten Vertragsänderungen gerade um Änderungen *außerhalb* des durch Artikel 236 EWGV a.F. vorgesehenen Verfahrens handelt. Eventuell durch Artikel 236 EWGV a.F. aufgestellte formale Anforderungen haben daher außer Betracht zu

---

[261] *Vedder*, in: Grabitz/Hilf (Hrsg.), EUV/EGV, Artikel 236, Rn. 20; a.A. *Meng*, in: Groeben/Thiesing/Ehlermann (Hrsg.), Kommentar zum EWGV, 4. Aufl., Artikel 236, Rn. 33, der von der Möglichkeit einer materiellen (impliziten) Vertragsänderung durch nachträgliche Regelungen in parallelen Verträgen ausgeht.

bleiben. Einer impliziten Vertragsänderung können nur Bedenken *grundsätzlicher* Art entgegengehalten werden.
Die Rechtsprechung des EuGH scheint auf den ersten Blick implizite Vertragsänderungen auszuschließen. So hat der Gerichtshof im ersten EWR-Gutachten festgestellt, daß das durch den EWR-Vertrag vorgesehene Rechtsschutzssystem, namentlich die Errichtung des EWR-Gerichtshofes, mit dem Gemeinschaftsrecht unvereinbar sei. Begründet wurde dies damit, daß die Errichtung eines internationalen Gerichtssystems zwar seine Grundlage in Artikel 238 EWGV zu finden vermag, letzterer aber keine Grundlage für die Errichtung eines Gerichtssystems biete, das Artikel 164 EWGV und allgemeine Grundlagen der Gemeinschaft selbst zu beeinträchtigen vermöge[262]. Im zweiten EWR-Gutachten machte der Gerichtshof noch einmal klar, daß die Zuständigkeiten, die der EWG-Vertrag dem Gerichtshof einräumt, nur im Rahmen des in Artikel 236 EWGV vorgesehenen Verfahrens geändert werden können[263].
In beiden Gutachten handelte es sich um Verfahren nach Artikel 228 Abs. 1 UAbs. 2 EWGV (jetzt Artikel 228 Abs. 6 EGV). Beide behandeln die Frage der Vereinbarkeit des vorgesehenen Systems der gerichtlichen Kontrolle mit dem Gemeinschaftsrecht. Da in dem Abkommen ein neu zu errichtender EWR-Gerichtshof vorgesehen war, dessen Entscheidungen für die Vertragsparteien, also auch für die Gemeinschaften bindend sein sollten, stellte sich die Frage der Verbindlichkeit und Auswirkung seiner Entscheidungen auf das gemeinschaftliche Rechtssystem.
Zwar sollten dem EWR-Gerichtshof fünf Mitglieder des EuGH angehören, und dieser sollte auch an das bis zur Vertragsunterzeichnung ergangene Richterrecht des EuGH gebunden sein, dennoch waren Entscheidungen denkbar, die mit dem geltenden Gemeinschaftsrecht kollidierten. Diese Möglichkeit ergab sich einerseits aus der zeitlichen Beschränkung der Bindungen an Vorgaben des Richterrechts auf den Zeitpunkt der Vertragsunterzeichnung[264], andererseits daraus, daß die wörtliche Übernahme gemeinschaftlicher Vertragsbestimmungen ins EWR-Vertragssytem wegen der unterschiedlichen Qualitäten beider Rechtssysteme keinesfalls eine identische Auslegung dieser Bestimmungen sicherstellte[265]. Der Gerichtshof sah in seinen Gutachten daher aufgrund der vorgesehenen Verbindlichkeit der Entscheidungen des EWR-Gerichtshofs - insbesondere durch die Monopolisierung der Zuständigkeiten für die Auslegung bestimmter Fragen des freien Verkehrs und des Wettbewerbs - die *Grundlagen der Gemeinschaft* als beeinträchtigt an.
Die Errichtung des EWR-Gerichtshofes sollte dabei nicht im Wege einer Vertragsänderung primärrechtlich im Gemeinschaftsrecht verankert werden. Das

---

[262] EuGH, Gutachten 1/91 v. 14.12.1991, ABl. EG 1992 C 110/1, Rn. 70, auch abgedruckt in: EuR 1992, S. 163 ff.
[263] EuGH, Gutachten 1/92 v. 10.4.1992, EuR 1992, S. 287, Rn. 32.
[264] EuGH, Gutachten 1/91 v. 14.12.1991, ABl. EG 1992 C 110/1 ff., Rn. 44.
[265] EuGH, Gutachten 1/91 v. 14.12.1991, ABl. EG 1992 C 110/1 ff., Rn. 14 f.

zugrunde liegende EWR-Abkommen sollte lediglich als Assoziierungsabkommen gemäß Artikel 238 EWGV abgeschlossen werden. Die angestrebte Verbindlichkeit der Entscheidungen des EWR-Gerichtshofes führte daher dazu, daß das vorgesehene Rechtssystem einschneidend in das Gemeinschaftsrecht eingreifen sollte, ohne daß eine entsprechende Änderung der Gründungsverträge vorausgegangen war. Faktisch handelte es sich daher um eine *implizite Vertragsänderung*. In seinem Gutachten 1/91 führte der Gerichtshof dazu aus, daß Artikel 238 keine Grundlage für die Errichtung eines Gerichtssystems böte, das Artikel 164 EWG-Vertrag und allgemeiner die Grundlagen der Gemeinschaft selbst beeinträchtigt[266].

Es ist jedoch fraglich, ob aus diesen Ausführungen ein *generelles Verbot* impliziter Vertragsänderungen abzulesen ist. Bei den Schlußfolgerungen des Gerichtshofs fällt auf, daß das ausgesprochene Verbot einer entsprechenden impliziten Vertragsänderung nicht lediglich mit dem Formalerfordernis einer Revision nach Artikel 236 EWGV a.F. begründet wird, sondern daß der Gerichtshof das materiellrechtliche Erfordernis einer Änderung *wesentlicher Grundlagen* der Gemeinschaft hinzufügt[267]. Ausdrücklich verboten werden damit lediglich implizite Vertragsänderungen, welche Grundlagen der Gemeinschaft beeinträchtigen. Hieraus läßt sich allenfalls die *äußerste Grenze* für eine implizite Vertragsänderung ableiten. Änderungen, welche die *Grundlagen der Gemeinschaft* berühren, dürfen daher nach Auffassung des Gerichtshofs nur unter Einhaltung der Revisionsvorschriften des Artikel236 EWGV a.F. bzw. des jetzigen Artikel N EUV vorgenommen werden. Ein *generelles Verbot* läßt sich daran nicht festmachen. Was zu den angesprochenen Grundlagen zu zählen ist, definiert der Gerichtshof nicht. Das Fehlen einer generellen Definition ist jedoch verständlich. Wann die Grundlagen der Gemeinschaft betroffen sind, läßt sich nur *im Einzelfall* aufgrund einer Zusammenschau der betreffenden Normen und der Ziele der Gemeinschaft feststellen[268].

bb) Grundlagen der Gemeinschaft als Grenze zulässiger Änderungen

Aus den Ausführungen des EuGH in seinen Gutachten können daher zwei Folgerungen gezogen werden. Die erste ist, daß implizite Vertragsänderungen nicht *grundsätzlich* verboten sind. Die zweite stellt hingegen eine *inhaltliche Beschränkung* derartiger Änderungen auf. Änderungen der Grundlagen der Gemeinschaft, zu denen der Gerichtshof den Geltungsvorrang des Gemeinschaftsrechts und seine unmittelbare Wirkung[269] zählte, sind im Wege impliziter Vertragsänderungen nicht zulässig.

Diese Folgerung wird durch die Ausführungen des Gerichtshofs gestützt. Nach Auffassung des EuGH hätte nämlich auch eine entsprechende Anpassung des Artikel 238 EWGV, also eine bloße Modifikation der Ermächtigungsgrundlage,

---

[266] EuGH, Gutachten 1/91 v. 14.12.1991, ABl. EG 1992 C 110/1 ff., Rn. 71.

[267] Siehe EuGH, Gutachten 1/91 a.a.O., Rn. 71.

[268] Siehe dazu unten unter Kap. 1. Abschn. 3, *B* IV 1.) a).

[269] EuGH, Gutachten 1/91 v. 14.12.1991, ABl. EG 1992 C 110/1 ff., Rn. 21.

für den Abschluß von Assozierungsabkommen keine Heilung der Unzulässigkeit der angesprochenen impliziten Vertragsänderungen zu bewirken vermocht[270]. Anders ausgedrückt, eine solche Vertragsänderung hätte nur *explizit* vorgenommen werden können. Aus dieser Unzulässigkeit einer bloßen Anpassung der Ermächtigungsgrundlage folgt zugleich, daß die vom Gerichtshof statuierten inhaltlichen Schranken impliziter Vertragsänderungen nicht nur für die angesprochenen Assozierungsabkommen gelten, sondern *grundsätzlicher Natur* sind, da sie eben durch bloße Ausweitung der Ermächtigungsgrundlage nicht außer Kraft gesetzt werden können. Die Beschränkung, wonach implizite Vertragsänderungen nicht die Grundlagen der Gemeinschaft beeinträchtigen dürfen, gilt daher generell.

cc) Rechtsprechung des Europäischen Gerichtshofs

In noch zwei weiteren Fällen hatte der Gerichtshof über die Zulässigkeit impliziter Vertragsänderungen zu befinden[271]. Im Fall *Manghera* stellte der Gerichtshof fest, daß eine Entschließung des Rates einen vom Gründungsvertrag postulierten Ablauf einer Übergangsfrist nicht zu verlängern vermag[272]. Vielmehr sprach er Angehörigen der Mitgliedstaaten nach Ablauf der vertraglich vorgesehenen Übergangsfrist das Recht zu, sich auf die entsprechende Vorschrift (es handelte sich um Artikel 37 Abs. 1 EWGV), ungeachtet eines anderslautenden Willens der Vertragsparteien, unmittelbar zu berufen. Im Fall *Defrenne/Sabena* führte der Gerichtshof ausdrücklich aus, daß "Änderungen des Vertrages ... -vorbehaltlich etwaiger Sondervorschriften - nur im Wege des Änderungsverfahrens nach Artikel 236 möglich (sind)"[273]. Nun scheint zumindest die letztere Ausführung dafür zu sprechen, daß der Gerichtshof die Wirksamkeit impliziter Vertragsänderungen *generell* verneint. Damit wäre eine Wirksamkeit der auf völkerrechtlicher Ebene ausgesprochenen Verpflichtung der Gemeinschaften auf das Kohärenzgebot auf gemeinschaftsrechtlicher Ebene nicht gegeben.

Bei näherer Betrachtung der angesprochenen Urteile bzw. Gutachten ergeben sich jedoch hinsichtlich der Zulässigkeit einer derartigen Generalisierung begründete Zweifel. Es fällt auf, daß sowohl den Urteilen als auch den angesprochenen Gutachten gemeinsam ist, daß der Gerichtshof bemüht ist, vor allem außervertraglich vorgenommene *Rückschritte des Integrationsprozesses* abzuwehren. Darüber hinaus weisen die Urteile *Manghera* und *Defrenne/Sabena* eine besondere Gemeinsamkeit auf. In beiden Fällen waren den Angehörigen der Mitgliedstaaten bereits in den Gründungsverträgen zugesicherte Rechtspositionen im Wege außervertraglicher Vereinbarung wieder entzogen worden. Im Fall *Defrenne/Sabena* ging es um das Verbot geschlechtsbezogener Lohndiskriminierungen. Artikel 119 EWGV sah ein generelles Verbot derartiger Diskriminierungen mit Ablauf des 31.

---

270 EuGH, Gutachten 1/91 v. 14.12.1991, ABl. EG 1992 C 110/1 ff., Rn. 72.

271 So im Fall *Manghera*, EuGH, Rs. 59/75 v. 3.2.1976, Slg. 1976, S. 91 ff. und im Fall *Defrenne/Sabena*, EuGH, Rs. 43/75 v. 8.4.1976, Slg. 1976, S. 455.

272 EuGH, Rs. 59/75, *Manghera*, Slg. 1976, S. 91 ff., Rn. 21.

273 EuGH, Rs. 43/75 - *Defrenne/Sabena*, Slg. 1976, S. 455 ff., Rn. 56/58.

Dezember 1961 vor. Mit Entschließung vom 30. Dezember 1961 faßten die Mitgliedstaaten den Beschluß, nach Maßgabe eines Stufenplanes die Verwirklichung des vertraglich statuierten Verbotes zum 31. Dezember 1964 anzustreben. Dies stellte faktisch eine Verschlechterung der Rechtslage für die Betroffenen dar. Bei dieser *speziellen Interessenlage* statuierte der Gerichtshof das bereits angeführte Verbot.
Es ist fraglich ob das Verbot, trotz seines scheinbar postulierten allgemeinen Geltungsanspruchs[274], tatsächlich generelle Geltung beansprucht. Dabei fällt auf, daß bei einer gewandelten Interessenlage, nämlich bei der Abfassung der EWR-Gutachten 15 Jahre später, der Gerichtshof bei seinen Formulierungen wesentlich vorsichtiger ist. Hier ist nicht mehr die Rede von einem generellen Verbot impliziter Vertragsänderungen. Vielmehr betont der Gerichtshof in beiden Gutachten, daß die Errichtung eines internationalen Gerichtssystems durchaus zulässig wäre[275], lediglich eine Einräumung von Befugnissen, welche die *Grundlagen der Gemeinschaft* zu beeinträchtigen imstande wären, im Wege einer Vertragsrevision nach Artikel 236 EWGV a.F. hätte vorgenommen werden müssen[276]. Beachtenswert in diesem Zusammenhang ist auch, daß der Gerichtshof jegliche Bezugnahme auf die Entscheidungen *Manghera* bzw. *Defrenne/Sabena* vermeidet, obwohl sich ein derartiger Verweis angeboten hätte.
Die vorsichtigen Formulierungen und die fehlende Bezugnahme bilden ein starkes Indiz für die Annahme, daß das ursprünglich im Fall *Defrenne/Sabena* allgemeingültig statuierte Verbot impliziter Vertragsänderungen angesichts der anders gestalteten Interessenlage im Fall der EWR-Gutachten nicht mehr mit absoluter Gültigkeit aufrechterhalten werden sollte.
Die Motivation ist verständlich. Während einerseits der Gerichtshof sich in den Fällen *Manghera* und *Defrenne/Sabena* bemühte, der Ausschaltung rechtlich verbürgter Ansprüche von Marktbürgern vorzubeugen, war im Falle der EWR-Gutachten lediglich die Gemeinschaft selbst betroffen. Es ist nachvollziehbar, daß der Gerichtshof, dem Rechtsschutzbedürfnis des einzelnen Bürgers entsprechend, an eine Verschlechterung seiner Rechtslage höhere Anforderungen postuliert, als bei der Abwehr von Eingriffen in das institutionelle Gefüge der Gemeinschaften. Die formale Anforderung einer textuellen Änderung beim Entzug vertraglich verbürgter individueller Rechtspositionen der Marktbürger ergibt sich aus zwingenden rechtsstaatlichen Anforderungen. Die angesprochenen rechtsstaatlichen Apekte verlieren aber bei Änderungen, die primär das institutionelle Gefüge betreffen, an Dringlichkeit. Daher kann aus der Entscheidung *Defrenne/Sabena* kein allgemeingültiges Verbot impliziter Vertragsänderungen gefolgert werden. Die angesprochenen Entscheidungen bzw. Gutachten können somit zur Begründung

[274] Vgl.: EuGH, Rs. 43/75 - *Defrenne/Sabena*, Slg. 1976, S. 455 ff., Rn. 56/58. Das Verbot scheint, von Sondervorschriften abgesehen, generelle Bedeutung zu haben.
[275] EuGH, Gutachten 1/91, a.a.O., Rn. 40; 1/92 a.a.O., Rn. 33.
[276] EuGH, Gutachten 1/91, a.a.O., Rn. 71.

eines generellen Verbotes impliziter Vertragsänderungen nicht herangezogen werden.

dd) Weitere gemeinschaftsrechtliche Bedenken?

Weitere gemeinschaftsrechtliche Erwägungen, die ein generelles Verbot impliziter Vertragsänderungen begründen könnten, sind nicht ersichtlich. Auch der Grundsatz der Wahrung des acquis communautaire sowie des effet utile, kann allenfalls zur Postulierung *inhaltlicher Kriterien* an eine derartige Änderung herangezogen werden, ein grundsätzliches Verbot läßt sich hieraus nicht ableiten.

Es ist auch nicht ersichtlich, daß ein generelles Verbot implizit vorgenommener Rechtsänderungen etwa zu den allgemeinen Rechtsgrundsätzen oder den gemeinsamen Verfassungstraditionen der Mitgliedstaaten gehört. Vielmehr sehen einige Verfassungen der Mitgliedstaaten solche Möglichkeiten inzidenter Einwirkungen, teilweise durch die Zulassung sonstiger Gesetze mit Verfassungsrang, ausdrücklich vor[277]. Es kann ferner dahingestellt bleiben, ob bei der Auslegung des Gemeinschaftsrechts ergänzend Grundsätze des Völkerrechts heranzuziehen sind[278], oder ob sich ein derartiger Lückenschluß aufgrund der besonderen Natur des Gemeinschaftsrechts grundsätzlich verbietet[279], da zu den Grundsätzen des Völkerrechts gerade auch die Möglichkeit impliziter Vertragsänderungen gehört[280].

Festzustellen ist daher, daß einer Bindung der Gemeinschaften an die Vorgaben des Kohärenzgebots durch Artikel A Abs. 3 S. 2, Artikel C Abs. 1 und 2 EUV im Wege impliziter Vertragsänderung keine *grundlegenden Hindernisse* gemeinschaftsrechtlicher Art entgegenstehen.

ee) Folgen für den Bindungsumfang bei impliziten Vertragsänderungen

Aus den Beschränkungen impliziter Vertragsänderungen ergeben sich jedoch Folgen für deren Bindungsumfang. Vertragsänderungen, die die Grundlagen der Gemeinschaft beeinträchtigen, entfalten keine Bindungswirkungen im Gemeinschaftsrecht.

Nun statuieren die Artikel A Abs. 3, Artikel C Abs. 1 und Abs. 2 EUV lediglich die Verpflichtung zu einer kohärenten Politikgestaltung. Fraglich ist, ob diese Verpflichtung *Grundlagen der Gemeinschaft* zu beeinträchtigen vermag. Der bloße Wortlaut der Bestimmungen kann nicht für eine derartige Interpretation herangezogen werden. Das Streben nach einem abgestimmten, unierten Vorgehen nach innen (Artikel A Abs. 3 S. 2 EUV), also das Streben nach Innenkohärenz,

---

[277] Vgl. Artikel 140 niederl. Verfassung; Artikel 28 Abs. 2 d. griech. Verfassung, Artikel 138 d. ital. Verfassung.

[278] So *Meng*, Das Recht der internationalen Organisationen - eine Entwicklungsstufe des Völkerrechts, S. 119 ff., 164 ff. m.w.N.

[279] In diesem Sinne *Schwarze*, EuR 1983, S. 1 ff. (33) m.w.N.

[280] *Seidl-Hohenveldern/Loibl*, Recht der Internationalen Organisationen, S. 217; *Verdross/Simma*, Universelles Völkerrecht, § 792.

findet sich in der Präambel des EG-Vertrags[281] wieder. Eine Verpflichtung, wonach auch außerhalb des EG-Vertrags, also z.B. im Rahmen der GASP bzw. der ZBJI beschlossene Maßnahmen der Mitgliedstaaten, ebenfalls in die Abwägung einzubeziehen sind, widerspricht nicht generell den vertraglichen Intentionen. Die Verträge stehen auch außerhalb der Gemeinschaften stattfindenden Kooperationsformen nicht fundamental ablehnend gegenüber. Es ergeben sich daher keine *grundsätzlichen* Bedenken gegen eine derartige Pflichtenübernahme ins Gemeinschaftsrecht im Wege einer impliziten Vertragsänderung.
Die Verpflichtung zu einem einheitlichen Vorgehen im Bereich der Außenkohärenz der Artikel C Abs. 1 und Abs. 2 EUV findet zumindest teilweise ihre gemeinschaftsrechtliche Entsprechung in den Artikeln 113 Abs. 1 EGV (Gemeinsame Handelspolitik), Artikel 228 EGV (Abkommen mit dritten Staaten oder Organisationen) und Artikel 238 (Assozierungsverträge). Eine ausdrückliche primärrechtliche Verpflichtung zu einem *einheitlichen Vorgehen* innerhalb von internationalen Organisationen mit wirtschaftlichen Charakter sah ferner Artikel 116 EWGV a.F. vor. Diese Bestimmung ist, wie ausgeführt, mit Inkrafttreten des Vertrages über die Europäische Union aufgehoben worden. Artikel 228a EGV sieht darüber hinaus ausdrücklich die Verpflichtung zur Rücksichtnahme auf etwaige GASP-Beschlüsse vor. Das Bestreben nach einem einheitlichen Vorgehen nach außen ist dem EG-Vertrag also keineswegs fremd. Dieses Bestreben beinhaltet teilweise (Artikel 116 EWGV a.F, Artikel 228a EGV, Artikel 199 EGV) die Rücksichtnahmepflicht auf außerhalb des reinen Gemeinschaftsbereichs liegende Politikbereiche. Ein solches Bestreben ist daher nicht als dem Gemeinschaftsvertrag grundsätzlich widersprechend anzusehen. Vielmehr kann es sogar als dem Grundgedanken der Integration inhärent bezeichnet werden. Daher war die Aufnahme der Kohärenzpflicht auch im Außenbereich (Außenkohärenz) im Wege einer impliziten Vertragsänderung *grundsätzlich* möglich und *inhaltlich zulässig*.
Es bleibt daher festzuhalten, daß die Übernahme der Kohärenzpflicht im Wege einer impliziten Vertragsänderung grundsätzlich weder für den Bereich der Außenkohärenz noch den der Innenkohärenz grundsätzlich unzulässig war.

c) Änderungswille der Vertragsparteien auf gemeinschaftlicher Ebene
Fraglich ist, ungeachtet der angesprochenenen Zulässigkeit einer derartigen Vertragsänderung, welche Gesichtspunkte *positiv* für die Annahme einer Vertragsänderung sprechen. Wie bereits bei der völkerrechtlichen Untersuchung ersichtlich, können die vertraglich vorgesehenen Ziele nur bei entsprechender Auslegung der Artikel A Abs. 3, Artikel C Abs. 1 und 2 EUV und hieraus resultierender Bindung der supranationalen Gemeinschaften erreicht werden. Die durch die Einführung der Kohärenzpflicht verfolgten Ziele eines einheitlichen Vorgehens finden sich mehrfach auf gemeinschaftlicher Ebene in der Präambel des EG-Vertrages wieder. Danach war ein Motiv für die Gründung der Europäischen Gemeinschaft der feste Wille "die Grundlagen für einen immer engeren Zusammenschluß

[281] 1., 2. und 4. Erwägungsgrund.

der europäischen Völker zu schaffen."[282] Die Pflicht, das gemeinsame Vorgehen im Sinne eines einheitlichen Auftretens abzustimmen, ist konstitutiv für den zum Vertragsziel erhobenen immer engeren Zusammenschluß der Völker.
Dies gilt naturgemäß für die Abstimmung der Vertragsstaaten im intergouvernementalen Bereich untereinander, es muß aber auch für die Abstimmung zwischen den intergouvernemental und den supranational ausgestalteten Bereichen Geltung besitzen. Ansonsten ergäbe sich ein kontraproduktives Nebeneinander unterschiedlicher Integrationsbereiche, welches der Erreichung des durch die Präambel statuierten Zieles des immer engeren Zusammenschlusses gegenläufig wäre. Unter Zugrundelegung der angestrebten Vertragsziele des EG-Vertrags, ergibt sich daher geradezu die zwingende *Notwendigkeit* für eine entsprechende Abstimmungspflicht der Integrationsbereiche. Insoweit ergibt sich eine Inhaltsüberschneidung der durch den Unionsvertrag und den Gemeinschaftsverträgen statuierten Zielvorstellungen, so daß die bereits bei der Auslegung des EU-Vertrages angestellten Erwägungen auch im gemeinschaftsrechtlichen Rahmen entsprechende Geltung besitzen.
Ein weiteres Indiz für einen entsprechenden Bindungswillen der Vertragsstaaten ist eine zugleich mit der Unterzeichnung des Unionsvertrages vorgenommene Änderung der Gründungsverträge. Durch Titel II., Ziff. 29 des Vertrages über die Europäische Union wurde Artikel 116 EWGV aufgehoben. Dabei handelte es sich nicht um eine bloße Übergangsvorschrift. Vielmehr sah Artikel 116 Abs. 1 EWGV die ausdrückliche Verpflichtung der Mitgliedstaaten vor, bei ihrem Auftreten innerhalb von internationalen Organisationen mit wirtschaftlichem Charakter bei allen Fragen, die für den Gemeinsamen Markt von besonderem Interesse sind, nur noch gemeinsam vorzugehen. Der Verzicht auf diese wichtige primärrechtliche Abstimmungsverpflichtung wird erst dann erklärbar, wenn davon ausgegangen wird, daß durch eine implizite Übernahme der Kohärenzpflicht auch ins Primärrecht, die Vorschrift des Artikel 116 Abs. 1 EWG-Vertrages a.F. überflüssig geworden ist, da sie nur einen *Unterfall* der nunmehr *generell* geltenden Kohärenzverpflichtung statuiert.
In ständiger Rechtsprechung hat der Gerichtshof der Erreichung der Vertragsziele, zu denen insbesondere die Bestimmungen der Präambel gehören, eine fundamentale Rolle bei der Vertragsauslegung eingeräumt[283]. Dabei ist zwar zu beachten, daß bei der Zugrundelegung von Zielvorgaben im Gemeinschaftsrecht, im Gegensatz zur völkerrechtlichen Vertragsauslegung nicht der subjektive Wille der Vertragsparteien, sondern die objektiven Vertragsziele Maßstab sind[284]. Soweit es sich aber um eine Vertiefung der Zusammenarbeit der Signatarstaaten handelt und um eine Verbesserung des einheitlichen Vorgehens, decken sich die objektiven Ver-

[282] I. Erwägung der Präambel des EGV.
[283] So, in: EuGH, *Costa/ENEL*, Rs. 6/64, Slg. 1964, S. 1251 ff. (1270); EuGH, *Continental Can*, Rs. 6/72, Slg. 1973, S. 215 ff. (244 f.); EuGH, *Defrenne*, Rs. 43/75, Slg. 1976, S. 455 ff. (473); EuGH, *Endgeräte*, Rs. 202/88, Slg. 1991, S. I-1223 ff. (1269).
[284] Vgl. dazu: *Bleckmann*, Europarecht, Rn. 547.

tragsziele mit dem subjektiven Willen der Parteien. Bei Anwendung der vorrangig angewandten systematisch-teleologischen Methode des Gerichtshofs[285] ergibt sich daher, daß die mit den Artikeln A Abs. 3, Artikel C Abs. 1 und Abs. 2 EUV statuierte Kohärenzpflicht auch die Gemeinschaften treffen sollte, da sie der Einhaltung der Vertragsziele dient.
Für diese Auslegung spricht auch der Grundsatz des effet utile, da die Bindung der Gemeinschaften für den Fortgang des Integrationsprozesses nützlich ist. Daher sind die angesprochenen Vorschriften des Unionsvertrages dahingehend auszulegen, daß sie eine implizite Änderung der Gründungsverträge darstellen und daß auch die Gemeinschaften an das Kohärenzgebot gebunden sind.

III. Ergebnis zur Bindung der Gemeinschaften an das Kohärenzgebot

Sowohl die völkerrechtliche als auch die gemeinschaftsrechtliche Betrachtung ergab, daß auch die Gemeinschaften an die mit Artikel A Abs. 3, Artikel C Abs. 1 und Abs. 2 EUV statuierte Kohärenzpflicht gebunden sind[286]. Für die Gemeinschaften ergibt sich die Bindung aufgrund einer durch die angesprochenen Vorschriften vorgenommenen impliziten Änderung der Gründungsverträge. Wie die gemeinschaftsrechtlichen Betrachtungen ergaben, sind implizite Vertragsänderungen jedoch nur unter *eingeschränkten Voraussetzungen* zulässig. Hieraus ergeben sich *inhaltliche Modifikationen* für die Bindungen der Gemeinschaften. Der Pflichteninhalt mag von dem unionsrechtlichen abweichen. In Abgrenzung zu der ursprünglichen völkerrechtlichen Verpflichtung der Artikel A Abs. 3, Artikel C Abs. 1 und Abs. 2 EUV, also dem *unionsrechtlichen* Kohärenzgebot, soll daher das sich aus der impliziten Vertragsänderung ergebende *gemeinschaftsrechtliche* Kohärenzgebot[287] stehen.

IV. Adressaten der Verpflichtung im Gemeinschaftsbereich

Fraglich ist, welche Organe der Gemeinschaft von der impliziten Vertragsänderung betroffen sind. Während einerseits Artikel A Abs. 3 EUV es generell zur Aufgabe der Union erklärt, die Beziehungen zwischen den Mitgliedstaaten und ihren Völkern kohärent und solidarisch zu gestalten (Innenkohärenz), legt er diese Aufgabe für den Außenbereich gemäß Artikel C Abs. 2 S. 2 EUV explizit dem Rat und der Kommission auf. Der Adressatenkreis scheint damit, von der jeweiligen Zielausrichtung abhängig, unterschiedlich groß zu sein. Hinzu kommt, daß, wie bereits dargestellt, aufgrund der durch den Unionsvertrag vorgenommenen Organleihe die betreffenden Organe in einer Doppelfunktion

---

285 Vgl. dazu: *Continental Can*, EuGH, Rs. 6/72, Slg. 1973, S. 215 ff., Rn. 22.

286 So zuerst *Koenig/Pechstein*, Die Europäische Union, S. 48 f.

287 *Krenzler/Schneider*, EuR 1994, S. 144 ff. (158), bezeichnen im Gegensatz hierzu die sich aus Artikel 5 EGV ergebenden Verpflichtungen als "*gemeinschaftsrechtliches Kohärenzgebot*".

tätig werden. Zu beachten ist ferner, daß ungeachtet der grundsätzlich zulässigen Übernahme des Kohärenzgebots sich aufgrund der angesprochenen Beschränkungen in bestimmten *Einzelfällen* ein Fortfall der Bindung ergeben kann. Unter Zugrundelegung der aufgeführten Maßstäbe des Gerichtshofes ergibt sich ein solcher Fortfall nämlich dann, wenn sich aus einer Übernahme der Kohärenzpflicht *im Einzelfall* eine Veränderung der Grundlagen der Gemeinschaft ergäbe.
Eine detaillierte Darstellung dessen, was vom Gerichtshof zu den unveränderlichen Grundlagen der Gemeinschaft zu zählen ist, würde den Rahmen dieser Abhandlung verlassen. Da insbesondere die Frage nach den jeweiligen Pflichtenadressaten und den Begrenzungen ihres Bindungsumfanges von erheblicher Bedeutung ist, soll nachfolgend bei der Frage nach den Adressaten exemplarisch auf besonders im Zusammenhang mit der Kohärenzpflicht bedeutsame Prinzipien eingegangen werden.

1.) Kommission der Gemeinschaften

Als verpflichtetes Organ der Gemeinschaft kommt erstens die Kommission in Betracht. Da deren rechtliche Stellung je nach Politikbereich unterschiedlich ausgestaltet ist, empfiehlt sich eine Differenzierung danach, ob die Kommission im Gemeinschaftsbereich oder im Bereich GASP oder ZBJI betroffen ist.

a) Handlungen im Gemeinschaftsbereich

Soweit die Verpflichtung der Kommission im Gemeinschaftsbereich betroffen ist, ergibt sich dieses aus der angesprochenen impliziten Vertragsänderung. Abzulehnen ist die Auffassung, wonach Artikel C Abs. 2 S. 3 EUV (*jeweils in ihrem Zuständigkeitsbereich*) dahingehend zu verstehen ist, daß eine Bindung der Kommission nicht besteht[288]. Wie bereits ausgeführt, stellt gerade der koordinationstechnische Aspekt den Hauptinhalt einer Kohärenzverpflichtung dar. Ohne eine entsprechende Pflicht zur Querschnittskohärenz ist eine Kohärenzverpflichtung sinnlos.
Dies bedeutet, daß die Kommission bei ihren Maßnahmen im Gemeinschaftsbereich entsprechend Rücksicht auf die GASP- und ZBJI-Maßnahmen zu nehmen hat. Dies ist allerdings nicht im Wege einer schlichten Unterordnung der Außenkompetenzen der Gemeinschaft zu verstehen. Durch die angesprochenen Beschränkungen einer impliziten Vertragsänderung ergeben sich Modifizierungen der Pflichtigkeit der Kommission, die eine echte Unterordnung letzterer unter die Vorgaben des Unionsrates verhindern. Dies ergibt sich aus nachfolgenden Erwägungen.

---

[288] So aber im Ergebnis für die Vorläuferbestimmung des Artikels 30 Abs. 5 EUV: *Nuttall*, Yearbook of European Law, Jg. 5, 1985, S. 203 ff. (211); *Servantie*, in: Groeben/Thiesing/Ehlermann, Kommentar zum EWG Vertrag, 4. Aufl., Artikel 30 EEA, Rn. 69.

Die Kommission verfügt nach dem EG-Vertrag und dem EAG-Vertrag über ein *Initiativmonopol*[289] im Gemeinschaftsbereich. Daher ist die Frage ihres Bindungs*umfangs* von fundamentaler Bedeutung für die Verteilung der Befugnisse innerhalb der Union. Weil der Rat gemäß Artikel 189a Abs. 1 EGV Änderungen des Kommissionsvorschlages nur einstimmig beschließen kann (Ausnahme: Artikel 189b Abs. 4 und Abs. 5 EGV), die Kommission aber ihrerseits bis zur Beschlußfassung durch den Rat ihren Vorschlag ändern kann, (Artikel 189a Abs. 2 EGV) ergibt sich eine technisch-politische Schlüsselrolle der Kommission bei der Rechtssetzung der Gemeinschaften[290].

Sollte die Kommission aufgrund ihrer Adressatenqualität des gemeinschaftsrechtlichen Kohärenzgebots einer *Rechtspflicht* zur Übernahme von Vorgaben des GASP- oder ZBJI-Bereichs unterliegen, käme dies einer faktischen *Unterordnung* unter die Vorgaben der intergouvernementalen Unionsbereiche gleich. Sie wäre zur Vorlage entsprechender Vorschläge bei vollständiger Übernahme der GASP- oder ZBJI-Vorgaben verpflichtet und damit faktisch zum ausführenden Organ degradiert. Es bestünde die Gefahr einer intergouvernementalen "Domestizierung" der Kommission und der Gemeinschaften insgesamt[291]. Dieser Eindruck eines "Domestizierungsversuchs" wird durch die Bestimmung des Artikel 228a EGV verstärkt. Danach scheint die Gemeinschaft zum bloßen Nachvollzug der GASP-Vorgaben verpflichtet zu sein[292]. Allerdings ist bereits im Falle der ausdrücklichen Vorgabe des Artikel 228a EGV eine Verpflichtung der Kommission zur Vorlage eines entsprechenden Vorschlages keineswegs unumstritten[293].

Ohne daß an dieser Stelle auf die Frage einer Vorlagepflicht der Kommission aus Artikel 228a EGV einzugehen wäre, erscheint zumindest eine entsprechende Verpflichtung *genereller* Art aus der Übernahme des Kohärenzgebots im Wege impliziter Vertragsänderung fraglich. Der Kommission wird in der Bestimmung des Artikel 157 EGV ein *Status der institutionellen Unabhängigkeit* garantiert[294]. Sie ist gemäß Artikel 157 Abs. 2 S. 1 EGV in erster Linie dem *allgemeinen Wohl der Gemeinschaft* verpflichtet. Diese institutionelle Unabhängigkeit ist ein Indiz dafür, daß eine generelle Rechtspflicht zur Vorlage von Umsetzungsvorschlägen entsprechender GASP- oder ZBJI-Vorgaben nicht bestehen kann.

Zwar ist die unabhängige Stellung der Kommission insofern eingeschränkt, als der Rat gemäß Artikel 152 EGV die Kommission zur Unterbreitung entsprechender Vorschläge auffordern kann. Unbestritten ist jedoch, daß ungeachtet der Frage, ob

---

[289] Vgl. Artikel 189a, Artikel 189b und 189c EGV i.V.m. jeweiligen Kompetenznormen.

[290] *Oppermann*, Europarecht, S. 125.

[291] *Pechstein*, EuR 1995, S. 247 ff. (255 f.); *Krenzler/Schneider*, EuR 1994, S. 144 ff. (152).

[292] So *Pechstein*, EuR 1995, S. 247 ff. (255).

[293] Gegen eine Vorlagepflicht spricht sich aus: *Schneider*, in: Grabitz/Hilf (Hrsg.), EUV/EGV, Artikel 228a, Rn. 10; für eine enstprechende Verpflichtung der Kommission: *Röttinger*, in: Lenz, Kommentar zum EGV, Artikel 228a, Rn. 4.

[294] *Schneider*, in: Grabitz/Hilf (Hrsg.), EUV/EGV, Artikel 228a, Rn. 10.

eine entsprechende Verpflichtung zur Vorlage besteht[295], die Kommission in der Abgabe ihrer Vorschläge nach Artikel 152 EGV *inhaltlich ungebunden* bleibt[296].
Die Stellung der Kommission als "Motor des Vertrages" die primär das "genuin europäische Interesse"[297] zu berücksichtigen hat, wäre mit einer Rechtspflicht zur inhaltlichen Übernahme von GASP- oder ZBJI-Vorgaben aufgrund eines gemeinschaftlichen Kohärenzgebots nicht vereinbar. Entsprechend der Aufgabe der Kommission statuiert Artikel 157 Abs. 2 S. 2 EGV (vorher Artikel 10 Abs. 2 FusV) ein ausdrückliches Verbot, Anweisungen von einer Regierung oder einer anderen Stelle anzufordern oder anzunehmen. Diese ausschließliche Verpflichtung der Kommission auf die Beachtung *gemeinschaftlicher Interessen* kann als ein *wesentliches Merkmal* der gemeinschaftlichen Rechtsordnung qualifiziert werden[298]. Sie gehört damit zu den wesentlichen Grundlagen des Gemeinschaftsrechts. Eine Abänderung dieses Grundsatzes durch die Übernahme des Kohärenzgebots im Wege impliziter Vertragsänderung ist daher ausgeschlossen.
Daher erfährt das *gemeinschaftsrechtliche Kohärenzgebot* trotz der grundsätzlich bestehenden Adressatenqualität der Kommission eine inhaltliche Modifikation. Eine Verpflichtung der Kommission zur inhaltlichen *Übernahme* von Vorgaben aus dem Bereich der GASP oder der ZBJI im Sinne einer *Rechtspflicht* zur Vorlage von entsprechenden Umsetzungsvorschlägen besteht nicht.
Allerdings ist die Kommission bei der inhaltlichen Ausarbeitung ihrer Vorlagen anders als im Fall der Bestimmung des Artikel 152 EGV nicht völlig frei. Aufgrund des gemeinschaftlichen Kohärenzgebots ist sie vielmehr zur verstärkten Berücksichtigung eventueller Vorgaben verpflichtet. Da auch die Gemeinschaften Adressaten des Kohärenzgebots sind, hat die Kommission darauf Rücksicht zu nehmen, daß das Bemühen um ein uniertes, abgestimmtes Vorgehen mit zu den gemeinschaftlichen Interessen zu zählen ist. Durch die implizite Übernahme ins Gemeinschaftsrecht kommt dem Kohärenzgebot damit die Rangstellung einer rechtlich verbindlichen *Zielvorgabe* zu. Diese ist in ihrer Stellung mit den Zielen der Gründungsverträge vergleichbar. Daraus folgt eine Pflicht zur verstärkten Berücksichtigung der Vorgaben im Rahmen des durch die anderen Gemeinschaftsinteressen vorgegebenen Handlungsspielraums. Von mehreren denkbaren, mit den Gemeinschaftsinteressen übereinstimmenden Handlungsalternativen muß daher die Kommission diejenige auswählen, welche am besten ein uniertes Vor-

---

[295] Siehe dazu: *Schweitzer*, in: Grabitz/Hilf, EUV/EGV, Artikel 152, Rn. 2 ff; gegen eine Vorschlagspflicht aus Artikel 152 EGV auch: *Schweitzer/Hummer*, Europarecht, S. 47; *Glaesner*, EuR Beiheft 1/1994, S. 25 ff. (26).

[296] *Harnier*, in: Groeben/Thiesing/Ehlermann (Hrsg.), Kommentar zum EWGV, 4. Aufl., Artikel 152, Rn. 5; *Oppermann*, Europarecht, S. 125; *Schweitzer*, in: Grabitz/Hilf (Hrsg.), EUV/EGV, Artikel 152, Rn. 2.

[297] *Oppermann*, Europarecht, S. 125.

[298] so auch *Monar*, in: Regelsberger, Die GASP, S. 75 ff. (81), der von einer Schlüsselfunktion im institutionellen Gefüge der EG spricht.

gehen auf Gemeinschafts- und GASP- oder ZBJI-Ebene sicherstellt. Dabei verbleibt ihr jedoch bei der Auswahl ein Handlungs- und Beurteilungsspielraum, ohne den sie ihrer Funktion als unabhängige "Hüterin der Verträge" nicht nachkommen könnte.

b) Intergouvernementale Bereiche der GASP und der ZBJI
Fraglich ist jedoch, ob eine Verpflichtung der Kommission auch dann besteht, wenn diese im Bereich der GASP oder der ZBJI agiert. Die Problematik ist hier zu der des Rates entgegengesetzt. Da Zurechnungsendsubjekte der Rechte und Pflichten des Unionsvertrages ohnehin die Mitgliedstaaten, also die Signatarparteien sind, ist eine Bindung derselben an das Kohärenzgebot unproblematisch. Dies ist im Fall der Kommission anders.
Die Pflichtigkeit der Kommission im Gemeinschaftsbereich ergibt sich aufgrund der Übernahme des Kohärenzgebots ins Primärrecht im Wege impliziter Vertragsänderung. Es ist jedoch nicht ersichtlich woraus sich eine Pflicht der Kommission bei deren Handlungen im Rahmen der GASP und der ZBJI aus dem Unionsvertrag ergeben sollte. Die Gemeinschaften sind ja, wie festgestellt, nicht Signatarpartei.
Daraus läßt sich erstens folgern, daß die Pflichtigkeit der Kommission im Bereich ZBJI und GASP nicht mit der des Unionsrates übereinstimmt. Diese Schlußfolgerung wird durch die Bestimmung des Artikel J.8 Abs. 2 S. 2 EUV, der die Sicherung der Kohärenz dem Rat überträgt, gestützt. Die Vorschrift erweckt den Eindruck, daß die Kommission, soweit sie im Bereich GASP tätig wird, zumindest nicht aus dem Unionsvertrag heraus einer Kohärenzverpflichtung unterliegt. Dies steht im scheinbaren Widerspruch zur Bestimmung des Artikel C Abs. 2 S. 2 EUV, der die Sicherung der Kohärenz im Bereich der Außen-, Sicherheits-, Wirtschafts und Entwicklungspolitik, ausdrücklich dem Rat *und* der Kommission überträgt.
Dieser scheinbare Widerspruch läßt sich bei der Betrachtung der Funktionen der betroffenen Organe auflösen. Dabei wird deutlich, daß eine Verpflichtung der Kommission auf kohärentes Handeln im Bereich der GASP und der ZBJI nicht nur juristisch schwierig zu begründen, sondern *überflüssig* ist. Diese Schlußfolgerung ergibt sich, wenn man den möglichen Inhalt einer derartigen Pflicht in Betracht zieht. Dabei soll dem koordinationstechnischen Aspekt, also der Querschnittskohärenz das Hauptaugenmerk gelten. Während im Gemeinschaftsbereich die Verpflichtung zur Querschnittskohärenz die Pflicht zur Inrechnungstellung von Maßnahmen der GASP und der ZBJI beinhaltet, würde dies bei entsprechender Übertragung auf Aktionen im Bereich der intergouvernementalen Bereiche die Pflicht zur Berücksichtigung von Maßnahmen der Gemeinschaften bedeuten. Während eine derartige Verpflichtung im Hinblick auf den *Unionsrat* durchaus sinnvoll ist, wäre es auf die Kommission übertragen systemwidrig.
Der Sinn der Verpflichtung des *Unionsrates* liegt im *dualen Charakter* desselbigen begründet. Weil der Rat, soweit er im GASP- und auch im ZBJI-Bereich tätig wird, lediglich im Wege einer Organleihe handelt, die Zurechnungsendsubjekte

seiner Handlungen aber immer die Mitgliedstaaten sind, können sich Konstellationen ergeben, in denen das intergouvernemental artikulierte Interesse der Mitgliedstaaten von dem supranational ausgerichtetem Interesse, so wie es sich im Gemeinschaftsbereich auskristallisiert, verschieden ist. Mit anderen Worten, soweit der Rat als *EG-Rat* tätig wird, ist er zumindest auch dem *übergeordneten Interesse der Gemeinschaften* verpflichtet, agiert er als *Leihorgan* im Bereich der GASP und der ZBJI, kristallisiert sich als gemeinsames Interesse ein Querschnitt der Einzelinteressen der Mitgliedstaaten heraus. Beide Standpunkte müssen nicht deckungsgleich sein, dies ergibt sich bereits aus den unterschiedlichen Abstimmungsmodalitäten. Daher ist eine Verpflichtung des Unionsrates zur Berücksichtigung von Interessen der Gemeinschaften auch sinnvoll und geboten.
Anders verhält es sich bei der Kommission. Das Hauptmotiv für die Beteiligungsrechte der Kommission in den Bereichen der GASP und der ZBJI (Artikel J.9. EUV, K.4. Abs. 2 EUV) war es, die Abstimmung der unterschiedlichen Bereiche untereinander sicherzustellen. Die Kommission sollte zudem, aufgrund ihres funktionsbedingten Informationsvorsprunges, bei den Vorbereitungen im Bereich von Maßnahmen der GASP und der ZBJI für eine bessere Berücksichtigung gemeinschaftlicher Interessen Sorge tragen. Das bedeutet aber, daß die Kommission, soweit sie im Bereich GASP und ZBJI tätig wird, primär als *Interessenvertreterin der Gemeinschaften* auftritt. Dabei soll sie die Zuständigkeit der jeweiligen Bereiche wahren und dem Gemeinschaftsinteresse Geltung verschaffen[299]. Dazu ist sie gemäß Artikel 157 Abs. 2 EGV primärrechtlich verpflichtet. Sie erhält alleine aufgrund der neu zugewiesenen Beteiligungsrechte im Bereich ZBJI und GASP, anders als der Rat, *keinen doppelfunktionalen* Charakter.
Unterschiedliche Standpunkte der Kommission je nach Politikbereich verstießen, soweit überhaupt denkbar, also gegen deren primärrechtliche Pflichten. Eine nochmalige Verpflichtung auf die Interessen der Gemeinschaften durch den Unionsvertrag wäre damit eine bloße Tautologie. Daher ist die Kommission von der Pflicht zur kohärenten Politikgestaltung nur als Akteur im Gemeinschaftsbereich als Adressat betroffen. Diese Betroffenheit folgt aus der dargestellten impliziten Vertragsänderung.

2.) Bindung des Rates

Der Rat ist zunächst in seiner Stellung als *Unionsrat* betroffen. Als solcher ist er Leihorgan der Unionsstaaten mit den Zurechnungsendsubjekten Mitgliedstaaten[300]. Hinsichtlich seiner Adressatenqualität in dieser Funktion sei auf die obige Darstellung verwiesen[301]. Dabei wird zwar teilweise vertreten, daß die durch Artikel C Abs. 2 EUV ausgesprochene Verantwortlichkeit nicht in einem rechtlich-ver-

---

[299] *Burghardt/Tebbe*, EuR 1995, S. 1 ff. (11).
[300] Siehe dazu die ausführliche Darstellung im 3. Abschnitt, Teil B des I. Kapitels.
[301] Siehe dazu unter Kap. 1. Abschn. 3, *B* I 2.) a).

pflichtenden Sinn, sondern lediglich als Aufgabenzuweisung gemeint sei[302]. Dieser Grundsatz müßte bei konsequenter Anwendung ebenfalls für Maßnahmen im Bereich der ZBJI gelten. Die Ablehnung der rechtlichen Verbindlichkeit wird mit Hinweis auf Artikel L EUV begründet[303]. Fraglich ist jedoch, ob diese Auffassung tragfähig ist. Zur Ablehnung einer rechtlich verpflichtenden Auslegung genügt nicht der bloße Verweis auf Artikel L EUV. Hieraus ließe sich allenfalls der Schluß ziehen, eine derartige rechtliche Verpflichtung entziehe sich der noch zu behandelnden *Justitiabilität* durch den Gerichtshof[304]. Eine fehlende Justitiabilität stellt für sich genommen aber keinen hinreichenden Grund für das Nichtbestehen einer Rechtspflicht dar. Die Justitiabilität einer Verpflichtung vermag lediglich etwas über die praktische Durchsetzbarkeit auszusagen.
Darüber hinaus läßt sich der betreffenden Auffassung mangelnde Differenzierung entgegenhalten. Die rechtliche Verbindlichkeit wird durch sie unterschiedslos sowohl für den *intergouvernementalen Handlungsbereich* des Rates als auch für den *Handlungsbereich der Gründungsverträge der Gemeinschaften* negiert.
Wie obige Ausführungen zeigten, kommen aufgrund der Nichtexistenz einer juristischen Persönlichkeit der Union im Bereich des intergouvernementalen Aktionsrahmens allenfalls die Mitgliedstaaten, die sich des Rates im Wege der Organleihe bedienen, als Endadressaten des Kohärenzgebots in Betracht. Lediglich durch deren vermittelnde Mitgliedschaft im Unionsrat können sich Bindungen des letzteren ergeben. Nun ist aber nicht ersichtlich, warum ausgerechnet die Mitgliedstaaten nicht an das von ihnen ausgehandelte und unterzeichnete Kohärenzgebot gebunden sein sollten. Keineswegs kann eine derartige Bindung alleine aufgrund der mangelnden Justitiabilität abgelehnt werden. Bei weitem nicht alle Verpflichtungen völkerrechtlicher Art werden einer juristischen Sanktionierung unterworfen, dessenungeachtet wird nicht an deren Verbindlichkeit gezweifelt[305]. Daher müßte sich auch unter Zugrundelegung der Annahmen von *Hilf/Pache* zumindest eine rechtliche Verbindlichkeit des Kohärenzgebots für die Fälle ergeben, in denen der Rat in seiner Funktion als *Unionsrat* betroffen ist. Wegen der koordinationsmäßigen Ausrichtung des Kohärenzgebots[306] ergäbe sich damit eine Pflicht des Unionsrates zu entsprechender Rücksichtnahme auf Politiken der Gemeinschaften.
In seiner ursprünglichen Funktion handelt der Rat aber, ungeachtet der beschlossenen Umbenennung in "Rat der Europäischen Union"[307], als Rat der Europäischen

---

[302] So explizit: *Hilf/Pache* in Grabitz/Hilf (Hrsg.), EUV/EGV, Artikel C, Rn. 16; in diesem Sinne entsprechend für Artikel 30 Abs. 5 EEA: *Nuttall*, Yearbook of European Law, Jg. 5, 1985, S. 203 ff. (211); a.A.: *Timmermanns*, Legal Issues of European Integration 1996, S. 61 ff.
[303] *Hilf/Pache,* in: Grabitz/Hilf (Hrsg.), EUV/EGV, Artikel C, Rn. 16.
[304] Siehe dazu unten unter Kap. 1. Abschn. 4, *C.*
[305] Siehe dazu die lediglich nichtobligatorische Zuständigkeit des IGH, § 34 ff. IGH-Statut.
[306] Siehe dazu unter Kap. 1. Abschn. 1, *A* III 3.)
[307] ABl. EG 1993, Nr. L 281, S. 18.

Gemeinschaften. Aufgrund der hier vertretenen Charakterisierung der Artikel A Abs. 3, Artikel C Abs. 1 und Abs. 2 EUV als implizite Änderungen der EG-Gründungsverträge ergeben sich Bindungen des Rates dahingehend, daß dieser bei der Ausübung der ihm durch die EG-Gründungsverträge zuerkannten Befugnisse für die Kohärenz mit den im Rahmen der GASP und der ZBJI getroffenen Maßnahmen Sorge zu tragen hat, soweit er in seiner ursprünglichen Funktion als *EG-Rat* betroffen ist. Als implizite Änderung der EG-Gründungsverträge kommt damit im Gemeinschaftsbereich dem Kohärenzgebot sogar primärrechtlicher Rang zu.
Zugleich hat jedoch die Untersuchung gezeigt, daß implizite Änderungen der Gründungsverträge grundsätzlichen Beschränkungen unterworfen sind. Daraus ergibt sich, daß eine *inhaltliche Modifikation* erfolgt, die durch die angesprochenen Beschränkungen bedingt ist. Die Verpflichtungen des Rates in seiner Dopelfunktion sind daher keineswegs spiegelbildlich aufzufassen. Vielmehr wird die Pflichtigkeit des Rates, soweit dieser als *Unionsrat* handelte, für dessen Wirken als *EG-Rat* inhaltlich modifiziert.
Ein echter Interessenkonflikt aufgrund der Adressatenqualität des Rates im Gemeinschaftsbereich scheint zwar auf den ersten Blick ausgeschlossen. Da der *EG-Rat* in seiner personalen Zusammensetzung mit dem *Unionsrat* identisch ist, erscheint eine Bindung des ersteren an Vorgaben des letzteren nicht besonders konfliktträchtig. Wegen der unterschiedlichen Abstimmungsmodalitäten wird aber bei unbeschränkter Bindungswirkung der GASP- oder ZBJI-Vorgaben die Möglichkeit einer "Flucht ins Unionsrecht"[308] befürchtet. Durch eine extensive Auslegung des Begriffs der gemeinsamen Aktion besteht nach Auffassung einiger Autoren[309] die Gefahr, daß gemeinschaftliche Beiträge als selbständiger Teil einer außenpolitischen Aktion der Union an Eigenständigkeit verlieren und als Endeffekt die gemeinschaftlichen Außenkompetenzen vom GASP-Bereich dominiert werden, was eine faktische Anwendung der intergouvernementalen GASP-Verfahren auf den gemeinschaftlichen Beitrag zur Folge hätte[310]. Der *EG-Rat*, so die Befürchtungen, hätte lediglich nachzuvollziehen, was bereits im intergouvernementalen Rahmen beschlossen wurde.
Diese in der Literatur mehrfach geäußerten Bedenken[311] haben jedoch nur scheinbar etwas mit der Frage des Bindungsumfangs des Kohärenzgebots für den *EG-*

---

[308] Zum Begriff siehe *Koenig/Pechstein*, Die Europäische Union, S. 43.

[309] Vgl. *Krenzler/Schneider*, EuR 1994, S. 144 ff. (152); *Timmermanns*, Legal Issues of European Integration 1996, S. 61 ff. (64).

[310] *Krenzler/Schneider*, EuR 1994, S. 144 ff. (152); die Gefahr einer solchen "Flucht ins Unionsrecht" sehen auch: *Koenig/Pechstein*, Die Europäische Union, S. 50; *Burghardt/Tebbe*, EuR 1995, S. 1 ff. (6); *Timmermanns*, Legal Issues of European Integration 1996, S. 61 ff. (64).

[311] Vgl. *Krenzler/Schneider*, EuR 1994, S. 144 ff. (152); *Koenig/Pechstein*, Die Europäische Union, S. 50; *Burghardt/Tebbe*, EuR 1995, S. 1 ff. (6); *Timmermanns*, Legal Issues of European Integration 1996, S. 61 ff. (64); a.A.: *Stein*, EuR 1995, Beiheft 2, S. 69 ff. (74), der jegliche Bindung des Rates an GASP-Vorgaben sogar für den Artikel 228a EGV ablehnt.

Rat zu tun. Wie nachfolgend gezeigt wird, ist die Frage einer Bindung des *EG-Rates* an GASP- oder ZBJI-Vorgaben ohnehin nur von untergeordneter praktischer Relevanz.
Dies ergibt sich bei näherer Betrachtung der möglichen Fallkonstellationen. Die befürchtete "Flucht ins Unionsrecht" ist nämlich vor allem in Konstellationen zu erwarten, in denen eine Staatenminderheit ihre Überstimmung bei einem gemeinschaftlichen Abstimmungsverfahren verhindern möchte und stattdessen durch Ausweichen auf den Bereich der GASP auf einer Anwendung des intergouvernementalen Einstimmigkeitsprinzips besteht. Dabei soll davon ausgegangen werden, daß sich die Staatenmehrheit auf den Verfahrenswechsel aus politischen Gründen einläßt.
In einem solchen Fall sind zwei Entscheidungsalternativen denkbar.
Die erste wäre, daß die Staatenminderheit sich mit ihrer Position im Rahmen des GASP- bzw. ZBJI-Verfahrens auch nicht durchsetzen kann. Dies dürfte die wahrscheinlichere Variante darstellen. Sofern eine Position bereits im Mehrheitsverfahren nicht mehrheitsfähig ist, dürfte kaum anzunehmen sein, daß nach Ausweichen in den GASP-Bereich sich plötzlich eine Einstimmigkeit im intergouvernementalen Verfahren für diese Position erreichen läßt. Die Folge wäre das Unterbleiben eines entsprechenden Beschlusses. Es ist sehr fraglich, ob gerade das Ausbleiben jeglicher Beschlüsse als Vorgabe gewertet werden kann, m.a.W. ob durch das *Nichtstun* des *Unionsrates* eine entsprechende Unterlassungspflicht des *EG-Rates* begründet werden kann[312]. Wie bereits erörtert[313], stellt der koordinationstechnische Aspekt den Hauptregelungsinhalt eines Kohärenzgebots dar. Eine Koordinierungs*pflicht* beinhaltet aber bereits definitionsmäßig entsprechende Vorgaben. Das Ausbleiben einer intergouvernementalen Vorgabe führt daher nicht zu einer entsprechenden *Unterlassungspflicht* des EG-Rates aufgrund des Kohärenzgebots. Dem EG-Rat bleibt es in einem solchen Fall unbenommen, entsprechende Beschlüsse im gemeinschaftlichen Mehrheitsverfahren zu fassen, soweit eine entsprechende gemeinschaftsrechtliche Kompetenzgrundlage vorliegt.
Die zweite denkbare Alternative ist, daß ein entsprechender Beschluß im intergouvernementalen Rahmen der GASP oder der ZBJI gefaßt wird. Bezüglich des Inhalts eines derartigen Beschlusses sind wiederum zwei Konstellationen denkbar. Die erste ist die, daß der Beschluß mit den Zielen und Politiken der Gemeinschaften voll übereinstimmt. In diesem Fall sind Komplikationen nicht zu erwarten und eine Bindung des EG-Rates an die Vorgaben unbedenklich.
Die zweite mögliche Konstellation ist, daß die Vorgaben des Beschlusses gegen Interessen oder Ziele der Gemeinschaftspolitik verstoßen. Nur in dieser Fall-

---

[312] Hinzu kommt, daß, wie nachfolgend gezeigt wird, Eingriffe in Bereiche gemeinsamer Gemeinschaftspolitiken (z.B. Artikel 110 ff. EGV) im Wege einer "Flucht" in intergouvernementale Entscheidungsstrukturen ohnehin gemeinschaftsrechtwidrig sind und diese Rechtswidrigkeit auch justitiabel ist.

[313] Siehe dazu unter Kap. 1. Abschn. 1, *A* III 3.).

konstellation könnte eine Bindung des *EG-Rates* überhaupt von praktischer Relevanz sein. Bei dieser Fallvariante kommt jedoch das *Initiativmonopol* der Kommission ins Spiel. Da der *EG-Rat* bei seiner Beschlußfassung auf eine entsprechende Vorlage der Kommission angewiesen ist, diese aber wiederum, wie gezeigt, zu Erstellung der Vorlage weder verpflichtet[314], noch bei deren Erstellung inhaltlich gebunden ist, kommt die Hauptaufgabe der Wahrung gemeinschaftlicher Interessen gegenüber entsprechenden GASP- oder ZBJI-Vorgaben, der *Kommission* zu. Nun ist zwar die Fallkonstellation denkbar, daß der *EG-Rat*, aufgrund der selbst erteilten Vorgabe aus dem GASP- oder ZBJI-Bereich, im Wege der Einstimmigkeit gemäß Artikel 189a Abs. 1 EGV, den Kommissionsvorschlag an die intergouvernementalen Vorgaben "anpaßt". Der Kommission steht in einem solchen Fall jedoch die Nichtigkeitsklage des Artikel 173 EGV zur Verfügung.
Ein Verstoß des *EG-Rates* gegen fundamentale Interessen der Gemeinschaft kann nicht durch eine vorgebliche Bindung desselben an etwaige intergouvernementale Vorgaben gerechtfertigt werden. Dies ergibt sich bereits aus dem angesprochenen Grundsatz[315], wonach Änderungen wesentlicher Grundlagen der Gemeinschaften nicht im Wege impliziter Vertragsänderungen vorgenommen werden dürfen[316]. Wo ein solcher Verstoß aber nicht vorliegt, ist die Interessenlage mit der identisch, in welcher der EG-Rat auch ohne entsprechende intergouvernementale Vorgaben einstimmig vom Kommissionsvorschlag abweicht. Die Schlüsselstellung bei der Abwehr der befürchteten "Flucht ins Unionsrecht" kommt daher der Kommission und ihrem Initiativmonopol bzw. ihrer Klagebefugnis nach Artikel 173 EGV zu. Eine eventuelle Bindung des *EG-Rates* an GASP- oder ZBJI-Vorgaben ist daher gemeinschaftsrechtlich nur von untergeordneter praktischer Relevanz. Soweit die Bindung nämlich zur Abänderung der Kommissionsvorlage führt, kann sie keinen Bruch des Gemeinschaftsrechts rechtfertigen. Wenn hingegen die Abänderung im Rahmen der Gemeinschaftsrechtsordnung zulässig ist, stellt sie keine Besonderheit dar. Der Rat ist ja ohnehin befugt, durch einstimmigen Beschluß Vorlagen der

---

[314] Zwar drängte die deutsche Delegation in der derzeitigen Regierungskonferenz auf die Aufnahme einer derartigen Vorlagepflicht der Kommission, (FAZ v. 7. Mai 1997, S. 7), diese Forderung konnte sich aber nicht durchsetzen. Artikel J.4 Abs. 4 EUV n.F. sieht zwar vor, daß der Rat die Kommission ersuchen kann, ihm geeignete Vorschläge betreffend die Gemeinsame Außen- und Sicherheitspolitik zur Gewährleistung der Durchführung einer gemeinsamen Aktion zu unterbreiten. Da die Regelung jedoch in den *Unionsvertrag* aufgenommen worden ist, kann hieraus nicht eine Pflicht der Kommission zur Vorlage von Umsetzungsvorschlägen resultieren, die im *Gemeinschaftsrahmen* zu erfolgen haben. Die Vorlageverpflichtung des Artikel J.4 Abs. 4 n.F. EUV zielt auf Umsetzungsmaßnahmen im *intergouvernementalen Rahmen*. Da nach dem Vertrag von Amsterdam eine Regelfinanzierung auch der operativen Ausgaben aus dem Gemeinschaftshaushalt erfolgen soll, ist die Kommission auch am ehesten zu entsprechenden Durchführungsmaßnahmen befähigt.

[315] Siehe dazu unter Kap. 1. Abschn. 3, *C* II 3.) b).

[316] EuGH, Gutachten 1/91 v. 14.12.1991, ABl. EG 1992 C 110/1 ff., Rn. 71.

Kommission zu ändern. Rechtlich macht es dabei keinen Unterschied, ob er dies wegen einer eventuellen Vorgabe aus dem GASP- oder ZBJI-Bereich tut oder aus sonstigen Erwägungen.
Festzuhalten bleibt daher vor allem, daß der "Rat der Europäischen Union" an das Gebot zur kohärenten Politikgestaltung gemäß Artikel A Abs. 3, Artikel C Abs. 1 und Abs. 2 EUV in seiner Eigenschaft als *Unionsrat* gebunden ist. Da einerseits in Artikel A Abs. 3 EUV (innere Kohärenz) eine generelle Bezugnahme auf die Union, andererseits eine explizite Erwähnung des Rates in Artikel C Abs. 2 S. 2 EUV zu finden ist, gilt diese Verpflichtung des Rates in dieser Funktion sowohl im Bereich der GASP als auch der ZBJI. Dabei trifft den Rat, entsprechend Artikel J.8 Abs. 2 S. 2 EUV für den Bereich der GASP, sogar eine weitgehend exklusive Verpflichtung zur Wahrung der Kohärenz[317].

3.) Gerichtshof
a) Intergouvernementale Bereiche der GASP und der ZBJI
Etwaige Bindungen in den Bereichen der GASP oder der ZBJI erübrigen sich, da dem Gerichtshof in diesen Bereichen, mit Ausnahme des Artikel K.3 Abs. 2 Buchstabe c UAbs. 3 EUV, keine Funktionen zugedacht sind. Die die Innenkohärenz betreffende Vorschrift des Artikel A Abs. 3 EUV macht zwar die Sicherstellung der Kohärenz zur Aufgabe der gesamten Union, so daß zumindest für den Bereich der Innenkohärenz eine Verpflichtung des Gerichtshofes in Betracht käme. Es ist jedoch nicht ersichtlich, in welcher Funktion der Gerichtshof in diesen Bereichen betroffen sein sollte.

b) Handlungen im Gemeinschaftsbereich
Für den *Gemeinschaftsbereich* kann, da es sich um Vorgaben von außerhalb des Gemeinschaftsrechts handelt, angesichts der richterlich unabhängigen Stellung des Gerichtshofs, keine Bindungswirkung eintreten. Dies widerspräche der Konzeption der Artikel 164 ff. EGV. Die Unabhängigkeit des Gerichtshofes, insbesondere auch die Ungebundenheit von Vorgaben, welche nicht im Gemeinschaftsrecht begründet liegen, stellt ein grundsätzliches Prinzip der gemeinschaftlichen Rechtsordnung dar[318], welches in seiner Bedeutung dem Geltungsvorrang des Gemeinschaftsrechts und seiner unmittelbaren Wirkung[319] gleichzuachten ist. Eine irgendgeartete Bindung an Vorgaben oder Beschlüsse aus dem intergouvernementalen Bereich widerspräche diesem Grundprinzip. Aus diesem Grund entfällt

[317] *Hilf/Pache*, in: Grabitz/Hilf (Hrsg.), EUV/EGV, Artikel C, Rn. 17.

[318] *Schweitzer/Hummer*, Europarecht, S. 59; *Oppermann*, Europarecht, S. 131; siehe dazu: Artikel 167 EGV, 139 EAG, 32b EGKSV, Artikel 3 d. Satzung des GH der EWG; zur Unzulässigkeit einer Bindung des Gerichtshofs an äußere Vorgaben siehe auch die bereits angesprochenen Gutachten: EuGH 1/91 v. 14.12.1991, ABl. EG 1992 C 110/1 ff., auch abgedruckt in: EuR 1992, S. 163 ff.; Gutachten EuGH 1/92 v. 10.4.1992, EuR 1992, S. 287.

[319] Vgl. EuGH, Gutachten 1/91 v. 14.12.1991, ABl. EG 1992 C 110/1 ff., Rn. 21.

eine *organschaftliche* Bindung des Gerichtshofes an das Kohärenzgebot, da eine implizite Vertragsänderung die angesprochenen *Grundprinzipien* der Unabhängigkeit und Weisungsungebundenheit des Gerichtshofes nicht zu verändern vermag. Die Übernahme des Kohärenzgebots im Wege impliziter Vertragsänderung kann daher nicht soweit gehen, daß hierdurch die Unabhängigkeit des Gerichtshofs in seiner *organschaftlichen Stellung* in Frage gestellt werden könnte. Hiervon zu unterscheiden ist die Frage, ob der Gerichtshof eventuell bei einer Entscheidung bei der es um den Umfang der Kohärenzpflicht geht, nicht doch Vorgaben aus dem GASP- oder ZBJI-Bereich zu berücksichtigen hätte. Angesprochen sind Fälle, in denen die Bindung an das Kohärenzgebot als Maßstab für die Rechtmäßigkeit von Handlungen der übrigen Gemeinschaftsorgane heranzuziehen ist. In diesem Fall handelt es sich nämlich um eine *Bindung der Gemeinschaften* insgesamt. Der gemeinschaftliche Verband hat auf Vorgaben der Nachbarbereiche Rücksicht zu nehmen. Dies ist von der Frage nach der Betroffenheit des Gerichtshofs in seiner *organschaftlichen Stellung* zu unterscheiden. Festzuhalten ist daher, daß der Gerichtshof in seiner organschaftlichen Stellung weder im Bereich von GASP und ZBJI noch im Gemeinschaftsbereich vom Kohärenzgebot betroffen ist.

4.) Das Europäische Parlament

Auch hier empfiehlt sich, wie bei der Kommission, eine nach Unions- und Gemeinschaftsbereich differenzierende Betrachtung.

a) Intergouvernementale Bereiche der GASP und der ZBJI

Die Betroffenheit des Parlaments in den Bereichen der GASP und der ZBJI ist aus den für die Kommission aufgeführten Erwägungen ebenfalls abzulehnen. Hinzu kommt, daß die Stellung des Europäischen Parlaments im *Unionsbereich* weder bei GASP (Artikel J.7 EUV) noch ZBJI (Artikel K.6 EUV) als die eines Akteurs zu bezeichnen ist. Es verfügt in diesen Bereichen lediglich über schwache, rein passive Beteiligungsmöglichkeiten. Darüber hinaus ist, zumindest im Bereich der Außenkohärenz, das Parlament ohnehin nicht als Adressat des Artikel C Abs. 2 S. 2 EUV angesprochen. Die Klammerwirkung des Artikel C Abs. 1 EUV und die Hervorhebung der Kohärenz als Ordnungsprinzip der Union[320] ließe zwar an eine reflexhafte Bindungswirkung denken, dieses kann jedoch angesichts der schwachen Stellung und aufgrund des spezifischen Charakters des Europäischen Parlaments keineswegs zur Herleitung einer konkreten Pflichtenstellung herangezogen werden.

b) Handlungen im Gemeinschaftsbereich

Im *Gemeinschaftsbereich* folgt die Bindung, wie bei der Kommission, aus der impliziten Vertragsänderung. Fraglich ist jedoch, inwiefern die Übernahme des Kohärenzgebots, aufgrund der angesprochenen Beschränkungen hinsichtlich der

[320] Siehe dazu unter Kap. 1. Abschn. 1, *A* III 3.).

Pflichtigkeit des Europäischen Parlaments eine inhaltliche Modifizierung zur Folge hat.

Das Europäische Parlament ist zwar seinem Charakter nach nicht mit einem vollwertigen politischen Organ auf nationalstaatlicher Ebene vergleichbar und übt von der Konzeption her eher bloße Beratungs- und Kontrollbefugnisse aus[321]. Trotz der nur begrenzt vorhandenen echten Mitwirkungs- und Mitentscheidungsbefugnisse sind jedoch die Mitglieder des Europäischen Parlaments wie die der gleichnamigen nationalstaatlichen Institutionen, bei ihren Entscheidungen weder an Aufträge noch an Weisungen gebunden[322]. Die neue Bestimmung des Artikel 138a betont zudem den *politischen* Charakter der Mandate. Beides liegt in der Tradition des westlichen Demokratieverständnisses. Diese Auffassung von einem weisungsfreien, unabhängigen und politischen Mandat kann dabei als ein allen Mitgliedstaaten innewohnender Grundsatz parlamentarischer Tätigkeit angesehen werden. Ohne eine Gleichsetzung des Europäischen Parlaments mit seinen nationalstaatlichen Namensvettern postulieren zu wollen, ist davon auszugehen, daß sowohl der *politische Charakter* der Parlamentsmandate als auch die *unabhängige Stellung* der einzelnen Abgeordneten ebenso zu den *wesentlichen Grundlagen* des Gemeinschaftsrechts zu zählen sind, wie die bereits angesprochene Unabhängigkeit des Europäischen Gerichtshofs[323].

Eine Verpflichtung auf das Kohärenzgebot im Sinne einer *echten Rechtspflicht* ist mit diesen Grundsätzen nicht vereinbar, da sie sowohl die Weisungsfreiheit als auch den politischen Charakter der Mandate in Frage stellen würde. Daher ist davon auszugehen, daß das Kohärenzgebot bei seiner Übernahme im Wege einer impliziten Vertragsänderung in Hinblick auf das Parlament in Richtung auf eine bloße Pflicht zur Kenntnisnahme der betreffenden GASP- oder ZBJI-Maßnahmen abschwächend modifiziert wird.

Von erheblicher Bedeutung könnte die Frage des Bindungsumfangs in Fällen werden, in denen durch Beschlüsse nach Artikel J.11 Abs. 2 S.2 EUV bzw. Artikel K.8 Abs. 2 S. 2 EUV der *Unionsrat* eine Finanzierung der *operativen* GASP- oder ZBJI-Ausgaben zu Lasten des Gemeinschaftshaushalts beschließen sollte. Für den Fall der laufenden *Verwaltungsausgaben* der GASP oder ZBJI ist ein solcher Konflikt wenig wahrscheinlich, da diese Kosten in einer dauerhaften Ausgabenlinie in den Verwaltungshaushalt der EG eingearbeitet werden[324]. Es fehlt hier an "tagespolitischer Brisanz" und die Finanzierungsverpflichtung ergibt sich

---

[321] *Oppermann*, Europarecht, S. 98.

[322] *Streinz*, Europarecht, Rn. 304; *Läufer*, in: Grabitz/Hilf, EUV/EGV, Artikel 137, Rn. 3; vgl. dazu auch: Artikel 4 Abs. 1 S. 2 des Aktes zur Einführung allgemeiner unmittelbarer Wahlen v. 20.9.1976 (BGBl. 1978 II S. 1003) und Artikel 2 der Geschäftsordnung des Europäische Parlamentes (Sartorius II Nr. 260).

[323] Siehe dazu unter Kap. 1. Abschn. 3, *C* IV 3.)

[324] *Fink-Hooijer*, EJIL 5 (1994), S. 173 ff. (184); siehe dazu ausführlich auch: *Koenig/Pechstein*, Die Europäische Union, S. 122 ff.

direkt aus dem neuen Artikel 199 Abs. 2 EGV[325]. Hier könnte daher allenfalls die Auslegung des Begriffs "Verwaltungsausgaben" zum Konflikt führen.
Nach Artikel 203 Abs. 4 UAbs. 2 EGV besteht bei *obligatorischen Ausgaben* lediglich ein Vorschlagsrecht des Europäischen Parlaments. Anders bei *nicht-obligatorischen Ausgaben.* Hier besteht eine weitgehende Haushaltsmacht des Parlaments. Ihm kommt im Rahmen des Haushaltsverfahrens in bezug auf nicht-obligatorische Ausgaben das "letzte Wort" zu[326]. Sollte daher von einer Bindung des Parlaments im Sinne einer *Rechtspflicht* zur Beachtung von GASP- oder ZBJI-Beschlüssen aufgrund der Übernahme des Kohärenzgebots im Wege impliziter Vertragsänderung auszugehen sein, so wäre das Parlament bei entsprechenden Vorgaben zum haushaltsrechtlichen Nachvollzug verpflichtet.
Etwas anderes gilt, wenn die beschlossenen operativen Ausgaben als nicht-obligatorisch einzustufen sind. In diesem Fall wäre das Parlament zur Geltendmachung seiner bestehenden Rechte im Haushaltsverfahren voll befugt. Wie die Ausführungen zeigten, wäre eine Auslegung der Kohärenzverpflichtung im Sinne einer echten Rechtspflicht des Europäischen Parlaments mit *wesentlichen Grundlagen* der Gemeinschaft *nicht vereinbar.* Daher kann eine entsprechende Verpflichtung des Europäischen Parlaments zum bloßen haushaltsrechtlichen Nachvollzug nicht mit dem Kohärenzgebot begründet werden[327]. Eventuelle Vorgaben aus GASP oder ZBJI vermögen eine Einstufung der daraus folgenden operativen Kosten als *obligatorische* Ausgaben nicht zu rechtfertigen. Dem Europäischen Parlament verbleiben so im Rahmen des Haushaltsaufstellungsverfahrens sämtliche Befugnisse erhalten[328].
Diese Einschätzung wird durch Artikel B der interinstitutionellen Vereinbarung zwischen dem Europäischen Parlament, dem Rat und der Kommission, abgeschlossen während der Gipfelkonferenz von Amsterdam am 16.-17. Juni 1997, gestützt. Darin werden die GASP-Ausgaben ausdrücklich als nicht-obligatorische Ausgaben charakterisiert. Allerdings sehen im Fall der mangelnden Zustimmung des Parlaments die Artikel C ff. der Vereinbarung ein Nothaushaltsverfahren vor. Dessen ungeachtet bleibt in der Vereinbarung die Haushaltsprärogative des Europäischen Parlaments grundsätzlich unangetastet.

5.) Europäische Zentralbank

Zwar könnte man an eine Bindung der Europäischen Zentralbank an das *gemeinschaftsrechtliche Kohärenzgebot* in solchen Fällen denken, in denen wirtschaftspolitische (Boykott-)Maßnahmen, die im Rahmen der GASP beschlossen wurden, finanz- und währungspolitisch abzusichern wären. Eine derartige Bindung der

---

[325] So auch: *Koenig/Pechstein*, Die Europäische Union, S. 126.
[326] *Magiera*, in: Grabitz/Hilf (Hrsg.), EUV/EGV, Artikel 203, Rn. 23.
[327] Ausführlich: *Koenig/Pechstein*, Die Europäische Union, S. 124 ff.
[328] So im Ergebnis auch: *Koenig/Pechstein*, Die Europäische Union, S. 124; *Glaesner*, S. 69 ff. (73), in: Regelsberger, Die GASP, S. 69 ff. (73).

Europäischen Zentralbank verstieße jedoch eindeutig gegen die Weisungsunabhängkeit des Artikel 107 EGV. Eine Bindung der Europäischen Zentralbank an das gemeinschaftsrechtliche Kohärenzgebot kommt daher nicht in Betracht.

6.) Mitgliedstaaten

Die Mitgliedstaaten können durch das *gemeinschaftsrechtliche* Kohärenzgebot nur in ihrer Stellung als *Mitglieder der Gemeinschaften* betroffen sein. Außerhalb des Anwendungsbereichs der Verträge trifft die Staaten das *völkerrechtliche, unionsrechtliche* Kohärenzgebot des Unionsvertrages[329]. Grundsätzliche Bedenken gegen eine Bindung der Mitgliedstaaten sind nicht ersichtlich. Wie besprochen, findet vor der Übernahme von Vorgaben in das Gemeinschaftssystem ohnehin eine Vorprüfung auf Übereinstimmung mit den Gemeinschaftsinteressen durch die Kommission statt. Von praktischer Relevanz wäre eine Bindung der Mitgliedstaaten daher lediglich in Fällen, in denen eine Umsetzung von GASP- oder ZBJI-Vorgaben im *Gemeinschaftsbereich* unmittelbar durch die Mitgliedstaaten erfolgen müßte. Ein solcher Fall ist nicht ersichtlich. Die Umsetzung von GASP- oder ZBJI-Beschlüssen im Gemeinschaftsbereich erfordert grundsätzlich ein Tätigwerden der Organe Rat und Kommission. Damit ergibt sich aber ohnehin eine gemeinschaftliche Bindung an die Vorgaben des entsprechenden Organbeschlusses. Der Bindung der Mitgliedstaaten an GASP- oder ZBJI-Vorgaben in ihrer Eigenschaft als Gemeinschaftsmitglieder stehen daher keine grundsätzlichen Bedenken entgegen, zugleich ist diese bestehende Bindung jedoch ohne praktische Relevanz, da gegenüber entsprechenden gemeinschaftlichen Bindungen der Umsetzungsbeschlüsse nachrangig.

4. Abschnitt: Justitiabilität des Kohärenzgebots

Die bereits angesprochene Möglichkeit, daß der Gerichtshof bei einer Entscheidung wegen des Kohärenzgebots eventuell Vorgaben aus dem GASP- oder ZBJI-Bereich zu berücksichtigen hätte, ist mit der Frage nach der Möglichkeit einer Justitiabilität des Kohärenzgebots verbunden. Fraglich ist, woraus eine solche folgen könnte.

[329] Siehe dazu unter Kap. 1. Abschn. 3, *B*.

A. Ansatzpunkte für eine Justitiabilität

I. Ablehnende Auffassungen in der Literatur

Gegen die Annahme einer Justitiabilität des Kohärenzgebots spricht auf den ersten Blick die Vorschrift des Artikel L EUV. Nach dieser Bestimmung besteht eine Zuständigkeit des EuGH auf der Grundlage und nach Maßgabe der drei Gemeinschaftsverträge nur in den drei ausdrücklich aufgeführten Bereichen. Da weder Artikel A Abs. 3 S. 2 noch Artikel C Abs. 1 und Abs. 2 EUV ausdrücklich in Artikel L erwähnt werden, scheint das Kohärenzgebot damit der Jurisdiktion des Gerichtshofs entzogen. Mit dieser Argumentation lehnt denn auch ein Teil der Literatur eine Justitiabilität ab[330]. Nach dieser Auffassung sind die vertraglichen Grundlagen der Union sowie beinahe alle intergouvernemental angelegten Teile des Unionsvertrages, von der unmittelbaren Zuständigkeit des EuGH ausgenommen[331]. Infolgedessen sollen auch die Artikel A Abs. 3, Artikel C Abs. 1 und Abs. 2 EUV nicht der Jurisdiktion des Gerichtshofs unterliegen[332]. Es soll lediglich dann eine mittelbare Rechtsprechung des EuGH zu Bestimmungen des Unionsvertrages in Betracht kommen, wenn gemeinschaftsrechtliche Rechtsakte im Zusammenhang mit Maßnahmen oder Handlungen auf der Grundlage des EUV getroffen werden[333]. Dies ist nach *Pache* in den Fällen der Artikel 228a EGV bzw. Artikel 203 EGV möglich.

II. Justitiabilität des Kohärenzgebots über Artikel 5 EGV?

Einen Ansatz für eine mögliche Rechtsprechung des EuGH zu Kohärenzfragen bietet ein Umweg über die Bestimmung des Artikel 5 EGV. Da die Mitgliedstaaten auch bei ihrem Handeln in den GASP und ZBJI - Bereichen an ihre gemeinschaftsrechtliche Verpflichtung zur Gemeinschaftstreue gebunden sind, könnte die Einhaltung dieser Verpflichtung im Rahmen eines Vertragsverletzungsverfahrens nach Artikel 169 EGV überprüft werden[334]. Nach dieser, von *Krenzler/Schneider* vertretenen Auffassung, käme zugleich eine (indirekte) Justitiabilität des Kohärenzgebots in Frage, da die sog. Unberührtheitsklausel des Artikel M direkt der richterlichen Kontrolle unterliegt und damit eine Beeinträchtigung der EG-Ver-

---

[330] So *Pache*, in: Grabitz/Hilf (Hrsg.), EUV/EGV, Artikel L, Rn. 9 f.; wohl auch: *Burghardt/Tebbe*, EuR 1995, S. 1 ff. (2); *Müller-Graff*, integration 1993, S. 147 ff. (156); *Morgan*, in: Dehousse, Europe after Maastricht, S. 197.

[331] *Pache*, in: Grabitz/Hilf (Hrsg.), EUV/EGV, Artikel L, Rn. 11; *Middeke/Szczekalla*, JZ 1993, S. 284 ff. (291).

[332] *Pache*, in: Grabitz/Hilf (Hrsg.), EUV/EGV, Artikel L, Rn. 23.

[333] *Middeke/Szczekalla*, JZ 1993, S. 284 ff. (292).

[334] *Pache*, in: Grabitz/Hilf (Hrsg.), EUV/EGV, Artikel L, Rn. 21; ebenso: *Krenzler/Schneider*, EuR 1994, S.144 ff. (158).

träge durch gegenläufige Maßnahmen der GASP oder ZBJI ausgeschlossen werden soll[335].

III. Kohärenzgebot als primäres Gemeinschaftsrecht?

Die von *Koenig/Pechstein* vertretene Auffassung geht, im Gegensatz zu den geschilderten Ansätzen grundsätzlich von der Möglichkeit einer Überprüfung der Artikel A Abs. 3, Artikel C Abs. 1 und Abs. 2 EUV aus, soweit es um die Frage des Bindungsumfangs der Gemeinschaften an das Kohärenzgebot geht[336].
Der Unterschied in den obigen Auffassungen resultiert u.a. daraus, daß die Gegner einer Justitiabilität des Kohärenzgebotsden entsprechenden Bestimmungen des Unionsvertrages jegliche Einwirkungen auf das primäre Gemeinschaftsrecht absprechen. Konsequenterweise entziehen sie damit die Artikel A Abs. 3, Artikel C Abs. 1 und Abs. 2 EUV der Jurisdiktionsgewalt des Gerichtshofes[337]. Wie obige Ausführungen jedoch zeigten[338], kann der Unionsvertrag sowohl unter völkerrechtlichen als auch gemeinschaftsrechtlichen Aspekten nur dahingehend ausgelegt werden, daß die Artikel A Abs. 3, Artikel C Abs. 1 und Abs. 2 EUV sehr wohl Wirkungen im Gemeinschaftsrecht entfalten. Dies tun sie als *implizite Änderungen der Gründungsverträge.* Als solche unterliegen sie aber gemäß Artikel 164 ff. EGV, Artikel 136 ff. EAGV und Artikel 31 ff. EGKSV der Jurisdiktion des Gerichtshofs[339].
Dieser von *Koenig/Pechstein* verfolgte Ansatz ist mit dem von *Krenzler/Schneider* verfolgten, wonach in einigen Fällen der gemeinsamen Aktion eine Mißachtung der Kohärenz-Verpflichtung als Verletzung des Artikel 5 EGV zu qualifizieren sei[340], nicht deckungsgleich[341]. Dies ergibt sich bei einer näheren Betrachtung der möglichen Konfliktfälle und der sich aus den jeweiligen Vorschriften ergebenden Lösungsansätze.
Während z.B. bei einer entsprechenden Anwendung des in das Gemeinschaftsrecht implizit übernommenen Kohärenzgebots der Artikel A Abs. 3 und Artikel C Abs. 1 und Abs. 2 EUV zumindest die theoretische Möglichkeit einer Bindung der

---

[335] *Krenzler/Schneider*, EuR 1994, S.144 ff. (159).

[336] *Koenig/Pechstein*, Die Europäische Union, S. 51 f; *Pechstein*, EuR 1995, S. 247 ff. (257).

[337] Vgl. *Pache*, in: Grabitz/Hilf (Hrsg.), EUV/EGV, Artikel L, Rn. 23.

[338] Siehe dazu unter Kap. 1. Abschn. 3, *C* II 3.)

[339] So auch *Koenig/Pechstein*, Die Europäische Union, S. 51 f; *Pechstein*, EuR 1995, S. 247 ff. (257). Dabei bedarf es zur Begründung der Jurisdiktionsgewalt des EuGH gar nicht mehr der entsprechenden erweiterten Auslegung des Artikels L lit. a) EUV die durch *Pechstein*, a.a.O. vorgenommen wird. Die Zuständigkeit des EuGH für die impliziten Vertragsänderungen folgt ja bereits aus den Artikeln 164 ff. EGV, Artikel 136 ff. EAGV und Artikel 31 ff. EGKSV.

[340] *Krenzler/Schneider*, EuR 1994, S. 144 ff. (158).

[341] So aber anscheinend *Koenig/Pechstein*, Die Europäische Union, S. 52; *Pechstein*, EuR 1995, S. 247 ff. (258).

Mitgliedstaaten an Vorgaben der GASP oder der ZBJI besteht, ist eine derartige Feststellung bei einer Überprüfung anhand des Artikel 5 EGV ausgeschlossen. Das im Wege impliziter Vertragsänderung ins primärrechtliche Gemeinschaftsrecht übernommene Kohärenzgebot betrifft nämlich die Mitgliedstaaten in ihrer Eigenschaft als Mitglieder der Gemeinschaften. Es ist jedoch zugleich, da es auf eine kohärente Politik der *Union* hin ausgerichtet ist, nach *außen* gewandt. Die Mitgliedstaaten sind in ihrer Eigenschaft als Gemeinschaftsmitglieder zur Berücksichtigung der *übrigen* Unionspolitiken verpflichtet. Etwas *anderes* gilt im Fall des Artikel 5 EGV. Für die *Mitgliedstaaten* besteht hier vorrangig die Rechtspflicht zur Berücksichtigung von Vorgaben *gemeinschaftlicher* Art[342]. Die "Gemeinschaftstreue" des Artikel 5 EGV verpflichtet sowohl die Gemeinschaft als auch die Mitgliedstaaten, in ihrem Verhalten jederzeit den gemeinsamen Interessen Rechnung zu tragen[343]. Dies kann entweder eine Pflicht zur ordnungsgemäßen Umsetzung von Richtlinien[344], die Pflicht zur Einräumung des Vorrangs von unmittelbar anwendbarem Gemeinschaftsrecht durch Anpassung oder Aufhebung von nationalem Recht[345], eine Pflicht zum Handeln als "Sachwalter des gemeinsamen Interesses" bei Untätigkeit des Rates[346], oder die Pflicht zur Beachtung des Vorrangs des Gemeinschaftsrechts durch Unterlassung gemeinschaftsrechtswidriger nationaler Rechtssetzung[347] sein. Das heißt aber, die Vorgaben und Verpflichtungen des Artikel 5 EGV bewirken eine Rücksichtnahmepflicht auf *Interessen der Gemeinschaften*. Sie sind damit vorrangig nach *innen* ausgerichtet. Eine Einbeziehung *völkerrechtlicher Pflichten* (vorliegend also von Vereinbarungen aus dem Unionsbereich) kommt nur in Ausnahmefällen besonders enger Konnexität und eines gesteigerten Gemeinschaftsinteresses in Betracht[348]. Solche Fälle liegen vor, wenn der Verstoß das Funktionieren der Gemeinschaft, die Wirksamkeit ihres Rechts oder aber den Gemeinschaftshaushalt belastet[349].

Aber auch in diesen Fällen ist die Außenausrichtung nur scheinbar. Völkerrechtliche Pflichten werden damit nur in den Gemeinschaftsbereich hinübergezogen, um eine wirksame Durchsetzung von *Gemeinschaftsinteressen* sicherzustellen. Keinesfalls soll damit die völkerrechtliche Verpflichtung gestärkt werden, diese dient nur als Katalysator *gemeinschaftlicher* Interessen.

---

[342] *v. Bogdandy*, in: Grabitz/Hilf (Hrsg.), EUV/EGV, Artikel 5 EGV, Rn. 11; vgl. auch: *Streinz*, Europarecht, Rn. 140 f.

[343] *Söllner*, Artikel 5 EWG-Vertrag in der Rechtsprechung des Europäischen Gerichtshofs, S. 10.

[344] EuGH, Rs. 141/78 - *Frankreich/Vereinigtes Königreich* -, Slg. 1979, S. 2923 ff. (2942).

[345] *Streinz*, Europarecht, Rn. 140.

[346] EuGH, Rs. 804/79 - *Kommission/Vereinigtes Königreich* -, Slg. 1981, S. 1045 ff. (1076).

[347] EuGH, Rs. 6/64 - *Costa/ENEL* -, Slg. 1964, S. 1251 ff. (1269 f.).

[348] Vgl. EuGH, Rs. 44/84, *Hurd*, Slg. 1986, S. 29 ff. (81); siehe auch: *v. Bogdandy*, in: Grabitz/Hilf (Hrsg.), EUV/EGV, Artikel 5, Rn. 20 f.

[349] EuGH, Rs. 44/84, *Hurd*, Slg. 1986, S. 29 ff. (81); Rs. 6/89 - *Kommission/Belgien*, Slg. 1990, I-1595 ff.

Die Pflicht zur Berücksichtigung von außerhalb der Gemeinschaften also z.B. im Bereich GASP oder ZBJI getroffenen Vereinbarungen ließe sich also dem Artikel 5 EGV allenfalls in absoluten Ausnahmefällen, in denen sonst die Funktionsfähigkeit der Gemeinschaften gefährdet wäre, entnehmen. Und auch dann würde diese Pflicht nur soweit wirken, wie das absolute *Gemeinschaftsinteresse* dies erfordert. Der Regelung des Artikel 5 EGV läßt sich auch nicht anders als dem Kohärenzgebot, etwa aufgrund des Gebotes der loyalen Zusammenarbeit, eine Rücksichtnahmepflicht der *Gemeinschaftsorgane* auf Vorgaben der GASP oder der ZBJI entnehmen[350]. Das vom EuGH entwickelte Gebot der loyalen Zusammenarbeit[351] umfaßt nämlich vorrangig Unterstützungspflichten der Gemeinschaftsorgane bei der Durchsetzung des *Gemeinschaftsrechts* und Rücksichtnahme auf eventuelle zwingende Vorgaben des *nationalen Verfassungsrechts*[352]. Eine Pflicht zur Rücksichtnahme der Organe auf Vorgaben etwa der GASP oder der ZBJI kann damit nicht begründet werden, da diese nicht unter die angesprochenen Kategorien fallen. Selbst in den Bereichen des nationalen Verfassungsrechts ist die Rücksichtnahmepflicht nur auf *grundlegende Prinzipien* des Verfassungsrechts beschränkt[353].
Etwas anderes gilt im Gegensatz hierzu für die implizit vorgenommene Übernahme des Kohärenzgebots in das Gemeinschaftsrecht. Wie dargestellt, ist die Kommission in ihrer Eigenschaft als Gemeinschaftsorgan sehr wohl Adressat der Kohärenzverpflichtung, die sie zur Berücksichtigung eventueller GASP- oder ZBJI-Vorgaben verpflichtet. Zu berücksichtigen ist jedoch, daß die Kommission andererseits aufgrund des Artikel 157 Abs. 2 EGV in ihren Entscheidungen unabhängig ist. Hier besteht der bereits angesprochene Kollisionsfall. Festzuhalten bleibt, daß auch hinsichtlich der Rücksichtnahmepflicht der Gemeinschaftsorgane Artikel 5 EGV und das gemeinschaftsrechtliche Kohärenzgebot nicht deckungsgleich sind.
Im Ergebnis ist also festzustellen, daß die Auswirkungen des Kohärenzgebots und des Artikel 5 EGV diametral entgegengesetzt sind. Während das Kohärenzgebot, soweit es um die implizite Übernahme ins Gemeinschaftsrecht geht, eine Pflicht zur *Berücksichtigung von Vorgaben der GASP oder der ZBJI* zu begründen vermag, kann aus dem Artikel 5 EGV nur eine gemeinschaftsrechtliche Verpflichtung zur Berücksichtigung *gemeinschaftlicher Interessen* begründet werden. Letztere entspricht in Inhalt und Form für das Gemeinschaftsrecht eher der *völkerrechtlichen, also unionsrechtlichen* Kohärenzpflicht der Artikel A und

---

[350] So aber: *Koenig/Pechstein*, Die Europäische Union, S. 52.

[351] Vgl. EuGH, Rs. 230/81 - *Großherzogtum Luxemburg ./. Europäisches Parlament* -, Slg. 1983, S. 255 ff. (287).

[352] Siehe im Detail: *Söllner*, Artikel 5 EWG-Vertrag in der Rechtsprechung des Europäischen Gerichthofs, S. 20 ff.; vgl. auch: *v. Bogdandy*, in: Grabitz/Hilf (Hrsg.), EUV/EGV, Artikel 5 EGV, Rn. 80 f; *Streinz*, Europarecht, Rn. 142.

[353] *v. Bogdandy*, in: Grabitz/Hilf (Hrsg.), EUV/EGV, Artikel 5 EGV, Rn. 82; *Randelzhofer*, in: Maunz/Dürig (Hrsg.), Kommentar zum GG, Artikel 24 Abs. 1, Rn. 84.

Artikel C Abs. 1 und Abs. 2 EUV für den Bereich des Unionsvertrages. Von einer inhaltlichen Deckungsgleichheit beider Ansätze kann daher nicht die Rede sein.

IV. Zwischenergebnis

Nach der hier vertretenen Auffassung ergibt sich eine Justitiabilität des Kohärenzgebots, da dieses im Wege impliziter Vertragsänderung zu einem Bestandteil des primären Gemeinschaftsrechts geworden ist. Die dargestellten Lösungsansätze von *Krenzler/Schneider*[354] und *Koenig/Pechstein*[355] sind in ihrem materiellen Gehalt nicht identisch. Die nachfolgende Darlegung folgt in ihren Grundzügen dem von *Koenig/Pechstein* verfolgtem Ansatz. Wenn von der Justitiabilität des *gemeinschaftsrechtlichen Kohärenzgebots* gesprochen wird, ist daher die Überprüfung der Verpflichtungen, welche sich aus der impliziten Vertragsänderung ergeben, gemeint. Letzteres ist von den sich aus Artikel 5 EGV ergebenden Verpflichtungen zu trennen. Diese bewirken zwar im Ergebnis ebenfalls eine Steigerung der angestrebten Kohärenz, sind aber nicht Hauptgegenstand der vorliegenden Abhandlung. Da der Möglichkeit einer Überprüfung der aus Artikel 5 EGV resultierenden Verpflichtungen der Mitgliedstaaten jedoch erhebliche praktische Relevanz hinsichtlich der Abwehr der bereits angesprochenen "Flucht ins Unionsrecht" zukommt, soll ebenfalls auf die von *Krenzler/Schneider*[356] angesprochene Möglichkeit eingegangen werden.

B. Überprüfungsmöglichkeit gemäß Artikel 5 EGV

Die von *Krenzler/Schneider* angesprochene Möglichkeit einer Justitiabilität des Kohärenzgebots über Artikel 5 EGV führt dazu, daß in den Fällen, in denen Maßnahmen der GASP mit gemeinschaftlichen Maßnahmen zu einer globalen Aktion der Union verbunden sind, die gemeinschaftliche Verpflichtung aus Artikel 5 EGV auch in den Bereich der Gemeinsamen Außen- und Sicherheitspolitik einwirkt. Damit könnte nach dieser Auffassung eine Justitiabilität des *Kohärenzgebots* begründet werden[357].
Wie obige Ausführungen[358] jedoch ergaben, kommt ein derartiges Hinüberziehen völkerrechtlicher Verpflichtungen in den Gemeinschaftsbereich nicht in Betracht, da die einschlägigen Fallgruppen im Falle von Vorgaben aus dem GASP- oder

---

[354] *Krenzler/Schneider*, S. 144 ff. (158).
[355] *Koenig/Pechstein*, Die Europäische Union, S. 52; *Pechstein*, EuR 1995, S. 247 ff. (258).
[356] *Krenzler/Schneider*, EuR 1994, S. 144 ff. (158).
[357] *Krenzler/Schneider*, EuR 1994, S. 144 ff. (158).
[358] Siehe dazu unter Kap. 1. Abschn. 4, *A* III.

ZBJI-Bereich nicht vorliegen[359]. Ein derartiges Ergebnis läßt sich wie gezeigt, ausschließlich mit dem *gemeinschaftsrechtlichen Kohärenzgebot* begründen.
Die Bedeutung des Artikel 5 EGV liegt aber auf einer anderen Ebene. Aufgrund der *Innenausrichtung* des Artikel 5 EGV können damit vielmehr Pflichten der Mitgliedstaaten zur Berücksichtigung *gemeinschaftlicher Interessen* bei ihren Aktionen in den Bereichen der GASP oder der ZBJI begründet werden. Damit kommt Artikel 5 EGV die Hauptfunktion bei der *Abwehr intergouvernementaler Eingriffe in den supranationalen Gemeinschaftsbereich* zu.

I. Inhalt des Artikel 5 EGV

Bei der Bestimmung des Umfangs dieser Abwehrmöglichkeiten kommt es auf den Inhalt der aus Artikel 5 EGV folgenden Verpflichtungen an.
Die Union besitzt keine Rechtspersönlichkeit. Daraus folgt, daß Zurechnungsendadressaten von Handlungen in der GASP oder der ZBJI nur die Mitgliedstaaten sein können. Auch wenn im Unionsvertrag an mehreren Stellen vom "Unionsrat" die Rede ist, handelt es sich lediglich um ein Leihorgan, welches *zugunsten der Mitgliedstaaten* handelt[360]. Nur diese sind Zurechnungsendsubjekte der Handlungen und daher sind die Verpflichtungen, die die *Mitgliedstaaten* aufgrund des Artikel 5 EGV treffen, von vorrangigem Interesse.

1.) Funktionssicherungspflicht
Den Mitgliedstaaten obliegt die Pflicht, das Funktionieren der Gemeinschaften zu sichern[361]. Dazu müssen die Staaten einerseits die zur Funktionsfähigkeit notwendigen Mittel bereitstellen, andererseits Handlungen von Staatsangehörigen oder Staatsorganen unterbinden, die das Funktionieren gefährden könnten[362]. Allgemein kann man auch von einer Pflicht der Mitgliedstaaten zur Förderung von Gemeinschaftsakten sprechen[363]. Mit der Verpflichtung der Mitgliedstaaten aus Artikel 5 EGV wären daher Handlungen in den intergouvernementalen Bereichen der GASP oder der ZBJI unvereinbar, deren Auswirkungen die Funktionsfähigkeiten der Gemeinschaften bedrohen würden. Zu denken ist dabei z.B. an eine Überlastung des Gemeinschaftshaushalts mit Kosten intergouvernemental vereinbarter Aktionen, wodurch es den Gemeinschaften finanziell nicht mehr möglich wäre,

---

[359] Vgl.: EuGH, Rs. 44/84, *Hurd*, Slg. 1986, S. 29 ff. (81); Rs. 6/89 - *Kommission/Belgien*, Slg. 1990, I-1595 ff; siehe auch obige Ausführungen.
[360] Siehe dazu unter Kap. 1. Abschn. 3, *B* I 2.) a).
[361] *Söllner*, Artikel 5 EWG-Vertrag in der Rechtsprechung des Europäischen Gerichthofs, S. 15; ebenso *Bleckmann*, DVBl. 1976, S. 483 ff. (487).
[362] *Söllner*, Artikel 5 EWG-Vertrag in der Rechtsprechung des Europäischen Gerichthofs, S. 16; *Lück*, Die Gemeinschaftstreue als allgemeines Rechtsprinzip im Recht der Europäischen Gemeinschaft, S. 61.
[363] Vgl. *Zuleeg*, in: Groeben/Thiesing/Ehlermann (Hrsg.), Kommentar zum EU/EGV, 5. Aufl., Artikel 5, Rn. 8.

ihre Kernaufgaben wahrzunehmen. Eine weitere Möglichkeit wäre die Überbeanspruchung der gemeinsamen Institutionen (z.B. Generalsekretariat) durch die intergouvernementalen Kooperationsbereiche, wodurch diese ihre gemeinschaftlichen Funktion nicht mehr hinreichend erfüllen könnten.

2.) Umgehungsverbot

Von besonderem Interesse im Spannungsfeld zwischen den Bereichen intergouvernementaler Kooperation und supranationalen Gemeinschaften ist das aus Artikel 5 EGV gefolgerte Umgehungsverbot. Den Mitgliedstaaten ist es danach verboten, Vorschriften des EG-Vertrages oder Maßnahmen der Europäischen Gemeinschaft zu umgehen[364]. Dieses Verbot folgt sowohl aus Artikel 5 Abs. 1 S. 1 als auch aus Artikel 5 Abs. 2 EGV[365]. So darf z.B. kein Mitgliedstaat ohne Konsultationen der betreffenden Gemeinschaftsorgane Bestimmungen erlassen, die Auswirkungen auf die Anwendung von Gemeinschaftsrecht haben[366]. Ferner ist es den Mitgliedstaaten im Bereich der auswärtigen Gewalt untersagt, völkerrechtliche Verpflichtungen zu übernehmen, die Gemeinschaftsrechtsnormen beeinträchtigen oder in ihrer Tragweite ändern können[367]. In den Außenbeziehungen dürfen die Mitgliedstaaten zwar bereits eingeleitete Verhandlungen fortsetzen, wenn die Zuständigkeit nachträglich der Gemeinschaft zufällt, sie sind aber aus Artikel 5 EGV verpflichtet, gemeinsam *im Interesse der Gemeinschaft* vorzugehen[368].

Zwar ist das Umgehungsverbot bislang primär in bezug auf einzelne Mitgliedstaaten statuiert worden, es sind jedoch keine Gründe ersichtlich, warum dieses Verbot nicht auf eine Vielzahl von Mitgliedstaaten bzw. alle Mitgliedstaaten *zugleich* Anwendung finden sollte. Da die Mitgliedstaaten von ihren Verpflichtungen aus Artikel 5 EGV auch nicht freigestellt sind, wenn sie außerhalb des Rahmens der Gemeinschaftsrechtsordnung zusammenarbeiten[369], steht der grundsätzlichen Anwendung des Umgehungsverbotes des Artikel 5 EGV auf die Zusammenarbeit der Mitgliedstaaten in den Bereichen der GASP oder der ZBJI nichts entgegen.

3.) Unterlassungspflichten

Ergänzend zum angesprochenen Umgehungsverbot statuiert Artikel 5 Abs. 2 EGV eine Unterlassungspflicht der Mitgliedstaaten hinsichtlich aller Maßnahmen, wel-

---

[364] *Söllner*, Artikel 5 EWG-Vertrag in der Rechtsprechung des Europäischen Gerichthofs, S. 16.

[365] *Zuleeg*, in: Groeben/Thiesing/Ehlermann (Hrsg.), Kommentar zum EU/EGV, 5. Aufl., Artikel 5, Rn. 8.

[366] EuGH, Rs. 186/85 - *Kommission/Belgien*, Slg. 1987, S. 2029 ff. (2057).

[367] EuGH, Rs. 22/70 - *Kommission/Rat* (AETR), Slg. 1971, S. 263 ff. (275).

[368] EuGH, Rs. 22/70 - *Kommission/Rat* (AETR), Slg. 1971, S. 263 ff. (282).

[369] EuGH, Rs. 44/84 - *Hurd/Jones*, Slg. 1986 S. 29 ff. (81); ebenso: *Zuleeg*, in: Groeben/Thiesing/Ehlermann (Hrsg.), Kommentar zum EU/EGV, 5. Aufl., Artikel 5, Rn. 7.

che die Verwirklichung der Vertragsziele gefährden könnten. Der EuGH erläutert Artikel 5 Abs. 2 EGV so, daß die Mitgliedstaaten nicht die uneingeschränkte und einheitliche Anwendung des Gemeinschaftsrechts und die Wirksamkeit der zu dessen Vollzug ergangenen oder zu treffenden Maßnahmen beeinträchtigen dürfen[370]. Diese Unterlassungspflicht trifft den einzelnen Mitgliedstaat, sie muß nach den aufgeführten Grundsätzen jedoch auch gelten, wenn die Mitgliedstaaten im Rahmen einer außergemeinschaftlichen Zusammenarbeit[371] (namentlich GASP oder ZBJI), vereint wirken.

4.) Berichts-, Auskunfts- und Geheimhaltungspflichten
Wenn die Mitgliedstaaten nur noch übergangsweise zuständig sind einen Sachbereich zu regeln, treffen sie Konsultations- und Informationspflichten[372]. Dabei gehen diese Berichts-, Auskunfts- und Geheimhaltungspflichten noch über die vertraglich normierten Unterrichtungspflichten aus Artikel 93 Abs. 3 und Artikel 102 Abs. 1 EGV, hinaus. Die umfassende Informationspflicht verlangt z.B., daß die Staaten die Kommission rechtzeitig über jede Maßnahme unterrichten, die Auswirkungen auf den Gemeinsamen Markt und seine Ziele hat oder in Zukunft haben könnte[373]. Die Mitwirkungspflichten der Kommission in den Bereichen der GASP (siehe Artikel J.9 EUV) und der ZBJI (Artikel K.4 Abs. 2 EUV) finden daher zumindest in Bereichen, in denen Auswirkungen auf das Gemeinschaftsrecht zu erwarten sind, ihre gemeinschaftsrechtliche Absicherung in der Bestimmung des Artikel 5 EGV.

II. Abwehrmöglichkeiten der Gemeinschaften aus Artikel 5 EGV

Korrespondierend zu den die Mitgliedstaaten treffenden Pflichten aus Artikel 5 EGV ergeben sich Abwehrmöglichkeiten der Gemeinschaft in Fällen, in denen im Rahmen intergouvernementaler Zusammenarbeit in den Bereichen GASP oder ZBJI unzulässigerweise in den supranationalen Gemeinschaftsbereich eingegriffen worden ist. Zwar kommt, wie gezeigt[374], bei der Umsetzung von GASP- oder ZBJI-Vorgaben, die Hauptfunktion bei der Sicherung gemeinschaftlicher Interessen der Kommission aufgrund ihres Initiativmonopols zu. Aufgrund der Bestimmung des Artikel 189a Abs. 1 EGV kann es jedoch durchaus zu Konstellationen kommen, in

[370] EuGH, Rs. 229/83 - *Leclerc/Au ble´vert*, Slg. 1985, S. 1 ff. (31).
[371] Vgl.: EuGH, Rs. 44/84 - *Hurd/Jones*, Slg. 1986 S. 29 ff. (81); ebenso: *Zuleeg*, in: Groeben/Thiesing/Ehlermann (Hrsg.), Kommentar zum EU/EGV, 5. Aufl., Artikel 5, Rn. 7.
[372] EuGH, Rs. 141/78 - *Frankreich/Vereinigtes Königreich*, (Seefischerei), Slg. 1979, S. 2923 ff. (2942); *Zuleeg*, in: Groeben/Thiesing/Ehlermann (Hrsg.), Kommentar zum EU/EGV, 5. Aufl., Artikel 5, Rn. 7.
[373] *Söllner*, Artikel 5 EWG-Vertrag in der Rechtsprechung des Europäischen Gerichthofs, S. 17.
[374] Siehe dazu unter Kap. 1. Abschn. 3, *C* IV 1.) a).

denen die Mitgliedstaaten versuchen, ihre im Rahmen der GASP oder der ZBJI vereinbarten Politiken auch im gemeinschaftlichen Bereich durchzusetzen, indem der Kommissionsvorschlag entsprechend den vereinbarten Vorgaben einstimmig abgeändert wird. Soweit dabei gemeinschaftliche Interessen voll gewahrt bleiben, ist ein derartiges Vorgehen nicht zu beanstanden. Es stellt zudem keine Besonderheit dar gegenüber Fällen, in denen überhaupt keine Vorgaben intergouvernementaler Kooperation vorliegen.
Da die Kommission, wie gezeigt, in derartigen Fällen mehrerer gemeinschaftskonformer Handlungsalternativen ohnehin auf einen mit den Unionsvorgaben möglichst konformen Vorschlag hinarbeiten muß[375], handelt es sich bei der angesprochenen einstimmigen Abänderung durch den Rat lediglich um die Korrektur einer politischen Ermessensentscheidung. Dieses Recht kommt dem Rat aufgrund Artikel 189a Abs. 1 EGV ausdrücklich zu.
Etwas anderes gilt jedoch in Fällen, in denen die Mitgliedstaaten bewußt in die intergouvernementale Zusammenarbeit ausweichen, um eine entsprechende Umsetzungsentscheidung des *EG-Rates* zu präjudizieren und dabei wichtige gemeinschaftliche Interessen übergehen. Dabei muß es dem Rat verwehrt bleiben, durch eine Berufung auf vorgebliche Vorentscheidungen der GASP oder der ZBJI gemeinschaftliche Interessen zu mißachten. Der Kommission steht in solchen Fällen nicht nur die Möglichkeit der Nichtigkeitsklage gemäß Artikel 173 gegen die Umsetzungsentscheidung des *EG-Rates* zu, sie kann vielmehr bereits im *Vorfeld* der EG-Ratsentscheidung im Wege des Vertragsverletzungsverfahrens gemäß Artikel 169 EGV gegen die im Rahmen der GASP oder der ZBJI gefallene Vorentscheidung vorgehen. Dem steht nicht entgegen, daß Artikel 169 EGV von einzelnen Mitgliedstaaten spricht. Wie gezeigt, können durchaus zugleich mehrere bzw. alle Mitgliedstaaten gleichzeitig gegen ihre vertraglichen Pflichten aus Artikel 5 EGV verstoßen. Eine die Interessen der Gemeinschaft mißachtende Vorgabe aus dem GASP- oder ZBJI-Bereich wäre damit im Wege eines Vertragsverletzungsverfahrens nach Artikel 169 EGV wegen Verletzung vertraglicher Pflichten aus Artikel 5 EGV gemeinschaftsrechtlich angreifbar. Der Gerichtshof könnte infolgedessen die fragliche intergouvernementale Vorgabe aufgrund Verstoßes gegen Artikel 5 EGV für gemeinschaftsrechtswidrig erklären.
Mit Hilfe der Funktionssicherungspflichten ließen sich z.B. Vorgaben intergouvernementaler Zusammenarbeit gemeinschaftsrechtlich abwehren, die bei ihrer Durchführung eine Gefährdung des ordnungsgemäßen Funktionierens der Gemeinschaften zur Folge hätten. Dies wäre z.B. der Fall, wenn die durch die intergouvernementale Kooperation in dem Bereich der GASP oder der ZBJI verursachten Kosten, die ja gemäß Artikel J.11 Abs. 2 bzw. K.8 Abs. 2 EUV zu Lasten des Gemeinschaftshaushalts gehen, einen Umfang erreichen sollten, die den Gemeinschaften die Erfüllung ihrer sonstigen Aufgaben unmöglich machen sollten.
Unzulässig wären ferner Beschlüsse im Rahmen intergouvernementaler Kooperation, die in die Bereiche expliziter oder impliziter gemeinschaftlicher Außenkom-

[375] Siehe dazu unter Kap. 1. Abschn. 3, *C* IV 1.) a).

petenzen[376] fallen. Die Vertragsschließungsbefugnisse der Gemeinschaften dürfen nicht im Wege außergemeinschaftlicher intergouvernementaler Kooperation umgangen werden. Soweit die intergouvernementale Zusammenarbeit Felder umfaßt, die nicht den Gemeinschaften vorbehalten sind, sind die Mitgliedstaaten trotzdem verpflichtet, die Interessen der Gemeinschaft zu berücksichtigen.
Aus den Unterlassungspflichten des Artikel 5 EGV folgt ferner das Verbot, im Bereich intergouvernementaler Kooperation Maßnahmen zu ergreifen, die die Verwirklichung der Vertragsziele der EG-Gründungsverträge gefährden könnten[377].

C. Prüfungskompetenz des Gerichthofs beim gemeinschaftsrechtlichen Kohärenzgebot

Aus dem Ansatz für eine Justitiabilität des gemeinschaftlichen Kohärenzgebotes, wonach sich diese aus seinem Charakter als impliziter Bestandteil des Gemeinschaftsrechts ergibt, folgt eine Reihe von Beschränkungen für den möglichen Umfang der Jurisdiktionsgewalt des Gerichtshofs.

I. Prüfungsansatz nur im Gemeinschaftsbereich

Da das Kohärenzgebot in seiner Ausprägung als implizite Vertragsänderung zum Bestandteil des primären Gemeinschaftsrechts gehört, liegt der Ansatz für eine Überprüfung des eventuellen Pflichtenumfangs in der *Rechtsordnung des Gemeinschaftsrechts*.

1.) Prüfungsmaßstäbe
Zu beachten ist damit erstens die Besonderheit, daß es sich bei dieser Überprüfung trotz eventuell gleichen Wortlauts nicht mehr um Bestimmungen des Unionsvertrages handelt, sondern um *gemeinschaftsrechtliches Primärrecht*. Mit der Übernahme ins Primärrecht erfahren die Bestimmungen inhaltliche Änderungen dahingehend, daß die Besonderheiten der autonomen Rechtsordnung der Gemeinschaften voll zu berücksichtigen sind. Der Prüfungsmaßstab ist gemeinschaftsrechtlicher und nicht völkerrechtlicher Art. Dies hat Auswirkungen auf Auslegungsmaßstäbe und Interdependenzen mit kollidierenden Vorschriften. Darüber hinaus sind die Beschränkungen, die durch den Gerichtshof an implizite Vertragsänderungen gestellt werden[378], zu beachten. Hierdurch ergibt sich eine inhaltliche Modifizie-

---

[376] Zu dem Umfang dieser Vertragsschließungskompetenzen sei stellvertretend auf: *Vedder*, in: Grabitz/Hilf (Hrsg.), EUV/EGV, Artikel 228, mit umfangreichen weiteren Literaturhinweisen verwiesen.
[377] Vgl. EuGH, Rs. 229/83 - *Leclerc/Au blêvert*, Slg. 1985, S. 1 ff. (31).
[378] Siehe dazu unter Kap. 1. Abschn. 3, *C* II.

rung der Vorschriften, wodurch der gemeinschaftsrechtliche Inhalt des Kohärenzgebots vom unionsrechtlichen abweicht.

2.) Pflichtenadressaten

Der Rechtscharakter einer eventuell festgestellten Pflicht ist damit *gemeinschaftsrechtlicher*, nicht völkerrechtlicher Art. Zugleich sind die Pflichtenadressaten mit Doppelcharakter, also die Mitgliedstaaten und der Rat der Europäischen Union, lediglich in ihrer gemeinschaftlichen Funktion betroffen. Eine Verpflichtung der Mitgliedstaaten kann daher nur in deren Eigenschaft als *Mitgliedstaaten der Europäischen Gemeinschaften*, eine Verpflichtung des Rates nur in seiner Eigenschaft als *EG-Rat* vom Gerichtshof festgestellt werden.

Da die Kommission, wie bereits festgestellt[379], keinen dualen Charakter aufweist, kann sie vom Kohärenzgebot ohnehin nur in ihrer Eigenschaft als Gemeinschaftsorgan betroffen sein. Aufgrund der an eine implizite Vertragsänderung zu stellenden Beschränkungen ergeben sich jedoch die bereits angesprochenen inhaltlichen Besonderheiten. Zur Frage einer Betroffenheit des Gerichtshofes und des Europäischen Parlaments sei auf obige Ausführungen verwiesen[380].

II. Mögliche Pflichtenverstöße und Abgrenzung zum intergouvernementalen Bereich

Aus obigen Ausführungen ergibt sich vor einer Anwendung des gemeinschaftlichen Kohärenzgebots die Notwendigkeit einer Abgrenzung zum rein intergouvernementalen Bereich. Bei einer Überprüfung durch den Gerichtshof ist nämlich ausgeschlossen, daß etwa ein Pflichtenverstoß der Mitgliedstaaten in deren Eigenschaft als *Unionsmitglieder* festgestellt wird. Damit ist z.B. eine Überprüfung von ZBJI-Beschlüssen auf deren Vereinbarkeit mit eventuellen GASP-Maßnahmen nicht möglich. Hierbei handelt es sich um rein völkerrechtliche Pflichtenverstöße, welche zwar dem *unionsrechtlichen* Kohärenzgebot unterliegen mögen, die aber der Jurisdiktion des EuGH entzogen sind.

Wichtig ist darüber hinaus die Feststellung, daß auch eine Pflicht der Mitgliedstaaten, bei ihren Aktionen im Rahmen der GASP oder ZBJI *Gemeinschaftsinteressen* zu berücksichtigen, nicht mit dem *gemeinschaftsrechtlichen* Kohärenzgebot begründet werden kann. Ein solcher Verstoß gegen Gemeinschaftsinteressen kann allerdings, wie bereits ausgeführt[381], durch den Gerichtshof als Verstoß gegen die Bestimmung des Artikel 5 EGV gewertet werden[382].

Diese Einschränkung folgt aus der grundsätzlichen *Außenausrichtung* also aus dem *horizontalen Bestandteil* des Kohärenzgebots. Das Kohärenzgebot verpflich-

---

[379] Siehe dazu unter Kap. 1. Abschn. 3, *C* IV 1.) b).

[380] Siehe dazu unter Kap. 1. Abschn. 3, *C* IV 3.) und 4.).

[381] Siehe dazu unter Kap. 1. Abschn. 4, *B* II.

[382] *Krenzler/Schneider*, EuR 1994, S. 144 ff. (158); beachte hierzu die unterschiedlichen Begriffsdefinitionen, s.o.

tet aufgrund seines angesprochenen Querschnittscharakters insbesondere zur Berücksichtigung der *übrigen* Politikbereiche. Daher folgt aus dem *gemeinschaftsrechtlichen* Kohärenzgebot die Pflicht der Mitgliedstaaten zur Berücksichtigung von GASP- oder ZBJI-Maßnahmen, während das *unionsrechtliche* Kohärenzgebot die Vertragsstaaten zur Berücksichtigung von Gemeinschaftsinteressen verpflichtet. Letzteres ist jedoch, da kein Bestandteil der gemeinschaftlichen Rechtsordnung, der Jurisdiktionsgewalt des EuGH entzogen.

Zusammenfassend ist daher festzustellen, daß bei einer Überprüfung durch den Gerichtshof nur in bestimmten Fällen positiv ein Pflichtenverstoß festgestellt werden könnte. Für die Mitgliedstaaten käme dies in Fällen in Betracht, in denen die Staaten in ihrer Eigenschaft als *Mitglieder der Gemeinschaften* eine eventuelle Berücksichtigung der GASP- oder ZBJI-Vorgaben pflichtwidrig unterlassen haben. Die Aspekte mitgliedstaatlicher Handlungen bei ihren Aktionen außerhalb des Anwendungsbereichs der Gründungsverträge können hingegen, soweit ein gemeinschaftlicher Bezug besteht, allenfalls am Maßstab des Artikel 5 EGV oder, im Falle eines Unionsbezuges, am *unionsrechtlichen* Kohärenzgebot gemessen werden. Letzteres ist jedoch nicht justitiabel.

Gleiches gilt für den Rat als *EG-Rat*. Auch hier kann aufgrund des *gemeinschaftsrechtlichen* Kohärenzgebots ein Pflichtenverstoß durch den Gerichtshof dann positiv festgestellt werden, wenn der Rat nach gebührender Berücksichtigung gemeinschaftlicher Interessen es versäumte, zugleich parallele GASP- oder ZBJI-Maßnahmen in seine Entscheidungen einzubeziehen. Aufgrund der Filter- und Vorprüfungsfunktion der Kommission käme dies allerdings nur in dem sehr unwahrscheinlichen Fall in Betracht, in dem eine entsprechende GASP- oder ZBJI-Vorgabe vorlag, die Kommission dem *EG-Rat* eine hiermit konforme, gemeinschaftlich zulässige Vorlage zukommen ließ, und dieser gemäß Artikel 189a Abs. 1 EGV den Kommissionsvorschlag einstimmig dahingehend verändert, daß der neue Beschluß nicht mehr mit den GASP- oder ZBJI-Vorgaben übereinstimmt. Praktisch denkbar wäre eine derartige Konstellation allenfalls in Fällen, in denen sich durch Zeitablauf die Interessenlagen der Mitgliedstaaten faktisch in die entgegengesetzte Richtung entwickelt hatten. Da in beiden Fällen, sowohl bei der Beschlußfassung über die ursprüngliche GASP- oder ZBJI-Vorgabe, als auch bei dem Abänderungsbeschluß gemäß Artikel 189a Abs. 1 EGV Einstimmigkeit erforderlich ist, dürfte die Wahrscheinlichkeit des Auftretens einer solchen Fallkonstellation als äußerst gering bewertet werden. Hinzu kommt, daß es in solchen Fällen der geänderten Interessenkonstellationen den Mitgliedstaaten unbenommen bleibt, die GASP- oder ZBJI-Vorlage durch Neubeschluß entsprechend zu ändern.

In seiner zweiten Eigenschaft als Leihorgan der Mitgliedstaaten, also als *Unionsrat,* unterliegt dieser (präziser die Mitgliedstaaten) nur dem *unionsrechtlichen,* nicht justitiablen Kohärenzgebot. Zugleich trifft ihn, da er lediglich Leihorgan der Mitgliedstaaten ist, deren Verpflichtung aus Artikel 5 EGV.

Von Bedeutung könnte die Frage der Justitiabilität allerdings in bezug auf die Kommission werden. Da die Kommission, wie gezeigt[383], aufgrund ihres Initiativmonopols zumindest die Verpflichtung einer hinreichenden Berücksichtigung von GASP- oder ZBJI-Vorgaben im Rahmen gemeinschaftskonformer Handlungsalternativen trifft, ist durchaus eine Verurteilung der Kommission aufgrund einer mangelnden Berücksichtigung eben dieser Vorgaben denkbar.
Das dafür einschlägige Verfahren wäre im Fall der schlichten Nichtvorlage eines Vorschlags die Untätigkeitsklage gemäß Artikel 175 EGV, im Fall einer Vorlage, die eventuelle intergouvernementale Vorgaben nicht hinreichend berücksichtigt, die Nichtigkeitsklage gemäß Artikel 173 EGV. Dabei ist jedoch die angesprochene Bindungsbeschränkung der Kommission zu berücksichtigen.

III. Passive Abwehrmöglichkeiten

Korrespondierend zu der Möglichkeit der *positiven* Feststellung eines möglichen Pflichtenverstoßes durch Nichtberücksichtigung von GASP- und ZBJI-Interessen durch die Mitgliedstaaten ist die Möglichkeit der *negativen* Feststellung über das *Nichtbestehen einer Rücksichtnahmepflicht* auf etwaige GASP- oder ZBJI-Beschlüsse zu sehen[384]. Durch die Übernahme des Kohärenzgebots in das primäre Gemeinschaftsrecht ist der EuGH zugleich auch für die Beurteilung des zulässigen Umfangs der Bindungswirkungen dieser Pflicht für die Gemeinschaften zuständig[385]. Wie ausgeführt[386], erfährt das Kohärenzgebot durch die Übernahme ins Gemeinschaftsrecht eine inhaltliche Modifikation. Das bedeutet, daß eine Pflichtenübernahme ins Gemeinschaftsrecht nur begrenzt erfolgen konnte. Diese war nur soweit möglich, wie die speziellen gemeinschaftsrechtlichen Anforderungen einer impliziten Vertragsänderung und eine hinreichende Berücksichtigung der gemeinschaftlichen Interessen eine solche zuließen.
Dies hat zur Folge, daß in Fällen, in denen die Vertragsstaaten bei der Festlegung der im Rahmen der GASP oder der ZBJI getroffenen Maßnahmen die Gemeinschaftsbelange nicht hinreichend berücksichtigt haben, der Gerichtshof im Rahmen der Vorabentscheidung nach Artikel 177 lit. a) EGV die *fehlende Bindungswirkung* dieser Maßnahme für die Gemeinschaften feststellen kann. Dabei trifft der EuGH keine Entscheidung über die Unionsrechtskonformität der Maßnahmen, sondern lediglich über deren Wirkung für das Gemeinschaftsrecht[387].
Diese *negative* Feststellung ist von der *positiven* Feststellung einer fehlenden Berücksichtigung von Gemeinschaftsbelangen durch Maßnahmen der Mitgliedstaaten auf dem Gebiet der GASP oder der ZBJI auf der Grundlage des Artikel 5

[383] Siehe dazu unter Kap. 1. Abschn. 3, *C* IV 1.) a).
[384] *Koenig/Pechstein*, Die Europäische Union, S. 52; *Pechstein*, EuR 1995, S. 247 ff. (258).
[385] *Pechstein*, EuR 1995, S. 247 ff. (257).
[386] Siehe dazu unter Kap. 1. Abschn. 3, *C* II 3.) b) ee).
[387] *Pechstein*, EuR 1995, S. 247 ff. (257 f.).

EGV zu unterscheiden[388]. Erstere statuiert lediglich das *Nichtbestehen einer Rechtspflicht* aufgrund einer nur begrenzt erfolgten Übernahme des Kohärenzgebots. Dagegen kann auf der Grundlage des Artikel 5 EGV *positiv über etwaige Unterlassungspflichten* der Mitgliedstaaten entschieden werden. Die Rechtswirkungen sind entsprechend unterschiedlich. Während im ersten Fall lediglich festgestellt werden kann, daß die Gemeinschaft zu einer Rücksichtnahme auf bereits getroffene GASP- oder ZBJI-Beschlüsse nicht verpflichtet ist, kann aufgrund des Artikel 5 EGV gegebenenfalls das Verhalten der Mitgliedstaaten *positiv als rechtswidrig* verurteilt werden. Aus dem *gemeinschaftsrechtlichen Kohärenzgebot* heraus läßt sich eine derartige Feststellung nicht treffen. Dies liegt an der *Außenausrichtung* des Kohärenzgebots. Aufgrund dieser Außenausrichtung kann bei einer Überprüfung des Umfangs des gemeinschaftsrechtlichen Kohärenzgebots lediglich festgestellt werden, daß Vorgaben der intergouvernementalen Kooperationsbereiche zu beachten sind, oder daß deren Beachtung gegen Grundsätze des Gemeinschaftsrechts verstieße und eine Bindung der Gemeinschaften dadurch entfällt. Das *gemeinschaftsrechtliche Kohärenzgebot* enthält eben keine Verpflichtung der Mitgliedstaaten bei ihrer Kooperation im intergouvernementalen Bereich Gemeinschaftsinteressen zu beachten. Eine solche Verpflichtung enthält nur das hier nicht einschlägige, weil nicht justitiable *unionsrechtliche Kohärenzgebot*.

D. Begrenzung der Urteilskraft

Die angeführten Ansätze für eine Justitiabilität des Kohärenzgebots haben Auswirkungen auf die Urteilskraft der potentiellen Entscheidungen. Sowohl in den Fällen, in denen der Gerichtshof *positiv* eine Rücksichtnahmepflicht der Mitgliedstaaten, der Kommission oder des EG-Rates auf Maßnahmen der GASP oder ZBJI feststellt, als auch in Fällen, in denen das *Nichtbestehen einer Bindung* festgestellt wird, sind die Auswirkungen der Urteile naturgemäß auf den gemeinschaftlichen Bereich beschränkt. Eine rechtliche Wirkung auf das Unionsrecht ist ausgeschlossen[389]. Diese Beschränkung folgt aus dem sachlichen Kompetenzrahmen, bei dem gemäß Artikel 164 durch das einschränkende Merkmal "Auslegung und Anwendung des Vertrages", die Zuständigkeit des Gerichtshofs und die Bindungskraft seiner Urteile auf den Bereich der praktischen Anwendung des *Gemeinschaftsrechts* in seinem unmitelbaren Zusammenhang begrenzt bleibt[390]. Während also im ersten Fall lediglich die Feststellung getroffen werden kann, die Mitgliedstaaten, die Kommission oder der EG-Rat hätten bei ihren *gemeinschaftsrechtlichen* Maßnahmen entsprechende Verpflichtungen aus den Bereichen der GASP oder der

---

[388] Anders: *Koenig/Pechstein*, Die Europäische Union, S. 52; *Pechstein*, EuR 1995, S. 247 ff. (258); siehe dazu auch die Ausführungen unter Kap. 1. Abschn. 4, *A*.

[389] Ebenso: *Koenig/Pechstein*, Die Europäische Union, S. 52; *Pechstein*, EuR 1995, S. 247 ff. (258).

[390] *Pernice*, in: Grabitz/Hilf (Hrsg.), EUV/EGV, Artikel 164, Rn. 20.

ZBJI zu berücksichtigen, kann im zweiten Fall die *Nichtverbindlichkeit* einer GASP- oder ZBJI-Vorgabe für die *Gemeinschaften* festgestellt werden. Beide Möglichkeiten treffen keine Feststellungen hinsichtlich der *unionsrechtlichen* Rechtmäßigkeit der betroffenen GASP- oder ZBJI-Maßnahmen.
Die gleiche Begrenzung der Urteilskraft trifft die angesprochenen Abwehrmöglichkeiten der Gemeinschaft aufgrund des Artikel 5 EGV. Auch hier vermag der Gerichtshof lediglich über die eventuelle Gemeinschaftsrechtswidrigkeit einer Maßnahme zu entscheiden. Die völkerrechtliche, unionsrechtliche Rechtmäßigkeit ist von einem Urteil des Gerichtshofs nicht betroffen.

2. Kapitel: Inhalt des Kohärenzgebots

1. Abschnitt: Sachlicher Anwendungsbereich

Nach Klärung der Arten und Adressaten des Kohärenzgebots stellt sich die Frage nach dem sachlichen Anwendungsbereich. Der nachfolgende Abschnitt behandelt daher exemplarisch die Anwendungsbereiche der Kohärenzverpflichtung in bezug auf die unterschiedlichen intergouvernementalen und supranationalen Integrationsbereiche und deren Zusammenspiel.

A. Außenpolitische Maßnahmen im Rahmen der Außen-, Sicherheits-, Wirtschafts- und Entwicklungspolitik

Gemäß Artikel C Abs. 2 S. 1 EUV achtet die Union insbesondere auf die Kohärenz der von ihr ergriffenen außenpolitischen Maßnahmen. Im einzelnen zählt die Vorschrift Maßnahmen der Außen-, Sicherheits-, Wirtschafts- und Entwicklungspolitik auf. Wie die Betrachtungen ergaben, wirkt das Kohärenzgebot rechtlich auf eine doppelte Art und Weise. Einerseits als völkerrechtliche Verpflichtung des Unionsvertrages, andererseits als implizite Änderung der Gründungsverträge, also als gemeinschaftsrechtliche Verpflichtung[391]. Aufgrund der bereits angesprochenen Außenausrichtung[392] einer Kohärenzverpflichtung folgt daraus zugleich, daß die Pflichteninhalte in ihrer Ausrichtung diametral entgegengesetzt sein müssen. Es empfiehlt sich daher eine zwischen dem *gemeinschaftsrechtlichen* und dem *unionsrechtlichen* Kohärenzgebot differenzierende Betrachtungsweise.

I. Anwendungsbereich des gemeinschaftsrechtlichen Kohärenzgebots

Die Außenausrichtung des im Wege einer impliziten Vertragsänderung ins primäre Gemeinschaftsrecht übernommenen Kohärenzgebots[393] bedingt die Ver-

---

[391] Siehe unter Kap. 1. Abschn. 3, *C* II 3.).
[392] Siehe unter Kap. 1. Abschn. 1, *B*.
[393] Siehe unter Kap. 1. Abschn. 3, *C* II 3.) b).

pflichtung, bei gemeinschaftlichen Maßnahmen eventuelle Vorgaben der intergouvernementalen Kooperationsbereiche zu beachten. Aufgrund der an eine implizite Vertragsänderung zu stellenden inhaltlichen Beschränkungen ergibt sich eine inhaltliche Modifizierung der Pflichtigkeit im Sinne obiger Ausführungen[394]. Die nur beschränkte Pflichtigkeit, insbesondere der Europäischen Kommission[395], ist zu beachten. Der sachliche Anwendungsbereich ist durch die inhaltliche Modifikation jedoch nicht berührt. Fraglich ist daher, bei welchen Maßnahmen die Kohärenzverpflichtung Anwendung findet. Dabei soll nachfolgend zuerst auf Maßnahmen im Bereich der GASP eingegangen werden. Der Verpflichtung zur Berücksichtigung eventueller Vorgaben der ZBJI ist ein weiterer Teilabschnitt dieses Kapitels gewidmet. Es ist daher zu untersuchen, innerhalb welcher Maßnahmen der Gemeinschaften überhaupt eine Berücksichtigung von GASP-Vorgaben sinnvollerweise in Betracht kommen kann.

1.) Die Kompetenz zum Abschluß von Zoll- und Handelsabkommen: Artikel 113 EGV

Der Natur einer gemeinsamen Politik entsprechend, verfügt die EG im Bereich der Handelspolitik gemäß Artikel 113 über eine ausschließliche Kompetenz[396]. Diese Ausschließlichkeit bedingt, daß die Mitgliedstaaten von handelspolitischer Rechtssetzung grundsätzlich ausgeschlossen sind, es sei denn, die EG hätte sie dazu ermächtigt[397]. Die handelspolitischen Kompetenzen der EG sind in der Weise ausschließlich, daß mitgliedstaatliche oder gemeinschaftliche Kompetenzen nicht parallel oder kumulativ-konkurrierend nebeneinander stehen können[398]. Zwar waren die Kompetenzen auch im Bereich der gemeinsamen Handelspolitik ursprünglich dahingehend alternativ-konkurrierend, daß die Mitgliedstaaten erst durch die tatsächliche Inanspruchnahme der Kompetenzen durch die Gemeinschaft von weiterer, eigener Rechtsetzung ausgeschlossen wurden, mit Ablauf der Übergangszeit sind die ursprünglich alternativ-konkurrierenden Kompetenzen jedoch zu ausschließlichen Gemeinschaftskompetenzen geworden[399].

Ohne daß an dieser Stelle detailliert auf den gegenständlichen Geltungsbereich des Artikel 113 EGV einzugehen wäre[400], folgt aus dem oben Gesagten zumindest folgendes; eine echte Konkurrenz-Kompetenz der GASP im Bereich der Gemeinsamen Handelspolitik ist ausgeschlossen. Durch die Ausschließlichkeit der Ge-

---

[394] Siehe unter Kap. 1. Abschn. 3, *C* II 3.) b),

[395] Siehe unter Kap. 1. Abschn. 3, *C* IV 1.) a).

[396] *Vedder*, in: Grabitz/Hilf (Hrsg.), EUV/EGV, Artikel 113, Rn. 3; *Geiger*, Kommentar zum EGV, Artikel 113, Rn. 7.

[397] EuGH, Rs. 41/76, *Donckerwolcke*, Slg. 1976, S. 1921 ff. (1937); zustimmend *Pechstein*, Die Mitgliedstaaten der EG als "Sachwalter des gemeinsamen Interesses", S. 94.

[398] *Hailbronner* in: Hailbronner u.a., Handkommentar EUV/EGV, Art. 113, Rn. 2.

[399] *Vedder*, in: Grabitz/Hilf (Hrsg.), EUV/EGV, Artikel 113, Rn. 5 f.

[400] Siehe dazu detailliert: *Vedder*, in: Grabitz/Hilf (Hrsg.), EUV/EGV, Artikel 113, Rn. 21 ff. m.w.N.; *Hailbronner* in: Hailbronner u.a., Handkommentar EUV/EGV, Art. 113, Rn. 20; *Bleckmann*, Europarecht, Rn. 1424 ff.

meinschaftskompetenzen in diesem Bereich bedingt, wären Maßnahmen im intergouvernementalen Kooperationsbereich der GASP, die einen echten Eingriff in den Bereich der Gemeinsamen Handelspolitik darstellten, gemeinschaftsrechtswidrig. Der Unionsvertrag sollte mit der Einführung der Gemeinsamen Außen- und Sicherheitspolitik des Artikel J keinesfalls in angestammte Kompetenzen der Gemeinschaften eingreifen. Dies ergibt sich bereits aus der Bestimmung des Artikel M, wonach eine dahingehende Änderung der Gründungsverträge nicht beabsichtigt war. Zwar gibt es, wie gezeigt[401], entgegen der Bestimmung des Artikel M EUV Fälle in denen doch eine zumindest implizite Änderung der Gründungsverträge vorgenommen worden ist, für den Bereich der Gemeinsamen Außen- und Sicherheitspolitik ist jedoch nicht erkennbar, daß damit ein Eingriff in den angestammten Bereich der gemeinschaftlichen Gemeinsamen Handelspolitik vorgenommen werden sollte. Dafür spricht zudem die Bestimmung des Artikel 228a EGV, die eindeutig von einer Zuständigkeit der Europäischen Gemeinschaft für den Erlaß der notwendigen Wirtschaftssanktionen ausgeht. Da ein Kompetenzübergang aus dem Bereich der gemeinsamen Handelspolitik i.S.d. Artikel 110 ff. in den intergouvernementalen Bereich der GASP (also letztendlich eine Rückübertragung auf die Mitgliedstaaten) nicht erfolgte, ist eine echte Konkurrenz von Maßnahmen der GASP und der Gemeinsamen Handelspolitik ausgeschlossen. Etwaige Übergriffe der Mitgliedstaaten könnte die Gemeinschaft im Wege des klassischen Vertragsverletzungsverfahrens u.a. als Verletzung der aus Artikel 5 EGV resultierenden Pflichten abwehren.

Die Ausführungen sprechen jedoch grundsätzlich nicht gegen eine Anwendung des *gemeinschaftsrechtlichen Kohärenzgebots* im Bereich der Gemeinsamen Handelspolitik, soweit die sich aus einer impliziten Vertragsänderungen ergebenden inhaltlichen Modifikationen beachtet werden. In solchen Fällen handelt es sich eben gerade nicht um einen Übergriff in angestammte Kompetenzen, die Gemeinschaften werden lediglich bei der Ausübung ihrer eigenen Kompetenzen bestimmten (modifizierten) Kohärenzpflichten unterworfen. Wegen der ausschließlichen Gemeinschaftskompetenzen im Bereich der Gemeinsamen Handelspolitik kommen daher als Vorgaben der GASP nur solche in Betracht, die zwar nicht direkt in den der Gemeinschaft vorbehaltenen Bereich eingreifen, deren Durchführung die Gemeinsame Handelspolitik jedoch tangiert.

a) Beispielfälle von Einwirkungen auf die Gemeinsame Handelspolitik

Nachfolgend sollen mögliche Berührungspunkte beispielhaft am Fall des Auftretens in internationalen Organisationen und auf internationalen Konferenzen untersucht werden. Die dabei gewonnenen Erkenntnisse und Grundprinzipien können auf die übrigen Bereiche der Gemeinsamen Handelspolitik übertragen werden.

Gemäß Artikel J.2 Abs. 3 UAbs. 1 EUV koordinieren die Mitgliedstaaten ihr Handeln in internationalen Organisationen und auf internationalen Konferenzen.

---

[401] Siehe unter Kap. 1. Abschn. 3, *C* II 3.) a) cc).

Diese Bestimmung läßt sich, wie nachfolgend gezeigt wird, als Konkretisierung des Kohärenzgebots charakterisieren. Zugleich ist mit Inkrafttreten des Unionsvertrages die alte Vorschrift des Artikel 116 EWGV a.F. aufgehoben worden. Nach Artikel 116 Abs. 1 EWGV a.F. waren die Mitgliedstaaten verpflichtet, in internationalen Organisationen mit wirtschaftlichem Charakter bei allen Fragen, die für den Gemeinsamen Markt von besonderem Interesse sind, nur noch gemeinsam vorzugehen. Diese ursprünglich rein wirtschaftlich ausgerichtete Abstimmungsverpflichtung ist nunmehr durch die umfassendere Pflicht des Artikel J.2 Abs. 3 UAbs. 1 EUV ersetzt worden[402]. Von Interesse ist jedoch, wie sich diese Ersetzung auf den Pflichteninhalt auswirkt. Artikel 116 EWGV war im Bereich der Außenbeziehungen die einzige Vorschrift des EWGV, die eine konzertierte Aktion der Mitgliedstaaten unter der Direktive der Gemeinschaft vorsah[403]. Die Bestimmung artikulierte allerdings keine Gemeinschaftskompetenz, sondern band die Ausübung der den Mitgliedstaaten verbliebenen Kompetenzen (sog. "compétences residuelles") in ein gemeinschaftliches Verfahren ein. Dadurch ermöglichte die Vorschrift den Mitgliedstaaten auch jenseits gemeinschaftlicher Kompetenz mit einer Stimme zu sprechen[404]. Zugleich war Artikel 116 EWGV a.F., da Artikel 113 EGV der EG eine *ausschließliche* Kompetenz einräumt, im Bereich der Gemeinsamen Handelspolitik i.S.d. Artikel 113 EGV grundsätzlich nicht anwendbar[405] sondern lediglich in den angrenzenden Bereichen die weiterhin in der Kompetenz der Mitgliedstaaten verblieben waren.
Von Bedeutung war Artikel 116 EWGV a.F. aber für die Gemeinsame Handelspolitik dann, wenn es in den von ihm geregelten Fällen oder dem einer anderen gemeinschaftlichen Kompetenz nicht gelang, die Vertragsschließungskompetenzen der EG in bestimmten internationalen Organisationen durchzusetzen. Dann war das Konzertierungsverfahren des Artikel 116 EWGV a.F. *anstelle* der eigentlich gemeinschaftsrechtlich gebotenen Mitgliedschaft der EG als Minimumstandard anzuwenden. In solchen Fällen mußte jedoch wegen Artikel 234 und Artikel 5 EGV das gemeinschaftsinterne Verfahren so ausgestaltet werden, daß die Mitgliedstaaten nur noch als Mandatare der EG nach Weisung des Rates auftreten konnten[406]. Unter diesen Prämissen ist auch das Verhältnis des neuen Artikel J.2 Abs. 3 UAbs. 1 EUV zur Gemeinsamen Handelspolitik bestimmbar.

---

[402] *Streinz*, Europarecht, Rn. 627.

[403] *Vedder*, in: Grabitz/Hilf (Hrsg.), EUV/EGV, Artikel 116, Rn. 1.

[404] *Vedder*, in: Grabitz/Hilf (Hrsg.), EUV/EGV, Artikel 116, Rn. 1.

[405] *Vedder*, in: Grabitz/Hilf (Hrsg.), EUV/EGV, Artikel 116, Rn. 7 m.w.N.; *ders.*, Die Auswärtige Gewalt des Europas der Neun, S. 207; EuGH, Gutachten 1/78, *Naturkautschuk-Übereinkommen*, Slg. 1979, S. 2871 ff. (2915 f.).

[406] *Vedder*, in: Grabitz/Hilf (Hrsg.), EUV/EGV, Artikel 116, Rn. 10 m.w.N.; ebenso: *Streinz*, Europarecht, Rn. 627.

aa) Auftreten im Bereich der Gemeinsamen Handelspolitik
Eine Anwendung der neuen Bestimmung auf die Gemeinsame Handelspolitik unterbleibt aufgrund der ausschließlichen Gemeinschaftskompetenz gemäß Artikel 113 EGV[407]. Die Abschaffung des ursprünglichen Artikel 116 EWGV ändert an dieser Ausschließlichkeit nichts.
Durch die im Wege impliziter Vertragsänderung erfolgte Übernahme des Kohärenzgebots ins Gemeinschaftsrecht ergibt sich jedoch eine (modifizierte) Pflicht zur Berücksichtigung von Vorgaben der GASP. Diese Pflicht stellt keinen gemeinschaftsrechtlich unzulässigen Eingriff in die angestammten Kompetenzen der Gemeinschaft dar, soweit die sich aus einer impliziten Vertragsänderung ergebenden inhaltlichen Modifikationen beachtet werden. Wenn es sich um Maßnahmen zur Durchführung der Gemeinsamen Handelspolitik handelt, sind hier insbesondere die Modifikationen von Bedeutung, die das Kohärenzgebot im Hinblick auf die Bindung der Kommission erfährt. Dies bedeutet, daß eine *Rechtspflicht* der Kommission zur Unterbreitung inhaltlich entsprechender Umsetzungsvorschläge nicht besteht, der Vorgabe aber die Rangstellung einer *Zielvorgabe* zukommt[408].
Ähnliches gilt für den Bereich von Verhandlungen mit Drittstaaten. Zwar sieht Artikel 113 Abs. 3 EGV vor, daß die Kommission die Verhandlungen im Benehmen mit einem zu ihrer Unterstützung vom Rat bestellten besonderen Ausschuß nach Maßgabe der vom Rat beschlossenen Richtlinien zu führen hat. Den Richtlinien des Rates i.S.d. Artikel 113 Abs. 3 EGV kommt jedoch weder der Rechtscharakter der Richtlinien i.S.d. Artikel 189 Abs. 3 zu, noch ist die Kommission als echte Beauftragte des Rates anzusehen[409]. Vielmehr ist diese selbst gemäß Artikel 228 Abs. 1 S. 1 EGV das für die Verhandlungen zuständige Organ. Mit dieser Stellung wäre eine strikte Weisungsbefugnis des Rates nicht zu vereinbaren[410].
Daher ergibt sich auch für den Bereich von Verhandlungen mit Drittstaaten die bereits angesprochene inhaltliche Modifikation des Kohärenzgebots dahingehend, daß eventuelle GASP-Vorgaben lediglich als Zielvorgaben von der Kommission zu berücksichtigen sind.
Keineswegs dürfen diese Vorgaben selber bereits als Richtlinien i.S.d. Artikel 113 Abs. 3 UAbs. 2 EGV angesehen werden. Dagegen spricht, daß die Verfahrensstellung der Kommission bei der Einleitung von Verhandlungen und der Ausarbeitung der Richlinien wesentlich stärker ist, als bei der Ausarbeitung etwa von Gemeinsamen Standpunkten i.S.d. Artikel J.2 EUV. Während die Kommission im Rahmen des Artikel 113 Abs. 3 EG-Vertrag dem Rat Empfehlungen vorlegen kann, ist diese Möglichkeit bei der Ausarbeitung eines Gemeinsamen Standpunktes im Rahmen des Artikel J.2 Abs. 2 EUV nicht vorgesehen. Zwar sieht Artikel J.9 EUV grundsätzlich eine Beteiligung der Kommission vor, die ver-

[407] Insoweit etwas unklar: *Streinz*, Europarecht, Rn. 627.
[408] Siehe unter Kap. 1. Abschn. 3, *C* IV 1.) a).
[409] *Vedder*, in: Grabitz/Hilf (Hrsg.), EUV/EGV, Artikel 113, Rn. 75; zustimmend: *Streinz*, Europarecht, Rn. 649.
[410] *Vedder*, in: Grabitz/Hilf (Hrsg.), EUV/EGV, Artikel 113, Rn. 75.

fahrensrechtliche Stellung derselben ist jedoch wesentlich unklarer als in Artikel 113 EGV. Darüber hinaus sieht Artikel 113 Abs. 4 EGV grundsätzlich *Mehrheitsabstimmungen* des Rates vor, während die Festlegung Gemeinsamer Standpunkte grundsätzlich dem Konsens- also dem Einstimmigkeitsprinzip unterliegt. Daher muß der Rat, falls er eine entsprechende Berücksichtigung seiner Vorgaben aus dem GASP-Bereich sicherstellen will, noch einmal entsprechende Beschlüsse im Rahmen des Artikel 113 Abs. 3 EGV fassen. Ihm ist es verwehrt sich lediglich auf die bereits im Rahmen der GASP-Verfahren gefaßten Vorgaben zu berufen.

bb) Bereich der compétences residuelles

Von besonderem Interesse ist jedoch der Bereich, in dem es sich nicht um Gemeinsame Handelspolitik im engeren Sinne, sondern um den Regelungsbereich des Artikel 116 EWGV a.F. handelt. Angesprochen sind damit Fälle, die zwar nicht dem Anwendungsbereich der Gemeinsamen Handelspolitik unterfallen, die jedoch für den Gemeinsamen Markt von besonderem Interesse sind und die das Auftreten der Mitgliedstaaten in internationalen Organisationen mit wirtschaftlichem Charakter betreffen. Während Artikel 116 EWGV a.F. in solchen Fällen eine konzertierte Aktion unter der Direktive der Gemeinschaftsorgane vorsah[411], kommt nach Inkrafttreten des Unionsvertrages nur noch die Anwendung des Artikel J.2 EUV in Betracht[412]. Von einer direkten Anwendung der Koordinierungspflicht des Artikel J.2 EUV als primäres Gemeinschaftsrecht, wie dies beim Artikel 116 EWGV a.F. der Fall war, ist allerdings nicht auszugehen, da Artikel J.2 EUV als Bestandteil des Unionsvertrages lediglich völkerrechtlichen Charakter hat.

Aufgrund der Übernahme des Kohärenzgebots im Wege impliziter Vertragsänderung ins Primärrecht gilt jedoch die Koordinierungspflicht des Artikel J.2 EUV, die ja nichts anderes ist als eine bloße Konkretisierung des Kohärenzgebots nunmehr auch im Gemeinschaftsrecht.

---

[411] *Vedder*, in: Grabitz/Hilf (Hrsg.), EUV/EGV, Artikel 116, Rn. 1.

[412] Von den angesprochenen Fällen müssen die oben angesprochenen Konstellationen, in denen es im Bereich der Gemeinsamen Handelspolitik nicht gelingt, die Vertragsschließungskompetenzen der EG in bestimmten internationalen Organisationen durchzusetzen und das Konzertierungsverfahren des Artikel 116 EWGV a.F. anstelle der gebotenen Mitgliedschaft der EG als Minimalstandard anzuwenden ist, strikt unterschieden werden. Bei letzteren handeln die Mitgliedstaaten ja gerade im Bereich ausschließlicher Gemeinschaftskompetenzen, so daß eine Anwendung des Artikel J.2 nicht in Betracht kommt. In diesen Fällen wäre allenfalls an eine Fortgeltung des alten Artikel 116 EWGV als *gemeinschaftliches Gewohnheitsrecht* zu denken. Eine solche wäre mit dem Grundsatz der Wahrung des acquis communautaire zu begründen. Offenbar ist die angesprochene Problematik bei der Ausarbeitung des Unionsvertrages und der Aufhebung des Artikel 116 EWGV a.F. übersehen worden. Diese Bedenken äußert auch: *Morgan*, in: Dehousse, Europe after Maastricht, S. 189 ff. (197).

Dieser Wertung kann auch nicht die mehrfach betonte *Außenausrichtung* einer Kohärenzverpflichtung[413] dahingehend entgegengehalten werden, daß die Konzertierungspflicht des Artikel 116 EWGV a.F. eben gerade nach innen gerichtet war, so daß die betonte Außenbezogenheit einer Kohärenzpflicht in den besprochenen Fällen nicht vorliegt, da hier lediglich die Mitgliedstaaten zu einer Koordination *untereinander* und nicht in bezug auf einen anderen Kooperationsbereich verpflichtet werden sollen. Wie bereits angesprochen[414], enthält nämlich Artikel C Abs. 1 S. 1 EUV seine selbständige Bedeutung dadurch, daß er das Gebot zum kohärenten Handeln als ein *allgemeingültiges Rechts-, Handlungs- und Ordungsprinzip der Union* postuliert[415]. Aus diesem allgemeinem Ordnungsprinzip folgt im Wege impliziter Übernahme ins primäre Gemeinschaftsrecht eine gemeinschaftsrechtliche Verpflichtung der Mitgliedstaaten auch zur Konzertierung *untereinander* in Fällen, in denen es sich nicht um Gemeinsame Handelspolitik im engeren Sinne, sondern um den Anwendungsbereich des ursprünglichen Artikel 116 EWGV a.F. handelt.
Von Bedeutung ist jedoch, daß die in Artikel 116 Abs. 1 S. 2 EWGV a.F. vorgesehene Einbindung der Kommission in das Entscheidungsverfahren entfällt. Gleiches gilt für die Möglichkeit von Mehrheitsentscheidungen des Rates. Die Verfahrensbestimmungen des Artikel 116 EWGV a.F. wurden nicht in Artikel J.2 EUV übernommen. Insofern liegt, sofern es sich um die angesprochenen Anwendungsfälle des Artikel 116 EWGV a.F. handelt, ein integrationspolitischer Rückschritt vor. Dieser kann, anders als die Fälle, in denen die Mitgliedstaaten lediglich als Mandatare der EG im Bereich Gemeinsamer Handelspolitik handeln[416] auch nicht mit dem Hinweis auf den Grundsatz der Wahrung des acquis communautaire abgewehrt werden. Denn im angesprochenen Bereich handelt es sich ja gerade nicht um Gemeinschaftsrecht im engeren Sinne, die Staaten haben lediglich die mit Artikel 116 EWGV a.F. auferlegte Selbstverpflichtung zur Kooperation außerhalb des gemeinschaftlichen Rahmens neu definiert. Dies verstößt nicht gegen ihre gemeinschaftsrechtlichen Verpflichtungen.
Soweit also eine Festlegung Gemeinsamer Standpunkte beim Auftreten innerhalb internationaler Organisationen mit wirtschaftlichen Charakter, in denen die Gemeinschaften nicht vertreten sind und die nicht den engeren Bereich Gemeinsamer Handelspolitik betreffen, erforderlich ist, kommt als Verfahrensbestimmung nur Artikel J.2 EUV in Betracht. Insofern ergibt sich eine Änderung der bisherigen Rechtslage.

---

[413] Siehe unter Kap. 1. Abschn. 1, *B*.
[414] Siehe unter Kap. 1. Abschn. 1, *A* III 3.).
[415] Siehe auch: *Hilf*, in: Grabitz/Hilf (Hrsg.), EUV/EGV, Artikel C, Rn. 8; *Ress*, JuS 1992, S. 985 ff. (987).
[416] Siehe dazu Ausführungen in der Fußnote 412.

b) Grundprinzipien

Aus den obigen Ausführungen lassen sich für den Bereich der Gemeinsamen Handelspolitik einige Grundprinzipien herauslesen. Erstens gilt der Grundsatz, daß eine Kompetenzverlagerung aus dem gemeinschaftlichen Bereich der Gemeinsamen Handelspolitik in den intergouvernementalen Kooperationsbereich nicht stattgefunden hat. Eventuelle Übergriffe der Mitgliedstaaten in den supranationalen Bereich können als Vertragsverletzungen von der Gemeinschaft abgewehrt werden. Zweitens entfaltet in Bereichen der ausschließlichen Zuständigkeit der Gemeinschaft gemäß Artikel 113 EGV das gemeinschaftsrechtliche Kohärenzgebot lediglich eine begrenzte Bindungswirkung. Aufgrund der Modifikationen, die auf die Übernahme im Wege impliziter Vertragsänderung zurückzuführen sind, kommt den Vorgaben kein rechtlich uneingeschränkt bindender Charakter, sondern der Charakter einer verbindlichen *Zielvorgabe* zu.

In Bereichen, die nicht der Gemeinsamen Handelspolitik unterliegen, die jedoch in den Anwendungsbereich des ursprünglichen Artikel 116 EWGV a.F. fallen, also Bereiche der Gemeinsamen Handelspolitik tangieren, ergab sich eine integrationspolitische Verschlechterung, da die ursprüngliche Stellung der Kommission und die Möglichkeit einer Mehrheitsabstimmung des Rates entfallen sind. Anwendbar ist hier die Bestimmung des Artikel J.2 EUV. Aufgrund der impliziten Vertragsänderung gilt diese Koordinationspflicht jedoch auch gemeinschaftsrechtlich.

2.) Die Kompetenz zum Abschluß von Assozierungsabkommen: Artikel 238 EGV

Der EG ist durch Artikel 238 EGV ausdrücklich die Kompetenz zum Abschluß von Assozierungsabkommen zugewiesen worden. Danach kann die Gemeinschaft mit einem oder mehreren Staaten oder einer oder mehreren internationalen Organisationen Abkommen schließen, die eine Assoziierung mit gegenseitigen Rechten und Pflichten, gemeinsamem Vorgehen und besonderen Verfahren herstellen. Zwar sind die meisten Assoziierungsabkommen als sog. accords mixtes geschlossen worden, dennoch sind sie bilaterale und paritätische Verhältnisse zwischen der EG einerseits und einem Staat andererseits. Die Kompetenz zum Abschluß dieser Abkommen steht nämlich der Gemeinschaft als solcher zu[417]. Nach allgemeiner Interpretation in der Literatur umfaßt der materielle Regelungsbereich des Artikel 238 EGV einen Bereich der wesentlich weiter geht, als der Bereich des bloßen Handelsverkehrs i.S.d. Artikel 113 EGV[418]. Bei der Regelung des Artikel 238 EGV handelt es sich nach dieser Auffassung um eine

[417] *Vedder*, Die Auswärtige Gewalt des Europa der Neun, S. 58.

[418] So *Vedder*, Die Auswärtige Gewalt des Europa der Neun, S. 58; *ders.*, in: Grabitz/Hilf (Hrsg.), EUV/EGV, Artikel 238, Rn. 8 f. m.w.N.; ebenso: *Streinz*, Europarecht, Rn. 613; *Bleckmann*, Europarecht, Rn. 1376 f.; a.A.: *Knopf*, Europarechtliche und völkerrechtliche Fragen einer Entwicklungspolitik der Europäischen Gemeinschaft und ihrer Mitgliedstaaten, S. 42 ff.

Kompetenznorm mit originärem sachlichen Regelungsbereich[419]. Die Gemeinschaft handelt daher bei der Ausarbeitung eines Assoziierungsabkommens im eigenen Kompetenzbereich. Es gilt hier der Anwendungsvorrang des Gemeinschaftsrechts und die angesprochenen Beschränkungen[420], die an eine implizite Vertragsänderung zu stellen sind.
Für die Anwendung des gemeinschaftsrechtlichen Kohärenzgebots folgt daraus, daß eine Bindung an eventuelle Vorgaben der GASP nur unter Berücksichtigung der inhaltlichen Modifikation, die sich aus der impliziten Vertragsänderung ergibt, vorliegen kann. Soweit die Gemeinschaften daher bei der Ausarbeitung eines Assoziierungsabkommens tätig werden, haben eventuelle Vorgaben aus intergouvernementalen Bereichen die Wirkung einer verbindlichen *Zielvorgabe.*
Da jedoch bislang alle Abkommen, die inhaltlich über Handelsregelungen hinausgehen, gemeinsam von der Gemeinschaft und den Mitgliedstaaten als gemischte Verträge abgeschlossen worden sind, besteht trotz der relativ einheitlichen Literaturmeinung das praktische Problem, daß die gemeinschaftsinterne Kompetenzabgrenzung bislang inhaltlich offen geblieben ist[421].
Auch wenn wohl der angesprochenen Interpretation des Artikel 238 EGV als originäre Kompetenznorm zu folgen ist, ergeben sich daher in der Praxis durchaus Konfliktmöglichkeiten. Sollten die Mitgliedstaaten nämlich auf dem bisherigen Standpunkt des Rates beharren, wonach Artikel 238 EGV keine eigene Sachkompetenz enthalte, sondern die Gemeinschaft lediglich zum Abschluß von Handelsabkommen i.S.d. Artikel 113 EGV in der institutionellen Ausgestaltung von Assoziierungen ermächtige, könnte es zu einem Konflikt dergestalt kommen, daß der Rat von sich aus eine Bindung an Vorgaben der GASP für die Bereiche erklärt, für die nach seiner Auffassung keine Abschlußkompetenzen der Gemeinschaften vorliegen. Der EuGH müßte in einem solchen Fall zu der Frage des Regelungsbereiches des Artikel 238 EGV und damit anschließend zu der Frage einer Bindungswirkung von GASP-Vorgaben Stellung nehmen.

3.) Implizite Vertragschließungskompetenzen der Gemeinschaft

Seit dem AETR-Urteil des EuGH ist bis heute unbestrittener acquis communautaire, daß der EG-Vertrag auch nicht-ausdrückliche, *implizite Vertragsschließungskompetenzen*, bereithält[422].
Ohne daß an dieser Stelle auf die Begründung dieser impliziten Vertragsschließungskompetenzen detailliert einzugehen wäre[423], gilt für deren Umfang der

[419] So *Vedder*, Die Auswärtige Gewalt des Europa der Neun, S. 58; *ders.*, in: Grabitz/Hilf (Hrsg.), EUV/EGV, Artikel 238, Rn. 8 f. m.w.N.; ebenso: *Streinz*, Europarecht, Rn. 613.
[420] Siehe Kap. 1 Abschn. 3 *C* II 3.) b).
[421] *Vedder*, in: Grabitz/Hilf (Hrsg.), EUV/EGV, Artikel 238, Rn. 17.
[422] vgl.: EuGH, Rs. 22/70, - *AETR* -, Slg. 1971, S. 263 ff. (274 ff.); EuGH, Rs. 3, 4 u. 6/76, - *Kramer* -, Slg. 1976, S. 1279 ff. (1309 ff.); EuGH, Gutachten 1/76, - *Stillegungsfonds* - Slg. 1977, S. 741 ff. (755 f.); ebenso *Vedder*, in: Grabitz/Hilf (Hrsg.), EUV/EGV, Artikel 228, Rn. 4 m.w.N.

Grundsatz der Parallelität. Dies bedeutet, daß der Gemeinschaft (diese Grundsätze gelten auch für die EGKS und die Atomgemeinschaft) grundsätzlich dann Vertragsschließungskompetenzen im Außenbereich zukommt, wenn diese zur Regelung der Materie auch im Innenverhältnis befugt ist[424].

Auch für den Bereich impliziter Vertragsschließungskompetenzen der Gemeinschaft gilt der bereits angesprochene Grundsatz. Eine Bindung der Gemeinschaft an Vorgaben der GASP besteht nur im Rahmen der aufgrund der impliziten Vertragsänderung erfolgten inhaltlichen Modifikation. Daher enthalten diese Vorgaben grundsätzlich die Wirkung einer Zielvorgabe, nicht einer detailliert - verbindlichen Vorentscheidung.

Für die Fälle gemischter Abkommen ergeben sich jedoch die bereits angesprochenen praktischen Konfliktmöglichkeiten. Soweit die Mitgliedstaaten neben der Gemeinschaft aufgrund der Notwendigkeit einer Kompetenzergänzung tätig werden, ist die Verbindlichkeit der Vorgaben aus intergouvernementalen Bereichen danach zu unterscheiden, ob es sich um Fragen handelt, die in den Kompetenzbereich der Mitgliedstaaten fallen oder in die Kompetenz der Gemeinschaft. Je nach Einzelfall erhält die Vorgabe aus dem intergouvernemantalen Bereich den Bindungscharakter einer Zielvorgabe (bei Gemeinschaftskompetenz) oder einer detailliert - verbindlichen Vorgabe[425] (bei Kompetenzen der Mitgliedstaaten).

4.) Embargomaßnahmen

Gemeinschaftsrechtlich gesehen stehen Wirtschaftssanktionen an der Schnittstelle zwischen EG-Kompetenzen und mitgliedstaatlichen Zuständigkeiten bzw. intergouvernementalen Kooperationsbereichen. Zwar gehören sie als den Handel betreffende Maßnahmen ihrem Wesen nach zur Gemeinsamen Handelspolitik i.S.d. Artikel 113 EGV, die außenpolitische Motivation fällt jedoch in den Bereich intergouvernementaler Kooperation[426].

Diese Besonderheiten rechtfertigen eine Untersuchung außerhalb der Gemeinsamen Handelspolitik. Der Schnittstellencharakter von Embargomaßnahmen wird durch die neueingeführte Regelung des Artikel 228a EGV verdeutlicht. Danach trifft der Rat in Fällen, in denen in Gemeinsamen Standpunkten oder gemeinsamen Aktionen, die nach den Bestimmungen des Unionsvertrages zur GASP angenommen worden sind, ein Tätigwerden der Gemeinschaft vorgesehen ist, die notwendigen Sofortmaßnahmen. Adressat i.S.d. Artikel 228a EGV ist eindeutig der

---

[423] Teilweise werden diese immer noch mit Hilfe der implied-powers-Lehre begründet, während der EuGH diese aus einer systematischen, an der Funktionsfähigkeit und Einheitlichkeit des Gemeinschaftsrechts orientierten Auslegung gewinnt; vgl. hierzu detailliert: *Vedder*, in: Grabitz/Hilf (Hrsg.), EUV/EGV, Artikel 228, Rn. 4 ff.; *ders.*, Die Auswärtige Gewalt des Europa der Neun, S. 98 ff.; *Dörr*, EuZW 1996, S. 39 ff.

[424] *Vedder*, in: Grabitz/Hilf (Hrsg.), EUV/EGV, Artikel 228, Rn. 7.

[425] Dies gilt im Kompetenzbereich der Mitgliedstaaten, da diese durch das unionsrechtliche Kohärenzgebot uneingeschränkt völkerrechtlich gebunden sind.

[426] *Oppermann*, Europarecht, Rn. 1771.

Ministerrat in seiner Funktion als *EG-Rat*. Die Regelung des Artikel 228a EGV stellt damit eine *positivrechtliche Konkretisierung* des Kohärenzgebots dar. Die bereits im Wege einer impliziten Vertragsänderung vorgenommene Berücksichtigungspflicht auf etwaige Vorgaben der intergouvernementalen Kooperationsbereiche wird hier noch einmal explizit für den Bereich der Wirtschaftssanktionen in den Gründungsvertrag übernommen.
Aus der expliziten Übernahme in den Gründungsvertrag ergeben sich allerdings inhaltliche Besonderheiten. Die bereits angesprochenen inhaltlichen Modifikationen, die auf die Übernahme des Kohärenzgebots im Wege impliziter Vertragsänderung zurückzuführen sind, finden hier keine Anwendung. Daraus resultiert eine verstärkte Bindung an betreffende Vorgaben intergouvernementaler Kooperationsbereiche.
Den Rat betreffend, ist damit festzustellen, daß eine *echte Bindung* und nicht bloß eine Berücksichtigungspflicht im Sinne einer Zielvorgabe besteht. Dies bedeutet, daß der Rat auch in seiner Eigenschaft als *EG-Rat* an etwaige GASP-Vorgaben gebunden ist. Es ist jedoch zu berücksichtigen, daß auch im Rahmen des Artikel 228a EGV der Rat auf Vorschlag der Kommission handelt. Er ist daher auf eine entsprechende Vorlage der Kommission angewiesen. Dabei ist umstritten, ob eine entsprechende Vorlagepflicht auf Seiten der Kommission besteht[427]. Gegen die Annahme einer entsprechenden Pflicht spricht der Grundsatz der institutionellen Unabhängigkeit der Kommission gemäß Artikel 157 EGV. Für eine Vorlagepflicht spricht, daß die Vertragsparteien eindeutig eine entsprechende Verzahnung der unterschiedlichen Kooperationsbereiche beabsichtigt hatten. Aus diesem Grund ist eben die Bestimmung des Artikel 228a EGV in den Gründungsvertrag aufgenommen worden. Damit sollte eine Verdichtung der ohnehin durch die implizite Übernahme des Kohärenzgebots entstandenen Rücksichtnahmepflichten für den Bereich von Embargomaßnahmen sichergestellt werden. Die gegen eine entsprechende Vorlagepflicht vorgebrachten Argumente, wonach eine "Domestizierung" der Kommission und ihre Unterordnung unter intergouvernementale Vorgaben mit der Etablierung entsprechender Verpflichtungen einhergehen könnte, verlieren bei näherer Betrachtung erheblich an Gewicht.
Erstens sind durch Artikel 228a EGV lediglich Teilaspekte gemeinschaftlicher Politikgestaltung betroffen. Die Regelung ist offensichtlich auf die Aussetzung, Einschränkung oder Einstellung von Wirtschaftsbeziehungen zu einem oder mehreren dritten Ländern beschränkt. Damit ist lediglich ein Teil der möglichen Außenbeziehungen der Gemeinschaft erfaßt.
Zweitens muß natürlich die Regelung des Artikel 228a EGV auch weiterhin im Gesamtsystem des Vertrages ausgelegt werden. Dies bedeutet, daß eine Verpflichtung der Kommission zur Vorlage eventueller Umsetzungsmaßnahmen der Gemeinschaft zwecks Unterstützung und Durchführung von Vorgaben aus dem

[427] Gegen eine Vorlagepflicht spricht sich aus: *Schneider*, in: Grabitz/Hilf (Hrsg.), EUV/EGV, Artikel 228a, Rn. 10; für eine entsprechende Verpflichtung der Kommission: *Röttinger*, in: Lenz, Kommentar zum EGV, Artikel 228, Rn. 4.

intergouvernementalen GASP-Bereich nicht dazu führen darf, daß die Kommission mit ihrer Vorlage gegen Gemeinschaftsrecht verstößt. Als Hüterin der Verträge gemäß Artikel 155 EGV ist die Kommission bei der Ausarbeitung ihrer Vorlagen natürlich an die ihr durch die Gründungsverträge auferlegten Begrenzungen gebunden. Verstößt die Vorlage der Kommission gegen geltendes Gemeinschaftsrecht, so kann gemäß Artikel 173 EGV der Gerichtshof diese für nichtig erklären. Aus der Bestimmung des Artikel 173 EGV ist zu schließen, daß sämtliche Gemeinschaftsorgane bei ihren Handlungen an das Gemeinschaftsrecht gebunden sind. Daraus folgt, daß auch bei der Annahme einer entsprechenden Vorlagepflicht der Kommission gemäß Artikel 228a EGV diese nicht gezwungen ist, dem Rat Vorlagen zuzuleiten, die gegen geltendes Gemeinschaftsrecht verstoßen. Die Möglichkeit einer Prädeterminierung der Vorlage durch eine entsprechende Vorgabe aus dem GASP-Bereich findet daher ihre Grenze in den Gründungsverträgen. Hinzu kommt, daß die Kommission auch weiterhin primär dem Interesse der Gemeinschaften verpflichtet bleibt. Auch dieser Grundsatz gehört ja zum Bestandteil des primären Gemeinschaftsrechts.

Unter Zugrundelegung dieser Ausführungen folgt daher, daß eine Vorlagepflicht der Kommission aus dem Artikel 228a EGV zwar begründet werden kann, die Rücksichtnahmepflicht auf Vorgaben der GASP aber nicht Verstöße gegen primäres Gemeinschaftsrecht rechtfertigen kann und bei der Vorlage die Kommission die Interessen der Gemeinschaften hinreichend zu berücksichtigen hat. Die Möglichkeit einer inhaltlichen Vordeterminierung der Vorlage durch Fassung eines entsprechenden GASP-Beschlusse ist daher begrenzt. Letztendlich kann aus dem Artikel 228a EGV daher nur eine Verpflichtung zur Vorlage entnommen werden, ohne daß inhaltlich eine strikte Übernahme der entsprechenden GASP-Vorgabe in Betracht kommt. In Fällen, in denen die Berücksichtigung der GASP-Vorgabe zu einem gemeinschaftsrechtlichen Verstoß führen würde, kann die Kommission entsprechend obigen Ausführungen sogar gegen die Mitgliedstaaten wegen der Verletzung vertraglicher Obliegenheiten aus Artikel 5 EGV[428] vorgehen.

Eine solche Auslegung des Artikel 228a EGV erscheint unbedenklich. Die befürchteten "Domestizierungsversuche" der Kommission durch Instrumente intergouvernementaler Kooperation finden ihre Begrenzung in den Gründungsverträgen und im berechtigten Interesse der Gemeinschaft. Da die Vorschrift des Artikel 228a EGV eindeutig der Beförderung der Kohärenz in den gemeinschaftlichen Außenbeziehungen dient, ist die Auslegung, wonach die Kommission zumindest zur Vorlage eines Umsetzungsbeschlussentwurfes verpflichtet ist, sogar geboten. Diese gegenüber dem allgemeingültigen *gemeinschaftsrechtlichen Kohärenzgebot* verstärkte Bindung der Kommission an Vorgaben der GASP ist durch die ausdrückliche Aufnahme der Umsetzungspflicht der Gemeinschaft durch Artikel 228a EGV gerechtfertigt. In den Anwendungsfällen des Artikel 228a EGV kann am ehesten von einer Art Weisungsverhältnis zwischen *Unionsrat* und

---

[428] Siehe Kap. 1 Abschn. 4 *B* II.

Gemeinschaften gesprochen werden. Die inhaltlichen Beschränkungen einer impliziten Vertragsänderung gelten im Fall des Artikel 228a EGV nicht.
In Fällen von Embargomaßnahmen folgt daher aus der konkretisierenden expliziten Übernahme des Kohärenzgebots gemäß Artikel 228a EGV eine Pflicht der Kommission zur Vorlage entsprechender Umsetzungvorschläge. Die Bindung der Kommission an GASP-Vorgaben ist jedoch inhaltlich durch die Gründungsverträge und berechtigte Interessen der Gemeinschaften begrenzt. Soweit die GASP-Vorgabe jedoch weder gegen Bestimmungen der Gründungsverträge noch gegen Interessen der Gemeinschaften verstößt, ist die Kommission zur Berücksichtigung der Vorgabe *rechtlich verpflichtet*. Der gegenüber den Fällen einer bloßen *Zielvorgabe* bestehende Ermessensspielraum der Kommission ist daher reduziert.

II. Anwendungsbereich des unionsrechtlichen Kohärenzgebots

Während aus dem *gemeinschaftsrechtlichen* Kohärenzgebot Rücksichtnahmepflichten der Gemeinschaftsorgane auf Vorgaben der GASP begründet werden können, ist die Zielrichtung des *unionsrechtlichen* Kohärenzgebots hierzu diametral entgegengesetzt. Ohne daß an dieser Stelle auf einzelne, aus diesem Kohärenzgebot resultierende Pflichten einzugehen wäre[429], lassen sich grundsätzliche Prinzipien für die Anwendung des unionsrechtlichen Kohärenzgebots herausarbeiten.
Der Anwendungsbereich des unionsrechtlichen Kohärenzgebots entspricht naturgemäß den bereits angesprochenen Anwendungsfeldern des gemeinschaftsrechtlichen Kohärenzgebots. In Politikbereichen, in denen sich Schnittstellen zwischen den supranationalen und intergouvernementalen Bereichen ergeben, kommt eine Anwendung des unionsrechtlichen Kohärenzgebots in Betracht. Jedoch ist der Anwendungsbereich des unionsrechtlichen Kohärenzgebots zugleich weiter als der des gemeinschaftsrechtlichen. Während beim letzteren immer eine Abstimmung zwischen dem supranationalen Gemeinschaftsbereich und der intergouvernementalen Kooperation Anwendungsvoraussetzung ist, kommen für die Anwendung des unionsrechtlichen Kohärenzgebots, wie noch gezeigt wird[430], auch Fälle in Betracht, in denen eine Koordinierung zwischen den Maßnahmen *zweier intergouvernementaler Kooperationsbereiche* notwendig ist.
Ein weiterer wichtiger Unterschied zum gemeinschaftsrechtlichen Kohärenzgebot ist in seinen Adressaten zu sehen. Während Adressaten des gemeinschaftsrechtlichen Kohärenzgebots, ungeachtet der angesprochenen Beschränkungen des Bindungsinhalts, sowohl der EG-Rat, die Kommission als auch das Europäische Parlament sind, gilt dies nicht für das *unionsrechtliche Kohärenzgebot*. Hier ist lediglich der Unionsrat (als Leihorgan zugunsten der Mitgliedstaaten), also die Mitgliedstaaten, betroffen. Eine Anwendung des unionsrechtlichen Kohärenzgebots

[429] Dieser Frage ist der nachfolgende Abschnitt gewidmet.
[430] Siehe unten Kap. 2 Abschn. 1 *C* II.

z.B. im Sinne einer Pflicht der Kommission bei ihren Handlungen gemeinschaftliche Vorgaben zu berücksichtigen, kann daher nicht in Betracht kommen[431].
Ein weiterer gewichtiger Unterschied zwischen dem unionsrechtlichen und dem gemeinschaftsrechtlichem Kohärenzgebot ist in der mangelnden Justitiabilität des ersteren zu erblicken. Da das unionsrechtliche Kohärenzgebot rein völkerrechtlicher Natur ist und eine Justitiabilität der entsprechenden Bestimmungen des Unionsvertrages durch den EuGH nicht gegeben ist, stehen bei eventuellen Verstößen keine Sanktionsmechanismen zur Verfügung.
Die Pflichten des unionsrechtlichen Kohärenzgebots, die den Unionsrat und damit die Mitgliedstaaten bei ihren Handlungen im Unionsrahmen zur Berücksichtigung gemeinschaftlicher Vorgaben verpflichten, sind daher zwar einerseits strikt ausgestaltet, da Gründe für eine inhaltliche Modifikation wie beim gemeinschaftsrechtlichen Kohärenzgebot nicht ersichtlich sind, andererseits erhalten sie durch die mangelnde Sanktionsmöglichkeit eher den Charakter einer Selbstverpflichtung. Verstöße gegen die Pflicht zur Berücksichtigung gemeinschaftlicher Vorgaben können daher lediglich politisch sanktioniert werden. Allerdings steht, wie ausgeführt[432], in Fällen in denen die Nichtberücksichtigung als eine Verletzung vertraglicher Obliegenheiten einzustufen ist, die Möglichkeit eines Vertragsverletzungsverfahrens wegen Verstoß gegen Artikel 5 EGV zur Verfügung.

B. Maßnahmen der ZBJI

Wenn in der Literatur vom Kohärenzgebot die Rede ist, so wird überwiegend die Abstimmungspflicht zwischen den Bereichen der GASP-Kooperation und den Außenbeziehungen der Gemeinschaften behandelt[433]. Dies liegt zum Teil darin begründet, daß die klarste und am eindeutigsten formulierte Verpflichtung der Union auf das Kohärenzgebot, der Artikel C Abs. 2 S. 1 EUV, explizit das Auftreten der Union nach außen hervorhebt. Hieraus jedoch den Schluß zu ziehen, der Anwendungsbereich des Kohärenzgebots sei lediglich auf den Bereich der Außenpolitik beschränkt, wäre falsch.
Gegen eine derartige Interpretation sprechen mehrere Gesichtspunkte. Erstens befindet sich die Bestimmung des Artikel C gerade nicht im Titel V. des Unionsvertrages über die GASP, sondern im allgemeinen Teil. Diese Stellung im Vertragssystem deutet daraufhin, daß der Anwendungsbereich eben nicht nur auf den

[431] Siehe dazu obige Ausführungen unter Kap. 1 Abschn. 3 *C* IV 1.) b). Natürlich ist die Kommission zur Interessenwahrnehmung der Gemeinschaften auch im Rahmen der GASP oder ZBJI verpflichtet, soweit ihr dort Handlungsbefugnisse zustehen. Diese Verpflichtung folgt aber aus der Stellung der Kommission als Hüterin der Gründungsverträge und ist daher gemeinschaftsrechtlich zu begründen. Dies hat nichts mit dem *unionsrechtlichen Kohärenzgebot* zu tun.

[432] Siehe Kap. 1 Abschn. 4 *B* II.

[433] Vgl. z.B. *Müller-Graff*, integration 1993, S. 147; *Krenzler/Schneider*, EuR 1994, S. 144 ff.; *Burghardt/Tebbe*, EuR 1995, S. 1 ff.

Bereich der GASP beschränkt werden sollte[434]. Wie bereits gezeigt[435], ist in der Regelung des Artikel C Abs. 1 EUV zudem das Kohärenzgebot als ein allgemeines Ordnungs- und Gestaltungsprinzip der gesamten Union postuliert. Hierzu gehört aber eben nicht bloß der Bereich der GASP. Diese Argumentation wird ferner durch die ebenfalls im allgemeinen Teil befindliche Vorschrift des Artikel A Abs. 3 S. 2 EUV gestützt. Wie gezeigt, hat darin das Prinzip der inneren Kohärenz seinen Ausdruck gefunden[436] (siehe S. 5). Für das Prinzip der inneren (horizontalen) Kohärenz verbleibt im Bereich der Außenbeziehungen aber kaum ein Anwendungsbereich offen. Anderes gilt jedoch für den Bereich der ZBJI. Hier ist eine Abstimmungspflicht zwischen den supranationalen Bereichen und dem Kooperationsbereich der ZBJI im Hinblick auf den Bereich innerer Kohärenz durchaus sinnvoll. Viele der im Titel VI. vorgesehenen Aktionsmöglichkeiten entfalten ihre Wirkung vorwiegend im Innenbereich der Union.
Ein zweites Argument für die Anwendung des Kohärenzgebots auch auf die Abstimmung mit Maßnahmen der ZBJI findet sich im Wortlaut des Artikel C Abs. 2 S. 1 EUV. Die Regelung spricht davon, daß die Union *insbesondere* auf die Kohärenz aller von ihr ergriffenen Maßnahmen im Bereich der Außenbeziehungen achtet. Durch das Wort *insbesondere* wird deutlich, daß der Anwendungsbereich des Kohärenzgebots nicht exklusiv auf den Bereich der Außenbeziehungen zu beschränken ist.
Ein weiteres Argument ist in der institutionellen Verzahnung zwischen der ZBJI und dem Gemeinschaftsbereich zu finden. Der in Artikel K.4 EUV eingesetzte Koordinierungsausschuß findet seine gemeinschaftsrechtliche Handlungsgrundlage im Artikel 100d EGV. Es wird daher deutlich, daß den Vertragsparteien bei der Vertragsabfassung durchaus bewußt war, daß sich Schnittstellen zwischen ZBJI und Gemeinschaftspolitiken ergeben. Ein einheitliches Auftreten in solchen Fällen sicherzustellen, ist aber die Aufgabe eines Kohärenzgebots. Daher ist das Kohärenzgebot auch auf die Abstimmungspflichten zwischen dem ZBJI-Bereich und den Gemeinschaften anwendbar[437].

I. Berührungspunkte zwischen Gemeinschaftspolitiken und ZBJI

Da der Anwendungsbereich des Kohärenzgebots grundsätzlich auch bei Abstimmungen zwischen dem supranationalen und dem ZBJI-Bereich eröffnet ist, ist fraglich, welche konkreten Berührungspunkte zwischen beiden Kooperationsbereichen vorliegen.

---

[434] Auch *Koenig/Pechstein*, Die Europäische Union, S. 41, wenden das Kohärenzgebot auf die ZBJI an.

[435] Siehe Kap. 1 Abschn. 1 *A* III 3.).

[436] Siehe Kap. 1 Abschn. 1 *A* I.

[437] Ebenso: *Koenig/Pechstein*, Die Europäische Union, S. 47 f.; *Müller-Graff*, CMLR 1994, S. 493 ff. (496).

1.) Freier Personenverkehr

Insbesondere im Bereich der Personenverkehrsfreiheiten kann es durch Maßnahmen der ZBJI zu Konflikten kommen[438]. Zwar gilt der Grundsatz der Freizügigkeit grundsätzlich nur für Unionsbürger, Überschneidungen sind aber denkbar insbesondere in den Fällen drittstaatsangehöriger Familienmitglieder und generell im Bereich der Binnengrenzkontrollen bzw. deren Abschaffung im Rahmen der Einführung des Binnenmarkts. Zu nennen ist in diesem Zusammenhang die neu eingeführte Vorschrift des Artikel 100c EGV. Darin sind der Gemeinschaft zwei Kompetenzen eingeräumt worden. Erstens ist die Gemeinschaft ermächtigt worden, eine Liste der Drittländer zu erstellen, deren Staatsangehörige beim Überschreiten der EG-Außengrenzen im Besitz eines Visums sein müssen (Absatz 1); die Festlegung erfolgt zunächst einstimmig, seit dem Ablauf der Übergangszeit am 1. Januar 1996 mit qualifizierter Mehrheit (Absatz 3 Satz 1). Die Liste ist mittlerweile erstellt worden[439]. Zweitens wurde der Gemeinschaft die Befugnis eingeräumt, bis zum 1. Januar 1996 mit qualifizierter Mehrheit Maßnahmen zur einheitlichen Visagestaltung zu treffen (Absatz 3 Satz 2). Auch dies ist am 29. Mai 1995 geschehen[440]. Diese Befugnis betrifft jedoch lediglich die formale Gestaltung der Visa[441].

Das Verhältnis zum intergouvernementalen Bereich der ZBJI erscheint deswegen problematisch, weil Artikel K.1 Ziff. 2 und 3 EUV ebenfalls Bestimmungen zur Festlegung der Voraussetzungen für das Überschreiten der Außengrenzen enthält. Das Verhältnis zwischen der Bestimmung des Artikel 100c EGV und des Artikel K.1 Ziff. 2 und 3 EUV ist dahingehend zu bestimmen, daß Artikel 100c EGV der Gemeinschaft lediglich die Befugnis einräumt, eine sogenannte *Negativliste* zu erstellen. Das heißt, es darf lediglich eine Liste der Staaten erstellt werden, deren Staatsangehörige beim Überschreiten der Außengrenzen im Besitz eines Visums sein müssen. Die Gemeinschaft besitzt nicht die Befugnis zur Erstellung einer sogenannten *Positivliste*, d.h. einer Liste von Staaten deren Staatsangehörigen die visafreie Einreise gestattet werden soll[442]. Zwar ist teilweise argumentiert worden, das Binnenmarktkonzept des Artikel 7a EGV schließe die Abschaffung aller Binnengrenzkontrollen ein[443], woraus eine Annexkompetenz der Gemeinschaften zur Erstellung einer solche Positivliste zu folgern wäre, eine solche Auslegung würde jedoch den Artikel K.1 Ziff. 2 und 3 EUV seines Regelungsbereichs entheben[444]. Sie war damit ersichtlich nicht vom Willen der Vertragsparteien gedeckt. Die

[438] *Koenig/Pechstein*, Die Europäische Union, S. 44.

[439] *Monar*, integration 1996, S. 93 ff. (S. 97); VO 2317/95, ABl. EG 1995 L 234 S. 1.

[440] *Monar*, integration 1996, S. 93 ff. (S. 97); VO 1683/95, ABl. EG 1995 L 164, S. 1.

[441] Vgl. dazu die VO 1683/95, ABl. EG 1995 L 164, S. 1.

[442] *Koenig/Pechstein*, Die Europäische Union, S. 116; *Nanz*, integration 1992, S. 126 ff. (132).

[443] *Keersmaeker/Pauwels*, in: Smit/Herzog, The Law of the EC, Art. 7a, S. I-151.

[444] *Koenig/Pechstein*, Die Europäische Union, S. 116.

Auffassung konnte sich auch nicht durchsetzen, wie die Erstellung der reinen Negativliste gezeigt hat[445].

Damit verbleibt die Befugnis zur Erstellung der Negativliste im Gemeinschaftsbereich, die Befugnis zur Festlegung der Staaten, deren Staatsangehörige Visafreiheit genießen, liegt hingegen im intergouvernementalen ZBJI-Bereich also bei den Mitgliedstaaten. Für die Anwendung des Kohärenzgebots folgt daraus folgendes: Aufgrund des gemeinschaftsrechtlichen Kohärenzgebots wäre es den Gemeinschaften verwehrt, Drittstaaten durch die Aufnahme in die Negativliste mit Visapflicht zu belegen, denen im Bereich der ZBJI-Kooperation zuvor Visafreiheit zugestanden worden ist. Aus dem unionsrechtlichen Kohärenzgebot folgt hingegen, daß die Mitgliedstaaten im Rahmen ihrer intergouvernementalen Kooperation im ZBJI-Bereich keinen Drittstaaten Visafreiheit für ihre Angehörigen zugestehen dürfen, die bereits von der Gemeinschaft in die Negativliste aufgenommen worden waren. Da das Zugeständnis von Visafreiheit häufig auch aus (außen)politischen Gründen erfolgt, kann es hier sogar zu Überschneidungen mit dem GASP-Bereich kommen. Das Kohärenzgebot hätte damit eine Abstimmungspflicht zwischen *allen* Bereichen zur Folge.

Sowohl hinsichtlich des *gemeinschaftsrechtlichen* als auch des *unionsrechtlichen* Kohärenzgebots gelten die bereits mehrfach angesprochenen inhaltlichen Modifikationen[446] und Justitiabilitätsbeschränkungen[447].

2.) Zusammenarbeit im Zollwesen und weitere Berührungspunkte

Gemäß Artikel 18 ff. EGV verfügt die Gemeinschaft über Kompetenzen im Zollbereich. Gleichzeitig wurde mit Artikel K.1 Ziff. 8 EUV eine Zusammenarbeit der Unionsstaaten im Zollwesen vereinbart. Hier sind z.B. Konflikte in Fällen denkbar, in denen durch Vereinbarungen der ZBJI der Warenverkehr aus und in die Gemeinschaft aufgrund praktischer Vorgaben in einem Maße erschwert wird, daß die Gemeinschaft ihren vertraglichen Obliegenheiten aus etwaigen Handelsverträgen nicht nachkommen kann. Ein solches Vorgehen wäre mit dem *unionsrechtlichen* Kohärenzgebot nicht vereinbar. Desweiteren haben die Mitgliedstaaten gemäß Artikel 27 EGV Angleichungen ihrer Rechts- und Verwaltungsvorschriften auf dem Gebiet des Zollwesens vorgenommen[448]. Diese Angleichungen dürfen nicht durch Kooperationsvereinbarungen im ZBJI-Bereich unwirksam gemacht werden.

Weitere Schnittpunkte zwischen ZBJI und dem Gemeinschaftsbereich könnten sich im Bereich der polizeilichen Zusammenarbeit gemäß Artikel K.1 Ziff. 9 ergeben. So ist es denkbar, daß Vereinbarungen zur Bekämpfung der Geldwäsche praktische negative Auswirkungen auf den Grundsatz der Kapitalverkehrsfreiheit

[445] Vgl. VO 2317/95, ABl. EG 1995 L 234 S. 1.

[446] Siehe Kap. 1 Abschn. 3 *C* II 3.) b).; Kap. 1 Abschn. 3 *C* IV 2.) b).

[447] Siehe Kap. 1 Abschn. 4 *C* II.

[448] Vgl. Art. 217 ff. der VO 2913/92 vom 12.10.1992, ABl. EG 1992 L 302 S. 1 ff.

des Artikel 67 ff. EGV zeitigen. Hier folgt aus dem unionsrechtlichen Kohärenzgebot ein Rücksichtnahmegebot auf diese wichtige Grundfreiheit.

II. Zusammenfassung

Es ist ersichtlich, daß auch im Bereich der ZBJI und dem Gemeinschaftsbereich Kooperationsbedarf besteht. Die Anwendung des Kohärenzgebots soll auch hier für die notwendige Abstimmung zwischen den unterschiedlichen Bereichen sorgen. Wie gezeigt sind zudem Fälle denkbar, in denen sogar eine Abstimmung zwischen allen drei Bereichen angezeigt ist. Dabei gelten die für die Abstimmung zwischen Gemeinschaftsbereich und der GASP aufgestellten Grundsätze hinsichtlich der inhaltlichen Modifikation des *gemeinschaftsrechtlichen* Kohärenzgebots als auch hinsichtlich der mangelnden Justitiabilität des *unionsrechtlichen* Kohärenzgebots für die Abstimmung zwischen Gemeinschaftsbereich und ZBJI entsprechend. Auch im letztem Fall besteht jedoch grundsätzlich die Möglichkeit, daß die Vereinbarungen des intergouvernementalen Bereichs einen Verstoß gegen die aus Artikel 5 EGV resultierenden Pflichten darstellen. Diese Fälle unterliegen voll der Judikatur des EuGH.

C. Querschnittscharakter der Maßnahme als Voraussetzung für eine Anwendung des Kohärenzgebots?

Wie bereits gezeigt[449], stellt der koordinationstechnische Aspekt den Hauptregelungsgegenstand eines Kohärenzgebots dar. Diese Auffassung wird auch durch die Neufassung des Artikel C Abs. 2 S. 2, 2. Halbs. EUV (bzw. Artikel 3 Abs. 2 S. 2 EUV in der konsolidierten Fassung) im Rahmen der Regierungskonferenz in der Fassung des Amsterdamer Vertrages bestätigt. Darin wird ein neuer Halbsatz eingefügt, wonach der Rat und die Kommission zwecks Sicherstellung der Kohärenz zusammenarbeiten sollen. Diese Zusammenarbeit kann aber nur dahingehend verstanden werden, daß der primär im Bereich intergouvernementaler Zusammenarbeit wirkende Rat (im supranationalen Bereich hat dieser ja eher legislativen Charakter) sich mit der Kommission als der Vertreterin gemeinschaftlicher Interessen und Politiken abzustimmen hat. Damit wird der koordinationstechnische Aspekt des Kohärenzgebots unterstrichen.
Die Verpflichtung zur sogenannten *inhaltlichen (vertikalen)* Kohärenz stellt hingegen lediglich einen unselbständigen Teilaspekt dar. Hieraus folgt, daß ein Querschnittscharakter der angesprochenen Maßnahme als konstitutive Voraussetzung für die Anwendung des Kohärenzgebots zu fordern ist. Der Anwendung des *vertikalen Teilaspekts* kommt hingegen, wie noch gezeigt wird, kaum praktische Bedeutung zu. Nachfolgend soll der Begriff des *Querschnittscharakters* näher erläutert werden.

---

[449] Siehe Kap. 1 Abschn. 1 *B*.

I. Maßnahmen mit Gemeinschaftsbezug

Als Maßnahmen mit Querschnittscharakter können Maßnahmen bezeichnet werden, bei denen ein Bezug zwischen dem Gemeinschaftsbereich und einem intergouvernementalen Kooperationsbereich festzustellen ist. Dies sollte nicht zu der irrtümlichen Annahme führen, hiermit seien Maßnahmen gemeint, die sowohl den intergouvernementalen Bereichen, als auch originäre Kompetenzen der Gemeinschaften betreffen. Aus dem Grundsatz der Einzelermächtigung der Gemeinschaften und der hieraus folgenden Ausschließlichkeit der Zuständigkeit der Gemeinschaften, folgt nämlich die Unvereinbarkeit derartiger Maßnahmen mit dem Gemeinschaftsrecht. Wo also etwa im intergouvernementalen Kooperationsbereich Vereinbarungen getroffen worden sind, die tatsächlich in den Zuständigkeitsbereich der Gemeinschaften eingreifen, ist keinesfalls der Anwendungsbereich des Kohärenzgebots eröffnet, vielmehr haben die Mitgliedstaaten gemeinschaftsrechtswidrig gehandelt und können wegen vertragswidrigen Verhaltens vom EuGH verurteilt werden.
Mit Querschnittscharakter ist daher keinesfalls ein echter Eingriff aus einem Kooperationsbereich in den anderen gemeint, da ein solcher immer rechtswidrig wäre. Als Maßnahmen mit Querschnittscharakter sind vielmehr solche Maßnahmen zu bezeichnen, deren Durchführung *faktische* Auswirkungen auf den jeweils anderen Bereich zeigt. Dies ist der Fall, wenn entweder im Bereich der GASP oder der ZBJI Vereinbarungen getroffen werden, deren praktische Auswirkungen auch auf bestehende Gemeinschaftspolitiken ausstrahlen. Gleiches gilt natürlich auch umgekehrt. Durch Vereinbarungen im gemeinschaftlichen Rahmen können auch etwaige Maßnahmen im Bereich der GASP oder der ZBJI tangiert werden[450]. In diesen Fällen ist der Anwendungsbereich des unionsrechtlichen und des gemeinschaftsrechtlichen Kohärenzgebots eröffnet[451]. Dies hat zur Folge, daß sowohl bei Maßnahmen im Gemeinschaftsbereich als auch in den Bereichen der ZBJI oder der GASP Rücksichtnahmepflichten auf die bereits bestehenden Politiken der Nachbarbereiche bestehen. Dabei ist, wie ausgeführt[452] zwar das gemeinschaftsrechtliche, aber nicht das unionsrechtliche Kohärenzgebot justitiabel. Im letzten Fall besteht jedoch die Möglichkeit eines Vertragsverletzungsverfahrens, soweit *zugleich* ein Verstoß gegen Artikel 5 EGV vorliegt.

II. Kohärenzgebot zwischen GASP - und ZBJI - Maßnahmen

Während in den meisten Fällen in denen vom Kohärenzgebot die Rede ist, das Hauptinteresse der Frage der Kohärenz zwischen dem Gemeinschaftsbereich und den intergouvernementalen Kooperationsbereichen gilt, wird bei näherer Betrachtung des Unionsvertrages klar, daß das Kohärenzgebot auch auf die Abstim-

[450] Siehe Kap. 2 Abschn. 1 *A* I 1 f. und Kap. 2 Abschn. 1 *C* I.
[451] Zu den Begriffen siehe Ausführungen unter Kap. 1 Abschn. 3 *C* III.
[452] Siehe Kap. 1 Abschn. 4 *C*.

mung zwischen den beiden intergouvernementalen Kooperationsbereichen der GASP und der ZBJI Anwendung finden muß. Für diese Schlußfolgerung sprechen mehrere Gründe.
Wie bereits gezeigt[453] (siehe S. 10), kommt der Regelung des Artikel C Abs. 1 S. 1 EUV insoweit eine selbständige Bedeutung zu, als darin das Kohärenzgebot als ein allgemeingültiges *Rechts-, Handlungs und Ordnungsprinzip* zum Ausdruck kommt. Als ein solches muß es aber nicht nur in der Abstimmung zwischen supranationalen und intergouvernementalen Bereichen Anwendung finden, sondern auch bei rein intergouvernementalen Maßnahmen. Es sind durchaus Aktionen denkbar, die sowohl den GASP-, den Gemeinschafts- als auch den ZBJI-Bereich berühren. Dies ist z.B. in den Europa-Abkommen der Fall, wo handelspolitische Vereinbarungen mit außenpolitischen Zielvorstellungen (Beitritt) vermengt werden[454]. Da zudem auch Fragen der Arbeitnehmerfreizügigkeit angesprochen werden[455], enthalten die Abkommen zugleich Regelungen, die Fragen der Einwanderung tangieren. Auch wenn die Europa-Abkommen nicht als Maßnahmen in den Bereichen der ZBJI oder der GASP qualifiziert werden, so liegt doch thematisch eine Überschneidung mit diesen Kooperationsbereichen vor.
Das Kohärenzgebot leistet in solchen Fällen eine Verbindung zwischen diesen Bereichen und stellt so das angestrebte einheitliche Auftreten der Union sicher. Dabei kann es nicht auf die bloße Tatsache ankommen, daß immer auch der Gemeinschaftsbereich betroffen ist. Vielmehr muß davon ausgegangen werden, daß bereits eine Abstimmung zwischen den intergouvernementalen Kooperationsbereichen den Anwendungsbereich des *unionsrechtlichen* Kohärenzgebots eröffnet.
Ein weiteres Argument für die Anwendung des Kohärenzgebots auch auf die Abstimmung zwischen der ZBJI und der GASP findet sich in der zweiten, bereits erwähnten Funktion des Artikel C Abs. 1 S. 1 EUV. Damit ist die Funktion der *Klammerwirkung* zwischen der äußeren und inneren Kohärenz angesprochen. Diese Klammerwirkung kann nur wirksam werden, wenn Maßnahmen, die vorwiegend den auswärtigen Bereich betreffen (z.B. GASP-Beschlüsse) mit solchen, die vorwiegend den Bereich innerer Kohärenz tangieren (z.B. ZBJI-Maßnahmen), abgestimmt werden. Hinzu kommt, daß der Fehler vermieden werden sollte, als in den Bereich der auswärtigen Kohärenz fallend lediglich Maßnahmen der GASP oder der auswärtigen Politik der Gemeinschaft anzusehen. Natürlich können auch Maßnahmen aus dem ZBJI-Bereich faktische Auswirkungen auf das Auftreten der Union nach außen zeitigen. Das in solchen Fällen die Auswirkungen mit Maßnahmen in den anderen Kooperationsbereichen, einschließlich der GASP, abgestimmt werden müssen, erscheint selbstverständlich.

---

[453] Siehe Kap. 1 Abschn. 1 *A* III 3.).

[454] Vgl. z.B. Artikel 7 ff., Artikel 18 ff. und Artikel 2 ff. des Europa-Abkommens zur Gründung einer Assoziation zwischen den Europäischen Gemeinschaften sowie ihren Mitgliedstaaten und der Republik Polen, vom 16. Dezember 1991.

[455] Vgl. Artikel 37 ff. des Europa-Abkommens mit Polen.

Ein weiteres Argument für die Abstimmungspflicht zwischen der GASP und der ZBJI wird bei der Betrachtung der Adressaten einer solchen Pflicht deutlich. Da hier die Gemeinschaften nicht betroffen sind, scheidet naturgemäß eine Anwendung des *gemeinschaftsrechtlichen* Kohärenzgebots mit seiner Außenausrichtung, aus. Die angesprochene Abstimmungspflicht kann daher nur aus dem *unionsrechtlichen* Kohärenzgebot deduziert werden. Adressaten des *unionsrechtlichen* Kohärenzgebots sind aber die Vertragsstaaten des Unionsvertrages. Die Abstimmungspflicht zwischen GASP und ZBJI-Maßnahmen bedeutet für diese also keine stärkere Belastung, als die, welche die Vertragsstaaten mit ihrer Zustimmung zu einem koordinierten Vorgehen im Bereich GASP und ZBJI ohnehin als Selbstverpflichtung angenommen haben. Die Haupteinschränkungen, die sich aus dem Unionsvertrag für die Handlungsmöglichkeiten der Vertragsstaaten ergeben, resultieren vor allem aus der *Unterwerfung unter die Kooperationsverfahren* der ZBJI und der GASP. Eine Pflicht zur Abstimmung *zwischen* den beiden intergouvernementalen Verfahren bedeutet in der Praxis ja lediglich eine bloße Konsultation zwischen den zuständigen Innen- bzw. Außenministerien. Dies kann aber nicht als echte Zusatzbelastung angesehen werden. Auch aus diesem Grund erscheint die Anwendung des Kohärenzgebots auf die Abstimmung zwischen der GASP und der ZBJI unbedenklich.
Aufgrund der Notwendigkeit eines Querschnittscharakters der Maßnahme gilt hier ebenfalls das bereits Ausgeführte. Die betreffende Maßnahme muß Auswirkungen auf den Nachbarkooperationsbereich zeitigen. Dabei muß die Abgrenzung zwischen *Auswirkung* und *Eingriff* in den anderen Bereich, anders als bei der Abstimmung mit dem Gemeinschaftsbereich, bei dem letzteres eine Vertragsverletzung darstellen würde, nicht stringent erfolgen. Dies folgt aus dem Charakter der Zusammenarbeit im GASP- und ZBJI-Bereich als intergouvernementales Verfahren. Sollten tatsächlich die zuständigen Innenminister bei ihrer Kooperation im Rahmen der ZBJI Beschlüsse gefaßt haben, die einen echten Eingriff in den GASP-Kooperationsbereich darstellen, so sind nach Völkerrecht primär lediglich die innerstaatlichen Kompetenzverteilungsmechanismen der Unionsstaaten verletzt worden. Die Maßnahme wird dadurch nicht zwingend rechtswidrig.
Eine Justitiabilität der Abstimmungspflicht zwischen GASP und ZBJI scheidet jedoch aufgrund der fehlenden Justitiabilität des *unionsrechtlichen* Kohärenzgebots aus. Auch für die Anwendung eines Vertragsverletzungsverfahrens wegen Verstoßes gegen Artikel 5 EGV, wie dies bei Maßnahmen die den Gemeinschaftsbereich tangieren, möglich wäre, verbleibt kein Raum. Solange die Unionsstaaten nicht gegen ihre gemeinschaftsrechtlichen Pflichten verstoßen, kann eine fehlende Abstimmung zwischen deren Maßnahmen im GASP und ZBJI-Bereich nicht gemeinschaftsrechtlich angefochten werden.

III. Grundsätzliche Nichtanwendung bei Fehlen eines Bezugs zu anderen Bereichen?

Wie gezeigt, ist der Querschnittscharakter der Maßnahmen als konstitutives Merkmal für eine Anwendung des Kohärenzgebots zu fordern. Dies folgt aus der Außenausrichtung eines Kohärenzgebots als seinem Hauptregelungsbestandteil. Daraus folgt, daß bei fehlendem Querschnittscharakter einer Maßnahme, eine Anwendung des Kohärenzgebots grundsätzlich zu unterbleiben hat.
Dem ließe sich nun entgegenhalten, daß ein Kohärenzgebot die Pflicht zur Stimmigkeit der Einzelmaßnahme zwar nicht als selbständigen Typus, aber doch als unselbständigen (vertikalen) Teilaspekt des Kohärenzbegriffs[456] mit erfaßt. Damit ließe sich argumentieren, daß in Fällen des mangelnden Querschnittscharakters eine Anwendung des horizontalen Aspekts des Kohärenzgebots unterbleiben muß, aber für die Anwendung des vertikalen Teilaspekts immer noch Raum verbleibt.
Daß diese scheinbar einleuchtende Möglichkeit nur begrenzte praktische Auswirkungen hat, soll nachfolgend gezeigt werden. Dabei empfiehlt sich wiederum eine getrennte Untersuchung nach gemeinschaftsrechtlichem und unionsrechtlichen Kohärenzgebot.

1.) Anwendung des *gemeinschaftsrechtlichen* Kohärenzgebots bei Maßnahmen ohne Querschnittscharakter?
Wie gezeigt, findet das Kohärenzgebot der Artikel A Abs. 3 S. 2, Artikel C Abs. 1 und Abs. 2 S. 2 EUV im Gemeinschaftsbereich Anwendung, weil es im Wege einer impliziten Vertragsänderung ins Gemeinschaftsrecht übernommen wurde[457]. Zugleich ist jedoch festzuhalten, daß aufgrund der Übernahme im Wege einer impliziten Vertragsänderung inhaltliche Modifikationen des Kohärenzgebots erfolgt sind. Zu untersuchen wäre daher, ob eine Anwendung des Teilaspekts der *inhaltlichen* Kohärenz im Gemeinschaftsrecht (also einer Maßnahme ohne Querschnittscharakter) sinnvoll wäre.
Dabei sollte zwischen Maßnahmen mit innerorganschaftlichem und solchen mit interorganschaftlichem Charakter unterschieden werden. Als Maßnahmen mit innerorganschaftlichem Charakter wären solche Maßnahmen anzusehen, deren Durchführung in den Verantwortungsbereich eines einzelnen Gemeinschaftorgans fällt[458]. Da die Bindungen des *EG-Rates* bzw. des *Europäischen Parlaments* an das *gemeinschaftliche* Kohärenzgebot aufgrund der inhaltlichen Modifikationen vernachlässigbar sind, kommen insbesondere Maßnahmen in Betracht, die in den Verantwortungsbereich der Kommission fallen. Eine Anwendung des *inhaltlichen* Teilaspekts des Kohärenzgebots, ohne daß ein Querschnittscharakter der Maß-

[456] Zum Begriff siehe Kap. 1 Abschn. 1 *A* III 2.).
[457] Siehe Kap. 1 Abschn. 3 *C* III.
[458] Die Kategorien sind dem allgemeinem Verwaltungsrecht entnommen. Da mit ihnen keine rechtlichen Schlußfolgerungen einhergehen, ist die Typenübernahme zwecks bloßer Klassifizierung ins Gemeinschaftsrecht unbedenklich.

nahme vorliegt, würde faktisch eine Verpflichtung der Kommission zur Folge haben, bei ihren *rein innergemeinschaftlich* zu treffenden Maßnahmen auf die Stimmigkeit der Einzelmaßnahmen zu achten. Abgesehen davon, daß eine solche inhaltliche Stimmigkeit von Einzelmaßnahmen in jeder ordnungsgemäß geführten Verwaltungsbehörde eine Selbstverständlichkeit sein sollte, fehlt jegliche Berechtigung für eine derartige Ausdehnung des primär unionsrechtlich statuierten Kohärenzgebots.

Der Grund, warum entgegen der Vorschrift des Artikel M EUV doch von einer impliziten Änderung der Gründungsverträge durch die Übernahme des Kohärenzgebots auszugehen ist[459], war in dem Bemühen eines einheitlichen Auftretens der Kompetenzträger der unterschiedlichen Kooperationsbereiche zu sehen und durch Vertragszielvorgaben gerechtfertigt. Ein massiver Eingriff in die innere Organisationszuständigkeit der Kommission kann, ohne daß irgendein Bezug zum ursprünglichen Regelungsbereich des Unionsvertrages, namentlich der Abstimmung der supranationalen und intergouvernementalen Kooperationsbereiche zu sehen ist, damit nicht mehr gerechtfertigt werden. Er erscheint zudem, da er bloße Selbstverständlichkeiten formuliert, überflüssig. Eine Anwendung des inneren Teilaspekts des Kohärenzgebots scheidet daher in diesen Fällen aus.

Gleiches gilt für den Bereich der interorganschaftlichen Maßnahmen. Hier soll die Stimmigkeit der Maßnahmen innerhalb des Gemeinschaftsbereichs vorrangig durch die primärrechtlich vorgegebene Normenhierarchie und Kompetenzverteilung sichergestellt werden. Werden Maßnahmen getroffen, die unstimmig sind, verbleibt den beteiligten Organen zu ihrer Kompetenzsicherung der innergemeinschaftliche Klageweg. Die zusätzliche Anwendung des *inhaltlichen* Teilaspekts des Kohärenzgebots verspricht keinerlei Gewinn. Sie entbehrt zudem, wie im ersteren Fall, einer Rechtfertigung, soweit es sich um Maßnahmen mit rein innergemeinschaftlichen Charakter handelt.

2.) Anwendung des unionsrechtlichen Kohärenzgebots bei Maßnahmen ohne Querschnittscharakter?

Im Bereich des unionsrechtlichen Kohärenzgebots spielt der Rechtfertigungsgedanke, anders als im Bereich des gemeinschaftlichen Kohärenzgebots, bei einer Anwendung des inhaltlichen Teilaspekts keine Rolle. Eine Anwendung des vertikalen Teilaspekts des Kohärenzgebots erscheint aber nur begrenzt sinnvoll. Da es sich bei den beschlossenen Maßnahmen in den Bereichen der GASP und der ZBJI um solche mit intergouvernementalen Charakter handelt, wird die Verbindlichkeit der Maßnahmen für die Einzelstaaten vorrangig durch die ausgesprochene Selbstbindung vermittelt. Eine Verpflichtung der Vertragsstaaten durch Maßnahmen denen diese nicht zugestimmt haben, ist nur sehr begrenzt möglich. Lediglich im Verfahren des Artikel J.3 Ziff. 2 EUV ist eine Mehrheitsabstimmung vorgesehen. Sofern die Staaten aber eine entsprechende völkerrechtlich wirksame Bindung ausgesprochen haben, folgt ihre Verpflichtung zur Einhaltung dieser Bindung

[459] Siehe Kap. 1 Abschn. 3 *C* III.

bereits aus dem völkerrechtlichen Grundsatz des pacta sunt servanda[460]. Eine zusätzliche Anwendung des *vertikalen Teilaspekts* des Kohärenzgebots erscheint allenfalls als positivrechtliche Absicherung dieses Grundsatzes. Dies ist zwar zu begrüßen, hat jedoch keine materiellrechtlichen Auswirkungen.
Allerdings lassen sich einige Bestimmungen des Unionsvertrages als *positivrechtliche Ausprägungen* des vertikalen Teilaspekts des Kohärenzgebots qualifizieren, wie nachfolgend zu zeigen sein wird. Die Sicherstellung des inhaltlichen Teilaspekts des Kohärenzgebots erfolgt daher im Unionsvertrag vorrangig aufgrund vertraglicher Bestimmungen und aufgrund der völkerrechtlichen Regel des pacta sunt servanda. Eine zusätzliche Anwendung des vertikalen Teilaspekts ändert daher nichts an der materiellrechtlichen Rechtslage.

2. Abschnitt: Aus dem Kohärenzgebot resultierende Einzelpflichten

Nachdem der 1. Abschnitt des Kapitels den Anwendungsbereich des unionsrechtlichen und des gemeinschaftsrechtlichen Kohärenzgebots behandelte, ist der nachfolgende Abschnitt den aus dem Kohärenzgebot resultierenden Einzelpflichten gewidmet.

A. Bei der Beschlußfassung zu beachtende Grundprinzipien

Die möglichen Pflichten lassen sich in solche einteilen, die grundsätzlich bei *jeder* Beschlußfassung zu beachten sind und in solche, die nur bei der Erfüllung bestimmter Voraussetzungen in Kraft treten. Einige Grundprinzipien, die bei allen Beschlußlagen zu beachten sind, lassen sich insbesondere der Bestimmung des Artikel B EUV entnehmen.

I. Verstöße gegen Vertragsziele

Wie der EuGH in mehreren Urteilen festgestellt hatte, kommt den Vertragszielen des EG-Vertrages Bedeutung bei der Auslegung des Vertrages zu[461]. Grundsätzlich stellen Vertragsziele, insbesondere solche des Unionsvertrages, zwar nicht justitiable Zielvorgaben dar, denen keine konkreten Handlungspflichten zu entnehmen sind[462], ein grober Verstoß gegen die postulierten Ziele muß dennoch als Vertrags-

---

[460] Zum Begriff siehe z.B. *Kimminich*, Einführung in das Völkerrecht, 6. Aufl. S. 217.

[461] Siehe: EuGH Rs. 6/64, *Costa/Enel*, Slg. 1964, S. 1251 ff. (1270); EuGH Rs. 6/72, *Continental Can*, Slg. 1973, S. 215 ff. (244); EuGH Rs. 43/75, *Defrenne/Sabena*, Slg. 455 ff. (473); EuGH Rs. C-202/88, *Endgeräte*, Slg. 1991, S. I-1223 ff. (1269).

[462] *Hilf/Pache*, in: Grabitz/Hilf, EUV/EGV, Artikel B, Rn. 3.

verstoß gewertet werden[463]. Aus dem *unionsrechtlichen Kohärenzgebot* folgt damit eine Pflicht der Mitgliedstaaten bei ihrer Kooperation im GASP oder ZBJI-Bereich keine Maßnahmen zu beschließen, die gegen wichtige Ziele der Gründungsverträge verstoßen würden. Gegebenenfalls wäre eine solche Maßnahme auch im Wege des Vertragsverletzungsverfahrens als Verletzung der aus Artikel 5 Abs. 2 EGV resultierenden Unterlassungspflicht justitiabel, wonach die Mitgliedstaaten zur Unterlassung aller Maßnahmen verpflichtet sind, die die Verwirklichung der Vertragsziele gefährden könnten[464].

Aus dem gemeinschaftsrechtlichen Kohärenzgebot folgt wiederum das Gebot an die Gemeinschaften, Rücksicht auf die Vertragsziele des Unionsvertrages zu nehmen. Zu denken wäre in diesem Zusammenhang z.B. an Artikel B 2. Spiegelstrich EUV, wonach die Behauptung der Identität der Union auf internationaler Ebene zu den vertraglich angestrebten Zielen gehört. Im Zusammenspiel mit dem Kohärenzgebot ergibt sich hieraus die Vorgabe, bei Handlungen auf internationaler Ebene insbesondere darauf zu achten, daß die Aktionen der unterschiedlichen Akteure, namentlich der Mitgliedstaaten im Rahmen der GASP und der Gemeinschaften, abgestimmt erfolgen. Zur Behauptung einer Identität gehört nämlich das Bestreben eines einheitlichen Auftretens zwingend dazu. Dies ist notwendige Voraussetzung, um auf internationaler Bühne überhaupt als Einheit wahrgenommen zu werden.

II. Nichtberücksichtigung des acquis communautaire

Gemäß Artikel B 5. Spiegelstrich EUV gehört die Wahrung des acquis communautaire[465] mit zu den Zielen des Unionsvertrages. Dem Begriff des acquis

---

[463] Vgl. zur rechtlichen Bedeutung der EU-Vertragsziele: *Hilf/Pache*, in: Grabitz/Hilf, EUV/EGV, Artikel B, Rn. 3.

[464] Siehe Kap. 1 Abschn. 4 *B* I 3.); vgl. auch: EuGH, Rs. 229/83 - *Leclerc/Au blêvert*, Slg. 1985, S. 1 ff. (31).

[465] Die Kommission hat anläßlich der ersten beiden Beitritte den acquis communautaire wie folgt definiert: „Mit seiner Mitgliedschaft in den Gemeinschaften akzeptiert der antragstellende Staat vorbehaltlos die Verträge und ihre politischen Zielsetzungen, die seit Inkrafttreten der Verträge gefaßten Beschlüsse jeglicher Art sowie die hinsichtlich des Ausbaus und der Stärkung der Gemeinschaften getroffenen Optionen. Insbesondere ist die mit den Verträgen zur Gründung der Gemeinschaften geschaffene Rechtsordnung im wesentlichen gekennzeichnet durch die unmittelbare Anwendbarkeit einiger ihrer Bestimmungena und bestimmter von den Organen der Gemeinschaften erlassenen Rechtsakte, durch den Vorrang des Gemeinschaftsrechts gegenüber ihm etwa entgegenstehenden einzelstaatlichen Bestimmungen und durch das Bestehen von Verfahren, die geeignet sind, die einheitliche Auslegung des Gemeinschaftsrechts zu sichern. Der Beitritt zu den Gemeinschaften schließt die Anerkennung des zwingenden Charakters dieser Vorschriften ein, deren Einhaltung unerläßlich ist, um die Wirksamkeit und Einheitlichkeit des Gemeinschaftsrechts zu gewährleisten„ zitiert nach: *Pechstein*, in: Stern, Zukunftsprobleme der Europäischen Union, S. 163 ff. (171 f.).

communautaire kommt damit erstmals "verfassungsrechtlicher" Status zu[466]. Der Bestimmung des Artikel B 5. Spiegelstrich EUV wird von allen Zielbestimmungen der weitestgehende rechtliche Gehalt und die größte politische Bedeutung zuerkannt[467]. Den intergouvernementalen Elementen des Unionsvertrages soll damit eine Schwächung der Supranationalität der Gemeinschaften untersagt werden[468]. Auch wenn der Zusammenhang mit dem Gebot zu einer kohärenten Politikgestaltung der Artikel A Abs. 3 S. 2, Artikel C Abs. 1 und Abs. 3 S. 2 EUV nicht sofort deutlich wird, so wird bei näherer Betrachtung klar, daß die Zielbestimmung des Artikel B 5. Spiegelstrich EUV durchaus Zusammenhänge zum Kohärenzgebot aufweist. Dies folgt aus folgenden Überlegungen:
Durch Artikel B 5. Spiegelstrich EUV und Artikel M EUV wird klargestellt, daß ein Rückfall hinter den bestehenden acquis communautaire nicht beabsichtigt war[469]. Wie die Ausführungen zur Zulässigkeit einer impliziten Vertragsänderung zudem zeigten[470], wäre ein solcher Rückfall grundsätzlich auch allenfalls im Wege einer *expliziten* Vertragsänderung möglich gewesen. Wenn aber Einwirkungen auf den gemeinschaftlichen Besitzstand untersagt sind, so kann dies nur bedeuten, daß die Mitgliedstaaten bei ihren Maßnahmen in den intergouvernementalen Kooperationsbereichen keine Beschlüsse treffen dürfen, die eine untersagte Einwirkung zur Folge hätten. Dies bedeutet aber nichts anderes, als daß die intergouvernemental zu treffenden Maßnahmen mit dem gemeinschaftlichen Besitzstand *abzustimmen* sind. Ein solches Abstimmungsgebot kann aber als besonderer Unterfall des allgemeinen Kohärenzgebots aufgefaßt werden, da es demselben Ziel, nämlich dem abgestimmten, unierten Vorgehen gemeinschaftlicher und intergouvernementaler Kooperationsbereiche, dient.

B. Reduzierung des Entscheidungsspielraums bei vorhandenen Vorgaben anderer Kooperationsbereiche

Aus der Natur des Kohärenzgebots als Gebot zur Abstimmung zwischen den unterschiedlichen Kooperationsbereichen folgt, daß in den Fällen, in denen bereits Vorgaben eines anderen Bereiches in dem Sinne vorliegen, daß eine bestimmte Richtung inhaltlich definiert wird, Rücksichtnahmepflichten bezüglich dieser Vorgaben bestehen. Dabei können Einzelbestimmungen des Unionsvertrages bei näherer Betrachtung als *Einzelkonkretisierungen* des allgemeinen Kohärenzprin-

[466] *Gialdino*, CMLR 1995, S. 1089 ff. (1090).
[467] *Hilf/Pache*, in: Grabitz/Hilf, EUV/EGV, Artikel B, Rn. 17; Constantinesco, CDE 1993, S. 251 ff. (266).
[468] *Hilf/Pache*, in: Grabitz/Hilf, EUV/EGV, Artikel B, Rn. 19.
[469] *Hilf/Pache*, in: Grabitz/Hilf, EUV/EGV, Artikel B, Rn. 19; *Klein*, in: Hailbronner u.a., Handkommentar EUV/EGV, Art. M Rn. 7.
[470] Siehe Kap. 1 Abschn. 3 *C* II 3.).

zips qualifiziert werden. Die statuierten Pflichten lassen sich dabei in mehrere Kategorien einteilen.

I. Allgemeines Gebot zur Rücksichtnahme

Als erste Kategorie läßt sich sowohl dem unionsrechtlichen als auch dem gemeinschaftlichen Kohärenzgebot ein allgemeines Gebot zur Rücksichtnahme entnehmen. Dieses Rücksichtnahmegebot ist im Unionsvertrag zwar nicht explizit statuiert, es ist jedoch untrennbar mit dem Kohärenzbegriff verbunden.
Wie ausgeführt, beinhaltet der Begriff der Kohärenz als Hauptregelungsaspekt das Gebot zur Abstimmung mit den Vorgaben der übrigen Bereiche[471]. Ein Abstimmungsgebot enthält aber ein Gebot zur Rücksichtnahme als konstitutives Merkmal. Zwar kann dem Abstimmungsgebot nicht direkt eine Pflicht zur inhaltlichen Berücksichtigung der Vorgaben entnommen werden, als Mindestvoraussetzung ist aber zumindest die *Kenntnisnahme und die Einbeziehung in die Entscheidungsfindung* zu fordern. Nochmals zu betonen ist, daß damit keine automatische Pflicht zur *inhaltlichen Übereinstimmung* der Maßnahmen verbunden ist. Insbesondere für den Fall des *gemeinschaftsrechtlichen* Kohärenzgebots sind die angesprochenen inhaltlichen Modifikationen zu beachten. Im einzelnen sei auf die obigen Ausführungen verwiesen[472].
Die Pflicht zur Rücksichtnahme auf gemeinschaftliche Vorgaben aufgrund des *unionsrechtlichen* Kohärenzgebots beinhaltet zwar grundsätzlich ein Verbot, gegen die Interessen der Gemeinschaften zu handeln und damit das Gebot, die Vorgaben auch inhaltlich zu berücksichtigen, sie ist jedoch nicht justitiabel. Anderes gilt lediglich in Fällen, in denen die Maßnahmen der intergouvernementalen Kooperationsbereiche zugleich einen Verstoß gegen die vertraglichen Pflichten aus Artikel 5 EGV beinhalten[473].

II. Handlungspflichten der Mitgliedstaaten

Die ausdrücklich durch den Unionsvertrag statuierten Pflichten lassen sich grundsätzlich den Kategorien Handlungs- und Unterlassungspflichten zuordnen. Nachfolgend soll zunächst auf die durch den Unionsvertrag postulierten Handlungspflichten eingegangen werden. Diese lassen sich wiederum in mehrere Unterkategorien einordnen.

1.) Unterstützungspflichten
Der Unionsvertrag sieht an mehreren Stellen ausdrücklich Unterstützungspflichten der Mitgliedstaaten vor. Einige davon lassen sich als Konkretisierungen des (unionsrechtlichen) Kohärenzgebots charakterisieren.

---

[471] Siehe Kap. 1 Abschn. 1 *B*.
[472] Siehe Kap. 1 Abschn. 3 *C* IV 1.) a).
[473] Siehe Kap. 1 Abschn. 4 *B*.

a) Artikel J.1 Abs. 1 und Abs. 4 S. 1 EUV

Gemäß Artikel J.1 Abs. 1 EUV soll die Union und ihre Mitgliedstaaten eine Gemeinsame Außen- und Sicherheitspolitik erarbeiten. Fraglich ist, wer Zurechnungsendadressat der Verpflichtung ist. Wie ausgeführt, besitzt die Union keine eigene Rechtspersönlichkeit[474]. Der Begriff "Union" umfaßt vielmehr die supranationalen Gemeinschaften und die Mitgliedstaaten. Bei dieser Auslegung muß Artikel J.1 Abs. 1 EUV so interpretiert werden, daß mit Union der Verbund von Mitgliedstaaten und Gemeinschaften gemeint ist. Die Mitgliedstaaten sind damit als Zurechnungsendadressaten zweimal angesprochen. Hinzu kommt, daß den Gemeinschaften in der GASP, und auf diese bezieht sich Artikel J.1 Abs. 1 EUV gerade, gar keine Funktion zukommt. Die GASP als rein intergouvernemental ausgerichteter Kooperationsbereich ist den Mitgliedstaaten vorbehalten. Die Bestimmung könnte nun dahingehend interpretiert werden, daß die Erwähnung der Union im Artikel J.1 Abs. 1 EUV lediglich eine Tautologie darstellt, da hier lediglich die Mitgliedstaaten nochmals angesprochen werden.

Eine solche Interpretation verkennt jedoch, daß den Mitgliedstaaten im Bereich der GASP ein Doppelcharakter zukommt[475]. Diese handeln nämlich in den intergouvernementalen Kooperationsbereichen einerseits als kooperierende Teile (so bei Abstimmungen des *Unionsrates*) im verbundschaftlichen Handeln, andererseits als Einzelmitglieder des Gesamtverbundes (so als Einzelstaaten, die Maßnahmen von GASP oder ZBJI auszuführen haben).

Bei Zugrundelegung dieses *Doppelcharakters* des Handelns der Mitgliedstaaten erhält die Erwähnung der Union im Artikel J.1 Abs. 1 EUV doch eine selbständige Bedeutung. Diese ist in der Verpflichtung der Mitgliedstaaten in deren Funktion als Einzelmitglieder des Gesamtverbundes zur Beachtung der im Rahmen kooperativer Abstimmungen beschlossenen Maßnahmen (z.B. Beschlüssen des *Unionsrates*) zu sehen. Anders ausgedrückt beinhaltet Artikel J.1 Abs. 1 EUV die Verpflichtung an die Mitgliedstaaten bei ihrem einzelstaatlichen Handeln die im Rahmen der GASP-Gremien beschlossenen Maßnahmen zu beachten. Ein solches Abstimmungsgebot kann wiederum als ein Sonderfall des allgemeinen Kohärenzgebots angesehen werden. Da jedoch ausdrücklich nur der intergouvernementale GASP-Bereich angesprochen wird, handelt es sich hier aufgrund des fehlenden Außenbezugs um die *positivrechtliche Ausprägung des vertikalen Kohärenzgebots*.

Im gleichen Zusammenhang ist Artikel J.1 Abs. 4 S. 1 EUV zu sehen. Hier ist die Unterstützungspflicht der Mitgliedstaaten nochmals explizit statuiert. Hervorzuheben ist die Betonung der *aktiven* Unterstützung, welche über die bloße Nichtverhinderung und sogar über das allgemeine völkerrechtliche Gebot der Vertragserfüllung nach Treu und Glauben[476] (vgl. Artikel 26 WVK) hinausgeht. Während nämlich letztere vorrangig auf eine Erfüllung nach dem "Geist des Vertrages" und

[474] Siehe Kap. 1 Abschn. 3 *A* I.

[475] Siehe Kap. 1 Abschn. 3 *B* I 2.).

[476] Siehe: *Verdross/Simma*, Universelles Völkerrecht, § 60 ff.

ein Rechtsmißbrauchsverbot gerichtet ist[477], geht eine Pflicht zur aktiven und loyalen, vorbehaltslosen Unterstützung insofern weiter, als sie zugleich eine *positive Handlungspflicht* statuiert. Besonders wichtig wird diese Verpflichtung in (seltenen) Fällen von Mehrheitsentscheidungen, bei denen gemäß Artikel J.1. Abs. 4 S. 1 EUV auch die überstimmten Staaten zur *aktiven Unterstützung* der beschlossenen Maßnahmen verpflichtet werden. Auch diese Verpflichtungen sollen einem einheitlichen Auftreten des Gesamtverbundes dienen und stellen damit Unterfälle des allgemeinen Kohärenzgebots dar.

b) Artikel J.2 Abs. 2 S. 2 und Artikel J.2 Abs. 3 S. 2 und S. 3 EUV
Gemäß Artikel J.2 Abs. 2 S. 1 EUV legt der Rat in allen Fällen, in denen er dies für erforderlich hält, einen gemeinsamen Standpunkt fest. Nach Artikel J.2 Abs. 2 S. 2 EUV haben die Mitgliedstaaten dafür Sorge zu tragen, daß ihre einzelstaatliche Politik mit den gemeinsamen Standpunkten in Einklang steht. In Artikel J.2 Abs. 2 S. 2 EUV werden folglich die Mitgliedstaaten dazu verpflichtet, ihre einzelstaatliche Politik nach den im Rahmen des Rates festgelegten gemeinsamen Standpunkten auszurichten. Auch diese *Abstimmungsverpflichtung*, die systematisch gesehen einen *Unterfall der Unterstützungspflicht* des angesprochenen Artikel J.1 Abs. 4 S. 1 EUV darstellt, ist als Konkretisierung des *vertikalen Kohärenzgebots* einzustufen, da sie wiederum, weil auf die gemeinsamen Standpunkte bezogen, keinen Außenbezug zu den anderen Bereichen aufweist.
Die in Artikel J.2 Abs. 3 S. 2 und Artikel J.2 Abs. 3 S. 3 EUV aufgeführten Verpflichtungen der Mitgliedstaaten, in internationalen Konferenzen und Organisationen für die gemeinsamen Standpunkte einzutreten (Artikel J.2 Abs. 3 S. 2 EUV) und die ausdrückliche Verpflichtung einzelner Mitgliedstaaten in Organisationen, in denen nicht alle Mitgliedstaaten vertreten sind, für die gemeinsamen Standpunkte einzutreten (Artikel J.2 Abs. 3 S. 3 EUV), enthalten materiellrechtlich gesehen keine zusätzlichen Sonderpflichten gegenüber Artikel J.1 Abs. 4 S. 1 EUV. Sie gehen allerdings weiter als Artikel J.2 Abs. 2 S. 2 EUV. Während nämlich letzterer lediglich eine Verpflichtung der Mitgliedstaaten zur Abstimmung ihrer einzelstaatlichen Politik mit den gemeinsamen Standpunkten enthält, beinhalten die Artikel J.2 Abs. 3 S. 2 und Artikel J.2 Abs. 3 S. 3 EUV *aktive Unterstützungspflichten*.

c) Artikel J.6 UAbs. 1 und Artikel K.5 EUV
Während Artikel J.6 UAbs. 1 als ein Versuch einzuordnen ist, die Einhaltung der Verpflichtungen der Mitgliedstaaten aus Artikel J.2 Abs. 2 S. 2 und Artikel J.2 Abs. 3 EUV auf der administrativen Ebene abzusichern, und daher lediglich als eine Art Ausführungsanordnung aufzufassen ist, stellt die Bestimmung des Artikel K.5 EUV eine ZBJI-Parallele zum Artikel J.2 Abs. 3 EUV dar. Die Abstimmungsverpflichtung beim Auftreten in gemeinsamen Organisationen wird damit

[477] Siehe: *Verdross/Simma*, Universelles Völkerrecht, § 459 ff.

auch für den Bereich der ZBJI postuliert. Auch diese Bestimmungen sind als besondere Unterfälle des allgemeinen Kohärenzgebots einzustufen.

2.) Konsultationspflichten aus Artikel K.3 Abs.1 EUV
Gemäß Artikel K.3 Abs. 1 EUV trifft die Mitgliedstaaten in dem Bereich des Artikel K.1 EUV eine Konsultations- und Unterrichtungspflicht. Diese Konsultationspflicht dient der gegenseitigen Abstimmung der einzelstaatlichen Politiken und der Förderung einer einheitlichen ZBJI-Politik. Wiederum fehlt ein Bezug zu anderen Bereichen, so daß auch Artikel K.3 Abs. 1 EUV als Ausprägung des *vertikalen Kohärenzgebots* einzustufen ist.

3.) Sonderpflichten einzelner Mitgliedstaaten
Der Unionsvertrag sieht an einigen Stellen Verpflichtungen vor, die nicht alle Mitgliedstaaten gleichzeitig, sondern nur einige treffen. Diese Sonderpflichten sind in Artikel J.5 EUV zusammengefaßt. Dabei läßt sich danach unterscheiden, ob ein Mitgliedstaat in seiner Funktion als Vorsitz der Union, oder als Mitglied in einer internationalen Organisation betroffen ist. Die Bestimmungen des Artikel J.5 Abs. 2 und Artikel J.5 Abs. 3 EUV betreffen den ersten Fall. Danach ist der vorsitzende Staat sowohl für die Durchführung der gemeinsamen Aktionen verantwortlich als auch für die Darlegung des Standpunktes der Union auf internationalen Konferenzen. Die Konzentration dieser Aufgaben auf den Vorsitz soll das einheitliche Auftreten der Union nach außen fördern. Als solche ist die Bestimmung des Artikel J.5 Abs. 2 EUV als praktische Umsetzung des Strebens nach äußerer Kohärenz zu bewerten. Die (während des Gipfels von Amsterdam revidierte, s.u.) Bestimmung des Artikel J.5 Abs. 3 EUV soll die Kontinuität des Auftretens sicherstellen.
Gemäß Artikel J.5 Abs. 4 UAbs. 2 EUV trifft die Mitgliedstaaten, die Mitglieder des Sicherheitsrats der Vereinten Nationen sind, eine besondere Verpflichtung. Sie sollen sich untereinander abstimmen und die übrigen Mitgliedstaaten in vollem Umfang unterrichten. Damit soll sichergestellt werden, daß auch im Sicherheitsrat, in dem ja weder die Gemeinschaften noch die Union vertreten sind, die Union "mit einer Stimme" spricht[478]. Auch diese Bestimmung zeigt das Bemühen um ein einheitliches, abgestimmtes Auftreten und ist daher als ein Unterfall des allgemeinen Kohärenzgebots einzustufen. Ähnlich ist die *besondere Verpflichtung* der Mitgliedstaaten, die *ständige Mitglieder* des Sicherheitsrats sind (Frankreich und Großbritannien), sich für die Standpunkte und Interessen der Union einzusetzen einzuordnen.

[478] Zum bisherigen Verhalten der Mitgliedstaaten in der *UN-Generalversammlung* vgl. die Analyse von *Stadler*, in: Regelsberger, Die GASP, S. 107 ff.

III. Unterlassungspflichten

Die Mitgliedstaaten treffen neben den bereits angesprochenen Handlungspflichten auch Unterlassungspflichten, die sich ebenfalls als Unterfälle des allgemeinen Kohärenzgebots qualifizieren lassen.

1.) Artikel J.1 Abs. 4 S. 2 EUV
Gemäß Artikel J.1 Abs. 4 S. 2 EUV sind die Mitgliedstaaten verpflichtet, sich jeder Handlung, die den Interessen der Union zuwiderläuft oder die ihrer Wirksamkeit als kohärente Kraft in den internationalen Beziehungen schaden könnte, zu enthalten. Diese Vorschrift, die eine *Unterlassungspflicht* statuiert, korrespondiert mit der *Handlungspflicht* des Artikel J.1 Abs. 4 S. 1 EUV, wonach die Mitgliedstaaten die Außen- und Sicherheitspolitik der Union aktiv unterstützen[479]. Den Mitgliedstaaten sollen damit Handlungen verboten werden, die dem allgemeinen Bestreben nach einem einheitlichen Auftreten zuwiderlaufen könnten. Ein solches Verbot kann als eine *Absicherung* der Einhaltung des allgemeinen Kohärenzgebots bewertet werden. Die Mitgliedstaaten sollen nicht nur dazu verpflichtet werden, im Rahmen einer Abstimmung positiv für ein einheitliches Auftreten zu sorgen, ihnen wird auch untersagt, Handlungen vorzunehmen, die dieses einheitliche Auftreten gefährden könnten.

2.) Artikel J.4 Abs. 5 und Artikel K.7 EUV
Artikel J.4 Abs. 5 EUV soll für den Bereich der gemeinsamen Verteidigungspolitik, Artikel K.7 EUV für den Bereich der ZBJI sicherstellen, daß eine Zusammenarbeit von Mitgliedstaaten der Union außerhalb der intergouvernementalen Kooperationsbereiche nicht zu einer Behinderung der GASP- oder der ZBJI-Zusammenarbeit führt. Während Artikel J.2 Abs. 4 S. 2 EUV den Mitgliedstaaten untersagt, innerhalb des Regelungsbereichs des Titels V. Maßnahmen zu treffen, die für das einheitliche Auftreten der Union schädlich wären, sprechen die Artikel J.4 Abs. 5 und Artikel K.7 EUV ein derartiges Verbot für außerhalb der intergouvernementalen Kooperationsbereiche liegende Materien aus. Soweit die Gefahr besteht, daß derartige Maßnahmen zu einer Gefährdung oder Behinderung von GASP oder ZBJI werden könnten, sind sie untersagt. Damit werden den Mitgliedstaaten *Rücksichtnahmepflichten* auf die der Union vorbehaltenen Bereiche auferlegt.

[479] Siehe Kap. 2 Abschn. 2 *B* II 1.) a).

3. Abschnitt: Praktische Umsetzung des Kohärenzgebots

Der nachfolgende Abschnitt behandelt die praktische Umsetzung des Kohärenzgebots. Damit sind insbesondere die politischen und administrativen Bemühungen angesprochen, die ein einheitliches, kohärentes Auftreten der Union sicherstellen sollen.

A. Verfahren und Instrumente zur Herbeiführung der Kohärenz bei der GASP

Gemäß Artikel J.1 EUV erarbeiten und verwirklichen die Union und ihre Mitgliedstaaten eine Gemeinsame Außen- und Sicherheitspolitik (GASP). Wie die Untersuchung gezeigt hat, ist mit dem Begriff Union der Verbund der Mitgliedstaaten und der supranationalen Gemeinschaften gemeint[480]. Adressaten dieser Bestimmung sind folglich die Mitgliedstaaten und die Gemeinschaften. Gemäß Artikel J.2 findet zu jeder außen- und sicherheitspolitischen Frage von allgemeiner Bedeutung im Rat eine gegenseitige Abstimmung und Unterrichtung zwischen den Mitgliedstaaten statt. Diese Abstimmungsverpflichtung kann als eine besondere Ausprägung des allgemeinen Kohärenzgebots angesehen werden. Sie stellt zugleich die unterste Handlungsstufe der GASP dar[481].

I. Einheitlicher institutioneller Rahmen

Dem Rat der Außenminister kommt innerhalb der Gemeinsamen Außen- und Sicherheitspolitik die maßgebliche Beratungs- und Entscheidungsfunktion zu[482]. Dieser ist jedoch als Entscheidungsinstanz auf die Zuarbeit untergeordneter Gremien angewiesen. Die bis zum Inkrafttreten des Unionsvertrages maßgeblichen Kohärenzprobleme resultierten auch nicht aus einem inkohärentem Verhalten des Rates im eigentlichen Sinn. Die in der EPZ kooperierenden Außenminister waren ja mit den Mitgliedern des entsprechenden Gemeinschaftsrats ohnehin identisch. Probleme im kohärenten Zusammenwirken der EPZ-Kooperation mit den supranationalen Gemeinschaften lagen daher zum großen Teil in der Struktur der unter der Ebene des Rates angesiedelten Instanzen begründet.

1.) Zusammenarbeit zwischen Politischem Komitee und dem Ausschuß der Ständigen Vertreter

Bevor eine Angelegenheit die Ebene des Rates erreicht, ist sie üblicherweise von den jeweils zuständigen Arbeitsgruppen aufbereitet und vom Politischen Komitee vorformuliert worden. In den Arbeitsgruppen arbeiten die zuständigen Fachbe-

---

[480] Siehe Kap. 1 Abschn. 3 *A* I 2.) b).

[481] *Koenig/Pechstein*, Die Europäische Union, S. 104.

[482] *Burghardt/Tebbe*, EuR 1995, S. 1 ff. (9).

amten der Mitgliedstaaten und der Kommission zusammen. Ein wichtiger Schritt hin zu einer kohärenteren Politik war die mit Inkrafttreten des Unionsvertrages vorgenommene Verschmelzung einer Reihe von Arbeitsgruppen. Während ursprünglich eine Reihe von Arbeitsgruppen dem Politischen Komitee in der Struktur der EPZ oder den Ständigen Vertretern in der Gemeinschaftsstruktur zugearbeitet hatte, wurden alle Arbeitsgruppen mit Inkrafttreten des Unionsvertrages zu Arbeitsgruppen des Rates. Gruppen mit gleichen geographischen Zuständigkeitsbereichen wurden vereinigt und mit einem einzigen Titel versehen, so daß sich diese fusionierten Arbeitsgruppen mit allen Fragen, sowohl aus dem Bereich der Gemeinschaft als auch dem der GASP befassen können[483]. Andere Gruppen bestehen zwar getrennt fort, bei ihnen wird jedoch die Kohärenz ihrer geographisch unterschiedlich definierten Aktivitäten dadurch sichergestellt, daß immer dann ein gemeinsames Treffen der jeweiligen Arbeitsgruppen einberufen wird, wenn gemeinsame Themen zur Diskussion stehen[484].

In den Arbeitsgruppen werden Entwicklungen analysiert und Vorschläge für Fälle, in denen ein gemeinsames Vorgehen erforderlich erscheint, ausgearbeitet. Zur Zeit arbeiten 24 Arbeitsgruppen im Bereich der Gemeinsamen Außen- und Sicherheitspolitik[485]. Die Einteilung erfolgt teils nach geographischen, teils nach thematischen Kriterien. Einige Arbeitsgruppen bearbeiten sowohl GASP als auch Gemeinschaftsmaterien, während andere ausschließlich Angelegenheiten der Gemeinsamen Außen- und Sicherheitspolitik behandeln. Neben Arbeitsgruppen etwa für Osteuropa, Mitteleuropa, Südosteuropa und Zentralasien, Asien, Afrika und Lateinamerika gibt es eine UN- und eine KSZE-Arbeitsgruppe sowie einige für Querschnittsangelegenheiten wie Sicherheitspolitik, Menschenrechte oder Politische Planung. Bei Bedarf werden ferner ad hoc Arbeitsgruppen gebildet[486].

Die Arbeitgruppen haben rein beratende Funktion. Ihre Sitzungsberichte einschließlich der vorgeschlagenen Maßnahmen müssen durch das Politische Komitee gebilligt werden. Dieses nimmt eine Schlüsselstellung innerhalb der GASP ein. Das ursprünglich informelle Komitee der Politischen Direktoren der Außenministerien der Mitgliedstaaten, dessen Zusammenarbeit schließlich in der EPZ und der hierauf gründenden GASP mündete, erhielt durch Artikel J.8 EUV eine institutionalisierte Stellung im Vertragssystem der Union. Danach verfolgt ein Politisches Komitee, das sich aus den Politischen Direktoren zusammensetzt, die internationale Lage in den Bereichen der Gemeinsamen Außen- und Sicherheitspolitik und trägt auf Ersuchen des Rates oder von sich aus durch an den Rat gerichtete Stellungnahmen zur Festlegung der Politiken bei. Darüber hinaus ist das Politische Komitee für die Überwachung bei der Durchführung der vereinbarten Politiken zuständig (Artikel J.8 Abs. 5 S. 2 EUV).

---

[483] *Krenzler/Schneider*, EuR 1994, S. 144 ff. (150).
[484] *Krenzler/Schneider*, EuR 1994, S. 144 ff. (150).
[485] *Burghardt/Tebbe*, EuR 1995, S. 1 ff. (9).
[486] *Burghardt/Tebbe*, EuR 1995, S. 1 ff. (9).

Um die Zusammenarbeit des Politischen Komitees mit den Institutionen der Gemeinschaften zu befördern, beschloß der Europäische Rat[487], daß dieses grundsätzlich am Sitz des Rates zusammentrifft (früher: in der Hauptstadt der jeweiligen Ratspräsidentschaft), und zwar jeweils eine Woche vor der nächsten Ratssitzung. Die Tätigkeit des Politischen Komitees erfolgt gemäß Artikel J.8 Abs. 5 EUV ferner unbeschadet des Artikel 151 EGV. Infolge der Fusion von Außenministerrat und Ministertreffen der EPZ muß das Politische Komitee daher die Zuständigkeit für die Vorbereitung von Ratsentscheidungen im Bereich außenpolitischer Zusammenarbeit mit dem Ausschuß der Ständigen Vertreter (Artikel 151 EGV) teilen[488]. Letzterer führt die laufenden Geschäfte[489]. Die Vorlagen des Politischen Komitees müssen deswegen auch den Ausschuß der Ständigen Vertreter passieren. Dieser ändert sie zwar regelmäßig nicht und weist sie auch nicht zurück, erörtert jedoch die Bezüge zu Gemeinschaftspolitiken und befindet über ihre Stellung auf der Tagesordnung des Rates[490].
Hieraus resultiert ein gewisses Übergewicht in der Stellung des Ausschusses der Ständigen Vertreter gegenüber dem Politischen Komitee, da die Mitglieder des Ausschusses schon kraft Amts über einen deutlichen Wissensvorsprung in Gemeinschaftsangelegenheiten verfügen. Zwar wird der Ausschuß der Ständigen Vertreter teilweise selbst als "Grauzone" zwischen den mitgliedstaatlichen und den gemeinschaftlichen Interessen bezeichnet[491]. Dennoch ist bereits wegen der stärkeren institutionellen Einbindung davon auszugehen, daß die gemeinschaftliche Ausrichtung des Ausschusses stärker ist, als die des Politischen Komitees. Die Zusammenarbeit im Bereich GASP ist daher nicht zuletzt durch die stärkere Einbeziehung des Ausschusses gemeinschaftsbetonter geworden. Insgesamt ist jedoch festzuhalten, daß die Frage eines kohärenten Auftretens, mit anderen Worten die Frage, ob in der Union "die rechte Hand weiß, was die linke tut", fundamental von der Interaktion der beiden Akteure, des Ausschusses der ständigen Vertreter und des Politischen Komitees, abhängt[492].

2.) Fusion des Sekretariats der EPZ mit dem Generalsekretariat des Rates
Die Schlußakte des Vertrages über die Europäische Union enthielt eine Erklärung zu den praktischen Einzelheiten im Bereich der Gemeinsamen Außen- und Sicherheitspolitik[493]. In dieser Erklärung kamen die Konferenzteilnehmer überein, "die praktischen Einzelheiten der Zusammenlegung des Sekretariats der Politischen Zusammenarbeit mit dem Generalsekretariat des Rates ...später (zu prü-

[487] Conclusions of the European Council, 29.10.1993 (Dok. SN 288/93), S. 1.
[488] Vgl. dazu auch: Conclusions of the European Council, 29.10.1993 (Dok. SN 288/93), S. 1.
[489] *Winter*, DÖV 1993, S. 173 ff. (178).
[490] *Burghardt/Tebbe*, EuR 1995, S. 1 ff. (9).
[491] *Owen*, European Community Law, S. 71.
[492] *Schröder*, integration 1997, S. 189 ff. (189).
[493] siehe die 28. Erklärung der Schlußakte.

fen)". Die Entscheidung über die endgültige Zusammenlegung des Sekretariats der Politischen Zusammenarbeit mit dem Generalsekretariat traf der Rat am 11. Mai 1992[494]. Diese ist mittlerweile vollzogen[495].
Auch wenn die Entscheidung auf den ersten Blick wie eine rein administrative Maßnahme erscheinen mag, sollte ihre praktische Bedeutung nicht unterschätzt werden[496]. Bis zum Abschluß des Unionsvertrages verfügte die EPZ mit dem Sekretariat der Politischen Zusammenarbeit, dem Politischen Komitee und den ihm zuarbeitenden Arbeitsgruppen über ein diffizil ausgebildetes institutionelles System, das sowohl auf der Entscheidungs- (Außenministerrat der EPZ, Politisches Komitee und Arbeitsgruppen) als auch auf administrativer Ebene (Sekretariat der Politischen Zusammenarbeit) weitgehend autark von den gemeinschaftlichen Institutionen agieren konnte. Nach der Zusammenlegung diverser Arbeitsgruppen mit den entsprechenden Arbeitsgruppen des Generalsekretariats bzw. der Inkorporation der übrigen in das institutionelle Gefüge des Generalsekretariats verlor sich diese Autarkie auf der Arbeitsebene. Die Verschmelzung des Sekretariats der Politischen Zusammenarbeit mit dem Generalsekretariat hob nunmehr auch die administrative Autarkie der ursprünglichen EPZ-Institutionen auf.
Von den alten Institutionen blieb lediglich das Politische Komitee weitgehend ursprünglich erhalten, auch wenn es jetzt auf eine Zusammenarbeit mit dem Ausschuß der Ständigen Vertreter angewiesen ist[497]. Von einer "Waffengleichheit" zwischen beiden Gremien kann allerdings nicht mehr die Rede sein, da das Politische Komitee seines institutionellen Unterbaus (Arbeitsgruppen und Sekretariat) enthoben wurde. Es ist jetzt bei der Ausarbeitung seiner Vorlagen einerseits auf die Zuarbeit von Gremien angewiesen, die im Gemeinschaftsgefüge tätig werden (Arbeitsgruppen) andererseits unterliegt es einer gewissen Überprüfung der getroffenen Entscheidungen[498].
Dieses (zumindest institutionelle) Übergewicht des Ausschusses der Ständigen Vertreter ist vor allem unter dem Gesichtspunkt der Kohärenz zu begrüssen. Da nunmehr sowohl die fachliche (Arbeitsgruppen) als auch die administrative Zuarbeit (ursprünglich Sekretariat der EPZ, nunmehr das Generalsekretariat) in einem einheitlichen institutionellen (gemeinschaftlichen) Rahmen erfolgt, können insbesondere gemeinschaftliche Aspekte zu einem frühestmöglichen Zeitpunkt berücksichtigt werden. Die Gefahr paralleler einander widersprechender Aktionen ist durch die angesprochenen Fusionen erheblich gemindert worden.
Allerdings besteht durch den geschilderten einheitlichen institutionellen Rahmen nunmehr verstärkt die Gefahr, daß die Mitgliedstaaten im ursprünglichen Kompe-

[494] Conclusions of the Council, 11.5.1992 (Dok. SI 92/348), S. 17 ff.
[495] *Krenzler/Schneider*, EuR 1994, S. 144 ff. (150).
[496] Ebenfalls positiv hierzu: *Morgan*, in: Dehousse, Europe after Maastricht, S. 189 ff. (196).
[497] Siehe Kap. 2 Abschn. 3 *A* I 1.).
[498] Siehe a.a.O.

tenzbereich der Kommission "wildern" und Erwägungen der GASP verstärkt die EG-Außenwirtschaftsbeziehungen "kontaminieren"[499].

3.) Kooperation zwischen dem Generalsekretariat und der Kommission

Gemäß Artikel C Abs. 2 S. 2 EUV sind sowohl der Rat als auch die Kommission für die Einhaltung der Kohärenz verantwortlich. Die oben behandelten Gremien des Politischen Komitees als auch des Ausschusses der Ständigen Vertreter sind dem Rat zuzuordnen, die angesprochenen organisatorischen Änderungen können daher als "innerorganschaftlich" bezeichnet werden. Auch wenn auf den ersten Blick gemäß Artikel J.8 Abs. 2 S. 2 EUV die Hauptverantwortung für die Einhaltung der Kohärenz beim Rat zu liegen scheint, bedeutet dies keineswegs, daß die Rolle der Kommission in der GASP ohne Bedeutung für ein kohärentes Auftreten wäre. Die Bestimmung des Artikel J.8 Abs. 2 S. 2 EUV wird nämlich dann verständlich, wenn in Betracht gezogen wird, daß die Kommission, soweit sie im GASP-Rahmen tätig wird, nicht als Adressat des *unionsrechtlichen* Kohärenzgebots angesprochen ist[500]. Hieraus folgt aber nicht, daß die Rolle der Kommission bei der Sicherstellung eines kohärenten Auftretens der Union nach außen im Bereich der GASP irrelevant ist. Im Gegenteil. Der Kommission kommt eine herausragende Stellung bei der Sicherung und Berücksichtigung *gemeinschaftlicher* Interessen in der GASP zu.

Um die Kohärenz der Maßnahmen zu sichern und das ihr durch den Unionsvertrag zuerkannte Initiativrecht zu nutzen, entwickelte die Kommission daher eine Politik der "gemischten Mitteilungen" an den Rat, welche sowohl Vorschläge im Rahmen der GASP als auch Vorschläge gemäß dem EG-Vertrag enthalten[501]. Darüber hinaus ist die Kommission ständiges Mitglied der "Troika" und die Delegationen der Kommission in Drittländern und auf internationalen Konferenzen arbeiten mit den diplomatischen und konsularischen Vertretungen der Mitgliedstaaten zusammen[502]. Die Kommissionsvertreter nehmen an den Arbeiten im Bereich der GASP auf allen Ebenen teil. Im Rat ist dies das jeweils zuständige Kommissionsmitglied, im Politischen Komitee der Generaldirektor der zuständigen Generaldirektion.

Allerdings erzielt das Auftreten der Kommission selten optimale Wirkung, da innerhalb der Kommission eine beträchtliche Ressortfragmentierung besteht. War unter dem Kommissionspräsidenten *Delors* eine Neuorganisation erfolgt, welche die Einsetzung eines Kommissars für Politische Außenbeziehungen vorsah, so führte die hieraus folgende Trennung zwischen *politischen* und *wirtschaftlichen* Außenbeziehungen jedoch zu beträchtlichen Koordinierungsproblemen auf der politischen Ebene der Kommission[503].

---

[499] *Schröder*, integration 1997, S. 189 ff. (190).

[500] Siehe dazu die Ausführungen im 1. Kapitel, 3. Abschnitt, C IV 1.) lit. a).

[501] Gesamtbericht EU 1994, S. 286 Ziff. 735.

[502] Vgl. Artikel J.6 Abs. 1 EUV.

[503] *Burghardt/Tebbe*, EuR 1995, S. 1 ff. (10).

Unter dem neuen Kommissionspräsidenten *Santer* wurden daher beide Bereiche in ihrer Verantwortung wieder zusammengeführt. Allerdings wurde die funktionale Eigenständigkeit der GASP dadurch berücksichtigt, daß der Kommissionspräsident selbst im Zusammenwirken mit einem weiteren Mitglied der Kommission (z.Z. *van den Broek*) zuständig ist. Diesem untersteht die unter anderem für Grundsatzfragen der GASP zuständige Generaldirektion IA. Im übrigen ist die Verantwortung für auswärtige Angelegenheiten innerhalb der Kommission geographisch aufgeteilt: Die Generaldirektion I ist zuständig für Nordamerika, den Fernen Osten einschließlich Chinas, Australien und Neuseelands. Dem Kommissionsmitglied *van den Broek* unterstehen ferner neben Grundsatzfragen der GASP (Generaldirektion IA) die Bereiche Europa einschließlich der Türkei, die Neuen Unabhängigen Staaten (ehemalige Sowjetunion) und die Mongolei. Die Generaldirektion IB ist für den südlichen Mittelmeerraum, den Nahen und Mittleren Osten, Lateinamerika sowie Süd- und Südostasien und die Generaldirektion VIII für die Staaten Afrikas, des karibischen Raums und des Pazifischen Ozeans zuständig. Humanitäre Fragen werden innerhalb der Kommission im Amt für humanitäre Hilfe (ECHO - European Community Humanitarian Aid Office) behandelt[504].

Da insgesamt sechs Mitglieder der Kommission mit der Materie der GASP befaßt sind, hat diese Ressortfragmentierung die Möglichkeiten einer deutlichen Profilierung der Kommission im Bereich der GASP spürbar gemindert. Die Abstimmung und Koordinierung der Kompetenz- und Verantwortungszuweisungen ist mittlerweile zu einem Hauptproblem der Kommission geworden[505]. Die Kommission kann daher bislang ihre Aufgabe, die Sicherung der Berücksichtigung gemeinschaftlicher Interessen im Rahmen der GASP, nur bedingt wahrnehmen.

II. Instrumente der GASP

Die durch den Unionsvertrag eingeführten beiden Instrumente des "Gemeinsamen Standpunktes" und der "Gemeinsamen Aktion" sind für eine gesteigerte Kohärenz im Auftreten der Union nach außen von besonderer Bedeutung[506]. Zwar gab es bereits im Rahmen der EPZ die Möglichkeit konzertierter Aktionen der Mitgliedstaaten und Artikel 30 EEA sah dieses Instrument einer abgestimmten Außenpolitik ausdrücklich vor. Die mit dem Unionsvertrag eingeführten Möglichkeiten eines Gemeinsamen Standpunktes und der Gemeinsamen Aktion unterscheiden sich jedoch qualitativ erheblich von dem EPZ-Instrument der gemeinsamen Maßnahmen. Zwar ist der Unterschied zwischen einer Gemeinsamen Aktion nach dem Unionsvertrag und einer gemeinsamen Maßnahme nach Artikel 30 EEA nicht unbedingt darin zu sehen, daß es sich bei den konzertierten Maßnahmen der

[504] Europäische Kommission, GD Information (Hrsg.), Die Gemeinsame Aussen- und Sicherheitspolitik der Europäischen Union, Brüssel; Luxemburg 1996, S. 4.

[505] *Schröder*, integration 1997, S. 189 ff. (190).

[506] *Krenzler/Schneider*, EuR 1994, S. 144 ff. (151).

EPZ lediglich um parallele, nicht um gemeinsame Aktionen handelte[507], da insofern kein qualitativer Unterschied zu Gemeinsamen Aktionen im Rahmen der GASP zu erblicken ist[508]. Da die Europäische Union nicht über Rechtspersönlichkeit verfügt, sie also nicht Zurechnungsendsubjekt von Rechten und Pflichten ist, kann sie folglich auch nicht Politikträger im strikt juristischen Sinne sein. Auch wenn sich die Mitgliedstaaten daher zur Durchführung Gemeinsamer Aktionen zunehmend gemeinsamer Instrumente und Institutionen bedienen (so z.B. beim EU-Beauftragten für Mostar), so handelt es sich doch lediglich um eine besondere Form kooperativen Zusammenwirkens einzelner Nationalstaaten. Juristisch betrachtet kann unter diesem Aspekt daher nicht von einem qualitativen Sprung gesprochen werden.

Der bedeutende qualitative Unterschied zwischen Gemeinsamen Aktionen und Gemeinsamen Standpunkten der GASP und den konzertierten Aktionen der EPZ ist aber in der unterschiedlichen rechtlichen Verbindlichkeit der Instrumente zu erblicken[509].

Die konzentrierten Aktionen der EPZ waren, zumindest vor der Einheitlichen Europäischen Akte völkerrechtlich unverbindlich und konnten daher von den Vertragsstaaten jederzeit wieder in Frage gestellt werden[510]. Von einer Verbindlichkeit der Gemeinsamen Standpunkte und Gemeinsamen Maßnahmen nach Abschluß der EEA kann ebenfalls kaum ausgegangen werden. In Artikel 30 Abs. 2 lit a) EEA verpflichten sich die Hohen Vertragsparteien zwar, einander in allen außenpolitischen Fragen von allgemeinem Interesse zu unterrichten und zu konsultieren, um sicherzustellen, daß durch Abstimmung, Angleichung der Standpunkte und Durchführung gemeinsamen Maßnahmen der gemeinsame Einfluß so wirksam wie möglich ausgeübt werden kann. Die Verpflichtung an die Hohen Vertragsparteien betrifft aber nur die *Konsultationspflicht.* Von einer Verbindlichkeit der beschlossenen Gemeinsamen Standpunkte oder Maßnahmen ist nicht die Rede. Gemäß Artikel 30 Abs. 2 lit. c) S. 3 EEA stellen Gemeinsame Standpunkte lediglich eine *Bezugsrahmen* für die Politiken der Hohen Vertragsparteien.

Eine völkerrechtliche Verbindlichkeit kann aus diesen Bestimmungen nicht abgeleitet werden. Eine solche ließe sich in abgeschwächter Form allenfalls aus den völkerrechtlichen Grundsätzen der bona fides und des venire contra factum proprium (vgl. Artikel 38 Abs. 1 lit. c) IGH Statut) herleiten. Da aber der zugrundeliegende Vertrag (Einheitliche Europäische Akte) in bezug auf die Verbindlichkeit der beschlossenen Standpunkte und Maßnahmen sehr vage verbleibt, müßte eine auf den angesprochenen allgemeinen Rechtsgrundsätzen begründete Verbindlichkeit bereits an dem erheblichen Beurteilungsspielraum der Vertragsparteien scheitern.

---

[507] *Servantie,* in Groeben/Thiesing/Ehlermann (Hrsg.)., Kommentar zum EWG-Vertrag, 4. Aufl., Artikel 30 EEA Rn. 12.

[508] Unklar: *Koenig/Pechstein,* Die Europäische Union, S. 93.

[509] So auch: *Koenig/Pechstein,* Die Europäische Union, S. 93.

[510] *Koenig/Pechstein,* Die Europäische Union, S. 93.

Die Situation nach dem Unionsvertrag ist eine andere. Für die Gemeinsamen Standpunkte legt der Vertrag im Artikel J.2 Abs. 2 S. 2 EUV fest, daß die Mitgliedstaaten dafür Sorge zu tragen haben, daß ihre einzelstaatliche Politik mit den Gemeinsamen Standpunkten im Einklang steht. Ferner treten gemäß Artikel J.2 Abs. 3 S. 2 EUV die Mitgliedstaaten bei internationalen Organisationen und Konferenzen für die Gemeinsamen Standpunkte ein. Hier ist nicht mehr die Rede von einem "Bezugspunkt" für die nationale Politik. Der Vertragstext ist eindeutig, ein Beurteilungsspielraum ist nicht ersichtlich.
Noch klarer wird dies bei den Gemeinsamen Aktionen. Artikel J.3 Ziff. 4 EUV legt eindeutig fest, daß die Gemeinsamen Aktionen für die Mitgliedstaaten bei ihren Stellungnahmen und ihrem Vorgehen bindend sind. Die Bindung geht sogar soweit, daß den Mitgliedstaaten ein Recht auf Maßnahmen bei Gefahr in Verzug ohne vorherige Entscheidung des Rates erst durch Artikel J.3 Ziff. 6 EUV ausdrücklich zugestanden werden mußte. Angesichts der eindeutigen Vertragsbestimmungen muß von einer völkerrechtlichen Verbindlichkeit der Instrumente ausgegangen werden[511].
Die Tatsache, daß es sich sowohl bei der GASP als auch bei der ZBJI um *intergouvernementale* Kooperationsbereiche handelt, kann nicht als Argument gegen eine völkerrechtliche Verbindlichkeit der vorgesehenen Handlungsinstrumente angeführt werden[512]. Beinahe alle Bereiche multilateraler Zusammenarbeit sind intergouvernemental geprägt. Dies ändert nichts an der völkerrechtlichen Verbindlichkeit der Vereinbarungen. Der intergouvernementale Charakter der GASP und der ZBJI kann allenfalls zur Festlegung der Stellung der beschlossenen Maßnahmen in der Normenhierarchie (einfaches Völkerrecht), zur Festlegung der Adressaten (z.B. keine Direktwirkung in den Mitgliedstaaten) und zur Festlegung der Auslegungsmaßstäbe (völkerrechtlich und nicht autonom, wie dies bei supranationalen Organisationen der Fall ist) herangezogen werden. Er ist aber kein Argument gegen eine völkerrechtliche Verbindlichkeit der Maßnahmen. Den Rechtsgrund für die völkerrechtliche Verbindlichkeit haben die Mitgliedstaaten mit der Unterzeichnung des Unionsvertrages selber gesetzt.
Auch die mangelnde Justitiabilität durch den EuGH (Artikel L EUV) ist kein Argument gegen die völkerrechtliche Verbindlichkeit von Gemeinsamen Standpunkten und Gemeinsamen Aktionen. Genauso wie ein Großteil der zwischenstaatlichen Völkerrechtsbeziehungen mangels Unterwerfung unter die internationale Gerichtsbarkeit (vgl. Artikel 36 IGH-Statut) nicht justitiabel ist, leben auch

---

[511] So auch *Koenig/Pechstein*, Die Europäische Union, S. 91; Editorial Comments in the CMLR 1995, S. 385 ff. (388); *Münch*, ZÖR 1997, S. 1 ff. (2); a.A. *Müller-Graff*, CMLR 1994, S. 493 ff. (509); ursprünglich auch: *Streinz*, in: Hummer, Die Europäische Union und Österreich, S. 29 ff. (40 f.), jetzt aber: *ders.*, Europarecht, Rn. 423 c.

[512] So aber *Müller-Graff*, CMLR 1994, S. 493 ff. (509); *Streinz*, in: Hummer, Die Europäische Union und Österreich, S. 29 ff. (40 f.).

die intergouvernementalen Kooperationsbereiche der Union von nichtjustitiablen, aber dennoch völkerrechtlich verbindlichen Pflichten der Mitgliedstaaten[513].
Diese Verbindlichkeit der Handlungsinstrumente der GASP stellt ein wichtiges Instrument zur Sicherstellung eines kohärenten Auftretens der Union dar. Sie ist insbesondere für die Sicherstellung der *horizontalen Kohärenz* (Abstimmung zwischen den Mitgliedstaaten und der vereinbarten gemeinsamen Politik) von Bedeutung. Anders als dies noch nach Abschluß der EEA der Fall war, verstoßen Mitgliedstaaten die sich nicht an gemeinsam festgelegte Standpunkte und Aktionen halten, nicht bloß gegen politisch-moralische Verpflichtungen, sondern begehen eindeutig einen Vertragsbruch. Der Zwang zur Einhaltung der beschlossenen Standpunkte steigt damit erheblich.
Nachfolgend soll ohne Anspruch auf Vollständigkeit ein kurzer Überblick über die bislang angenommenen Gemeinsamen Standpunkte und Gemeinsamen Aktionen geleistet werden. Die beiden Instrumente bilden die beiden Formen, in denen die Gemeinsame Außen- und Sicherheitspolitik der Union im konkreten Fall Gestalt annimmt. Dies bedeutet natürlich nicht, daß der Europäischen Union nur diese beiden Handlungsformen zur Verfügung stünden. Es handelt sich lediglich um Oberbegriffe, hinter denen sich, zumindest theoretisch, das ganze Potential des traditionellen außenpolitischen Instrumentariums bis hin zum Einsatz militärischer Mittel verbergen kann[514]. Nicht behandelt werden in diesem Zusammenhang die bereits seit der EPZ angewandten Mittel der gemeinsamen Erklärungen, auch wenn es sich um das am häufigsten angewandte Instrument der GASP handelt[515], da eine explizite Behandlung dieses Mittels im Vertrag nicht erfolgt und es sich daher auch nicht um spezifische Handlungsinstrumente des Unionsvertrages handelt.

1.) Gemeinsame Standpunkte

Bei Fragen von außen- und sicherheitspolitischer Bedeutung sieht der Unionsvertrag als zweite Stufe nach der Abstimmung zu konvergierenden Handeln gemäß Artikel J.2 Abs. 1 EUV, zur strukturellen Verbesserung der Kohärenz die Festlegung von "Gemeinsamen Standpunkten" (Artikel J.2 Abs. 2 EUV) vor[516]. Wie bereits in der EEA werden mit dem Unionsvertrag keine Verpflichtungen der Mitgliedstaaten zu einem Gemeinsamen Standpunkt zu gelangen impliziert[517]. Durch die nunmehr vorliegende völkerrechtliche Verbindlichkeit[518] erhalten diese einen qualitativ anderen Charakter. Zugleich stellen sie zusammen mit Gemeinsamen Aktionen soweit sie Wirtschaftssanktionen vorsehen, gemeinschaftsrecht-

---

[513] *Koenig/Pechstein*, Die Europäische Union, S. 92.
[514] *Burghardt/Tebbe*, EuR 1995, S. 1 ff. (12).
[515] *Münch*, EuR 1994, S. 415 ff. (415).
[516] *Krenzler/Schneider*, EuR 1994, S. 144 ff. (151).
[517] *Pechstein/Koenig*, Die Europäische Union, 2. Aufl., Rn. 274.
[518] Siehe Kap. 2 Abschn. 3 *A* II.

lich eine Tatbestandsvoraussetzung für Beschlüsse über entsprechende Maßnahmen nach Artikel 228a EGV dar[519].

Einen Gemeinsamen Standpunkt legt der Rat "in allen Fällen (fest), in denen er dies als erforderlich erachtet" (Artikel J.2 Abs. 2 EUV). Die Erforderlichkeit ist eine Frage politischen Ermessens[520]. Da die Entscheidung über die Festlegung eines gemeinsamen Standpunktes gemäß Artikel J.8 Abs. 3 EUV einstimmig zu treffen ist, kann jeder Mitgliedstaat die Festlegung verhindern[521]. Der Gemeinsame Standpunkt muß auch nicht unbedingt nach außen bekanntgemacht werden. Ob und wie dies zu geschehen hat, ist gesondert zu entscheiden. Die Festlegung eines Gemeinsamen Standpunktes ist damit auch und vor allem ein Instrument der Selbstdisziplin[522]. Im Rahmen der GASP werden gemeinsame Standpunkte jedoch regelmäßig im Amtsblatt L der EG veröffentlicht, was ihre Verbindlichkeit optisch unterstreichen soll[523]

Während im Jahr 1993 der Unionsrat von der Möglichkeit der Feststellung eines Gemeinsamen Standpunkte lediglich einmal Gebrauch gemacht hat[524] - dies hing natürlich auch damit zusammen, daß der EU-Vertrag erst am 1.11.1993 in Kraft getreten ist - erfolgte die Festlegung Gemeinsamer Standpunkte im darauffolgendem Jahr bereits in acht Fällen[525].

Im Jahr 1995 machte dann der Rat weitgehenden Gebrauch von Artikel J.2 des EU-Vertrages und nahm zwölf (veröffentlichte) Gemeinsame Standpunkte ein[526], sechs zu den Einschränkungen des Handels mit der Bundesrepublik Jugoslawien (Serbien und Montenegro)[527], zwei zu Nigeria[528], einen zu Angola[529] und einen zu

---

[519] *Burghardt/Tebbe*, EuR 1995, S. 1 ff. (12); ebenso: *Tietje*, European Foreign Affairs Review 1997, S. 211 ff. (221).

[520] *Burghardt/Tebbe*, EuR 1995, S. 1 ff. (12); ebenso: *Pechstein/Koenig*, Die Europäische Union, 2. Aufl., Rn. 274

[521] *Pechstein/Koenig*, Die Europäische Union, 2. Aufl., Rn. 274.

[522] *Burghardt/Tebbe*, EuR 1995, S. 1 ff. (12).

[523] *Burghardt/Tebbe*, EuR 1995, S. 1 ff. (13).

[524] In einem Gemeinsamen Standpunkt über die Einschränkung der Wirtschaftsbeziehungen mit Libyen; Beschluß 93/614/GASP, ABl. EG 1993 L 295, S. 7.

[525] In drei Fällen betreffend die Entwicklung im ehemaligen Jugoslawien, Beschlüsse 94/366/GASP, ABl. EG 1994 L 165 S. 1; 94/672/GASP, ABl. EG 1994 L 266 S. 10; 94/673/GASP, ABl. EG 1994 L 266 S. 11; in weiteren Fällen betreffend Ruanda, die Ukraine, den Sudan und Haiti (zwei Beschlüsse), Beschlüsse 94/697/GASP, ABl. EG 1994 L 283 S. 1; 94/779/GASP, ABl. EG 1994 L 313 S. 1; 94/165/GASP, ABl. EG 1994 L 75 S. 1; 94/315/GASP, ABl. EG 1994 L 39 S. 10 und 94/681/GASP, ABl. EG 1994 L 271 S. 3.

[526] Vgl. dazu auch: Gesamtbericht der EU 1995, Europäische Kommission (Hrsg.), S. 295 ff.

[527] Beschlüsse 95/11/GASP, ABl. EG 1995 L 20 S. 2; 95/150/GASP, ABl. EG 1995 L 99 S. 2; 95/213/GASP, ABl. EG 1995 L 138 S. 2; 95/254/GASP, ABl. EG 1995 L 160 S. 2; 95/378/GASP, ABl. EG 1995 L 227 S. 2; 95/511/GASP, ABl. EG 1995 L 297 S. 4.

[528] Beschlüsse 95/515/GASP, ABl. EG 1995 L 298 S. 1 und 95/544/GASP, ABl. EG 1995 L 309 S. 1.

Laserwaffen mit Blendwirkung[530]. Ferner legte der Rat in diesem Jahr einen weiteren Gemeinsamen Standpunkt betreffend den möglichen Zusammenschluß der diplomatischen Missionen fest, der jedoch nicht veröffentlicht worden ist. Zu erwähnen ist ferner, daß das Europäische Parlament auf der Grundlage des Artikel J.7 EUV am 15. Dezember 1995 eine Empfehlung an den Rat zur Wahl des Palästinensischen Autonomierats und seines Präsidenten richtete[531].
Im darauffolgendem Jahr 1996 folgte dann die Festlegung von neun Gemeinsamen Standpunkten, von denen wiederum zwei die Beziehungen zur Bundesrepublik Jugoslawien[532] und zwei Nigeria[533] betrafen. Ferner wurden Gemeinsame Standpunkte zu Entwicklungen in Ost-Timor[534], Birma/Myanmar[535], Kuba[536], Afghanistan[537] und Irak[538] sowie zur Vorbereitung der Konferenz zur Überprüfung des Übereinkommens über das Verbot der Entwicklung, Herstellung und Lagerung bakteriologischer Waffen und von Toxinwaffen[539] festgelegt.
Von besonderem Interesse unter dem Gesichtspunkt der *horizontalen Kohärenz*[540] ist es, daß die festgelegten Gemeinsamen Standpunkte in mehreren Fällen zu entsprechenden Umsetzungsmaßnahmen der EG gemäß Artikel 228a EG-Vertrag führten. Die Umsetzungsmaßnahmen betrafen jeweils die Entwicklung im ehemaligen Jugoslawien. Es handelte sich um Verordnungen, welche die Durchsetzung von Embargomaßnahmen[541] bzw. deren Rückgängigmachung betrafen[542]. In all diesen Fällen nahm der Rat Bezug auf einen davor festgelegten Gemeinsamen Standpunkt als Tatbestandsvoraussetzung für eine Anwendung der Kompetenzvorschrift des Artikel 228a EG-Vertrag. Da der Gemeinsame Standpunkt vom 4. Dezember 1995 über die Aussetzung der Handelsbeschränkungen zur Bundesrepublik Jugoslawien (95/511/GASP, ABl. EG 1995 L 297 S. 4) neben einer Umsetzungsmaßnahme gemäß Artikel 228a EG-Vertrag zugleich Maßnahmen erfor-

---

[529] Beschluß 95/413/GASP, ABl. EG 1995 L 245 S. 1.
[530] Beschluß 95/379/GASP, ABl. EG 1995 L 227 S. 3.
[531] Gesamtbericht der EU 1995, Europäische Kommission (Hrsg.), S. 295.
[532] Beschlüsse 96/184/GASP, ABl. EG 1996 L 58 S. 1; 96/708/GASP, ABl. EG 1996 L 328 S. 5.
[533] Beschlüsse 96/361/GASP, ABl. EG 1996 L 143 S. 1; 96/677/GASP, ABl. EG 1996 L 315 S. 3.
[534] Beschluß 96/407/GASP, ABl. EG 1996 L 168 S. 2.
[535] Beschluß 96/635/GASP, ABl. EG 1996 L 287 S. 1.
[536] Beschluß 96/697/GASP, ABl. EG 1996 L 322 S. 1.
[537] Beschluß 96/746/GASP, ABl. EG 1996 L 342 S. 1.
[538] Beschluß 96/741/GASP, ABl. EG 1996 L 337 S. 5.
[539] Beschluß 96/408/GASP, ABl. EG 1996 L 168 S. 3.
[540] Zum Begriff siehe Kap. 1 Abschn. 1 *B*.
[541] VO 1733/94 vom 11. Juli 1994, ABl. EG 1994 L 182 S. 1; VO 2471/94 vom 10. Oktober 1994, ABl. EG 1994 L 266 S. 1.
[542] VO 2472/94 vom 10. Oktober 1994, ABl. EG 1994 L 266 S. 8; VO 1673/95 vom 7. Juli 1995, ABl. EG 1995 L 160 S. 1; VO 2815/95 vom 4. Dezember 1995, ABl. EG 1995 L 297 S. 1.

derte, die in den Bereich der EGKS fielen, im EGKS-Vertrag aber eine dem Art. 228a EG-Vertrag entsprechende Korrespondenzvorschrift fehlt, wurde der entsprechende Umsetzungsbeschluß im Bereich der EGKS als Beschluß der im Rat vereinigten Vertreter der Regierungen der Mitgliedstaaten gefaßt[543]. Das Zusammenspiel zwischen dem intergouvernementalen Kooperationsbereich und den supranationalen Gemeinschaften wird an diesen Beispielen besonders deutlich.

2.) Gemeinsame Aktionen

In Bereichen, in denen wichtige gemeinsame Interessen der Mitgliedstaaten bestehen, sieht der Vertrag die Möglichkeit der stufenweisen Durchführung von Gemeinsamen Aktionen vor (Artikel J.1 Abs. 3 und Artikel J.3 EUV). Gemeinsame Aktionen stellen eine unionsvertragliche Fortentwicklung des bereits in der EPZ vorgesehenen "gemeinsamen Vorgehens"[544] der Mitgliedstaaten dar[545]. Das Instrument der Gemeinsamen Aktion ist als bedeutsame instrumentale Ausprägung des Kohärenzgebots zu bewerten. Es stellt, neben der Abstimmungspflicht der Mitgliedstaaten und neben den Gemeinsamen Standpunkten eine dritte Stufe des Kohärenzverfahrens dar. Die Gemeinsame Aktion ist ein zentrales Instrument zur Erreichung der auswärtigen Ziele der Union durch eine kohärente Außenpolitik[546].

a) Verfahren bei Gemeinsamen Aktionen

Ob und wo das Instrument der Gemeinsamen Aktion einzusetzen ist, bedarf der politischen Entscheidung, der Unionsvertrag trifft diesbezüglich keine Festlegung[547]. Diese Entscheidung trifft der Europäische Rat der Staats- und Regierungschefs, indem er "allgemeine Leitlinien" für Gemeinsame Aktionen festlegt. Der Europäische Rat hat anläßlich des Abschlusses der Verhandlungen über den Unionsvertrag in Maastricht und später in Lissabon 1992[548] und Brüssel 1993[549] entsprechende Leitlinienbeschlüsse gefaßt. Danach sind allgemeine Ziele Gemeinsamer Aktionen die Stärkung demokratischer Strukturen, die Achtung der Menschenrechte, die Förderung regionaler Stabilität und die rechtzeitige Verhütung von Konflikten.

Der Unionsrat beschließt auf der Grundlage der allgemeinen Leitlinien des Europäischen Rates, daß eine Angelegenheit Gegenstand einer Gemeinsamen Aktion wird (Artikel J.3 Ziff. 1 EUV). Er ist hinsichtlich des "*Ob*" der Entscheidung über

---

[543] 95/510/EGKS, ABl. EG 1995 L 297 S. 3.

[544] Siehe Art. 30 Abs. 2 EEA.

[545] *Pechstein/Koenig*, Die Europäische Union, 2. Aufl., Rn. 277.

[546] *Krenzler/Schneider*, EuR 1994, S. 144 ff. (151); *Münch*, EuR 1996, S. 415 ff. (416).

[547] *Burghardt/Tebbe*, EuR 1995, S. 1 ff. (13).

[548] Schlußfolgerungen des Vorsitzes zum Gipfeltreffen in Lissabon am 26./27. Juni 1992, Anlage I, in: Bull. EG 6-1992, S. 7 ff. (18 f.)

[549] Schlußfolgerungen des Vorsitzes zum Gipfeltreffen in Brüssel am 10./11. Dezember 1993, Anlage I, in: Bull. EG 12-1993, S. 7 ff. (14 f.)

eine Gemeinsame Aktion durch die Leitlinien des Europäischen Rates gebunden[550]. Gemäß Artikel J.8 Abs. 2 UAbs. 2 EUV entscheidet der Unionsrat grundsätzlich einstimmig. Entsprechend Artikel J.3 Ziff. 2 Abs. 1 EUV bestimmt darüber hinaus der Rat bei der Annahme einer Gemeinsamen Aktion und in jedem Stadium ihres Verlaufs die Fragen, über die mit qualifizierter Mehrheit zu entscheiden ist. Die Stimmengewichtung entspricht der des Artikel 148 Abs. 2 EGV. Da jedoch die Fragen, über die mit qualifizierter Mehrheit zu entscheiden ist, *einstimmig* bestimmt werden müssen (Artikel J.3 Ziff. 2 Abs. 1 i.V.m. Artikel J.8 Abs. 2 UAbs. 2 EUV), können Mitgliedstaaten der Gefahr des Überstimmtwerdens dadurch entgegenwirken, daß sie die vorherige notwendige Festlegung nach Artikel J.3 Ziff. 2 Abs. 1 EUV blockieren.
Der Rat legt bei seiner Entscheidung über die Gemeinsame Aktion zugleich den genauen Umfang der Aktion, die allgemeinen und besonderen Ziele, welche die Union bei dieser Aktion verfolgt, und die Mittel, das Verfahren, die Bedingungen sowie gegebenenfalls den Zeitraum für die Durchführung fest (Artikel J.3 ZIff. 1 Abs. 2 EUV). Die Gemeinsamen Aktionen sind für die Mitgliedstaaten völkerrechtlich verbindlich[551]. Sie haben jede einzelstaatliche Stellungnahme oder Maßnahme, die im Rahmen einer gemeinsamen Aktion geplant ist, so rechtzeitig mitzuteilen, daß eine vorherige Abstimmung im Rat stattfinden kann (Artikel J.3 Ziff. 5 S. 1 EUV). Für die Europäischen Gemeinschaften ergeben sich Bindungswirkungen aus dem *gemeinschaftsrechtlichen Kohärenzgebot*[552].

b) Finanzierung

Von Bedeutung für die Durchführung der Gemeinsamen Aktionen ist schließlich die Frage der Finanzierung. Ausgangspunkt hierfür ist Artikel J.11 Abs. 2 EUV. Danach gehen die Verwaltungsausgaben, die den Organen aus den Bestimmungen über die Gemeinsame Außen- und Sicherheitspolitik entstehen, zu Lasten des Haushalts der Europäischen Gemeinschaften (Artikel J.11 Abs. 2 Abs. 1 EUV).
Hinsichtlich der operativen Ausgaben kann der Rat einstimmig beschließen, daß die operativen Ausgaben der GASP ebenfalls zu Lasten des Haushalts der Europäischen Gemeinschaften gehen sollen; in diesem Fall ist jedoch die Durchführung des ordentlichen Haushaltsverfahrens notwendig (Artikel J.11 Abs. 2, Spiegelstrich 1 EUV). Alternativ können die Ausgaben nach einem vom Rat festzulegenden Schlüssel zu Lasten der Mitgliedstaaten gehen (Artikel J.11 Abs. 2, Spiegelstrich 2 EUV). Konflikte können bei der Auslegung des Begriffs "Verwaltungsausgaben" entstehen, da nach Artikel 203 Abs. 4 UAbs. 2 EG-Vertrag bei *obligatorischen Ausgaben* lediglich ein Vorschlagsrecht des Europäischen Parlaments besteht. Durch eine entsprechende Umdefinierung könnte der Versuch

[550] *Pechstein/Koenig*, Die Europäische Union, 2. Aufl., Rn. 277.

[551] So auch *Pechstein/Koenig*, Die Europäische Union, 2. Aufl., Rn. 280; wohl auch: *Hobe*, JA 1993, S. 229 ff. (234) obwohl letzterer mißverständlich von Beschlüssen der *EG* spricht.

[552] Siehe Kap. 2 Abschn. 1 *A* I.

erfolgen, dem Europäischen Parlament bei der Festlegung von *nicht-obligatorischen Aufgaben* zustehende Haushaltsrechte zu umgehen.
Keinesfalls kann der bloße Beschluß über die Durchführung einer Gemeinsamen Aktion dahingehend als für die Gemeinschaften rechtlich bindend bewertet werden, daß die hieraus resultierenden Ausgaben als im haushaltsrechtlichen Sinne *obligatorisch* einzustufen sind. Eine solche Verpflichtung des Europäischen Parlaments zum bloßen haushaltsrechtlichen Nachvollzug kann auch nicht mit dem Kohärenzgebot begründet werden[553]. Soweit der Rat also von der Möglichkeit des Artikel J.11 Abs. 2 Spiegelstrich 1 EUV die operativen Ausgaben zu Lasten des Gemeinschaftshaushalts gehen zu lassen Gebrauch macht, muß er das gemeinschaftsrechtliche Haushaltsverfahren mit der darin vorgesehenen Beteiligung des Europäischen Parlaments beschreiten. Seit dem Haushaltsplan für das Jahr 1995 sieht denn auch der Gemeinschaftshaushalt spezielle Verpflichtungsermächtigungen in einem gesonderten Kapitel "GASP" vor[554].

3.) Bislang beschlossene Gemeinsame Aktionen

Bislang sind unter Anwendung des Artikel J.3 EUV 48 Beschlüsse des Rates ergangen. Bei einem Großteil der Beschlüsse handelte es sich aber nicht um die Einführung einer neuen Gemeinsamen Aktion sondern um Ergänzungs- und Änderungsbeschlüsse die bereits in Gang befindliche Aktionen betrafen. Von den insgesamt 48 Beschlüssen betrafen alleine 21, also knapp die Hälfte, die Entwicklung im ehemaligen Jugoslawien. Ein Drittel hiervon wiederum betraf den Bereich der humanitären Hilfe[555]. Neun der Jugoslawien betreffenden Beschlüsse behandelten das Engagement der Union in Mostar[556], die übrigen die Friedensregelung in Bosnien-Herzegowina allgemein[557].
Das Auftreten der Europäischen Union im Jugoslawienkonflikt bzw. dessen Ineffizienz und hierbei insbesondere das kostspielige Engagement in Mostar, welches

---

[553] Siehe auch Kap. 1 Abschn. 3 *C* IV 4.) a).

[554] Zweiundvierzigster Überblick über die Tätigkeit des Rates, Generalsekretariat des Rates der Europäischen Union (Hrsg.), S. 344.

[555] Beschluß 93/603/GASP, ABl. EG 1993 L 286 S. 1 und die Ergänzungs- und Anpassungsbeschlüsse 93/729/GASP, ABl. EG 1993 L 339 S. 3; 94/158/GASP, ABl. EG 1994 L 70 S. 1; 94/308/GASP, ABl. EG 1994 L 134 S. 1; 94/510/GASP, ABl. EG 1994 L 205 S. 3; 94/789/GASP, ABl. EG 1994 L 326 S. 1; 95/516/GASP, ABl. EG 1995 L 298 S. 3.

[556] Beschlüsse 94/308/GASP, ABl. EG 1994 L 134 S1; 94/790/GASP, ABl. EG 1994 L 326 S.2; 95/23/GASP, ABl. EG 1995 L 33 S. 1; 95/517/GASP, ABl. EG 1995 L 298 S.4; 95/552/GASP, ABl. EG 1995 L 313 S.1; 96/442/GASP, ABl. EG 1996 L 185 S.2; 96/476/GASP, ABl. EG 1996 L 195 S.1; 96/508/GASP, ABl. EG 1996 L 212 S.1 und schließlich Beschluß 96/744/GASP, ABl. EG 1996 L 340 S.1, der die Einstellung der Maßnahmen und die Einsetzung eines Abwicklungsstabes betraf.

[557] Beschlüsse 95/545/GASP, ABl. EG 1995 L 309 S. 2; 96/251/GASP, ABl. EG 1996 L 87 S. 3; 96/406/GASP, ABl. EG 1996 L 168 S. 1; 96/745/GASP, ABl. EG 1996 L 340 S. 3; 97/153/GASP, ABl. EG 1997 L 63 S. 1.

bis Juli 1996 Kosten i.H.v. 144 Mio. ECU verbrauchte, stieß auf vielfältige Kritik[558]. Kritisiert wurde unter anderem auch das mangelhafte interne Management, welches zahlreiche Abstimmungs- und Kompetenzprobleme offenlegte. Diese wurde insbesondere im Bereich der Finanzierung deutlich, wo die Kommission als Haushaltsbehörde der Union zwar maßgeblich zur Umsetzung der Aktion beitrug, von der eigentlichen politischen Entscheidungsfindung jedoch regelmäßig ausgeschlossen blieb[559].

Ohne die Berechtigung der Kritik an den aufgetretenen internen Abstimmungsschwierigkeiten in Frage zu stellen, erscheint die Enttäuschung über das schwache Auftreten der Union im Jugoslawienkonflikt jedoch teilweise aus einer überzogenen Erwartungshaltung an die Effizienz der GASP insgesamt zu resultieren. Nicht nur für die GASP, sondern auch für den Einsatz nationaler diplomatischer Mittel gilt natürlich, daß diese ohne ein Mindestmaß an Kooperationsbereitschaft seitens der Adressaten an ihre natürliche Wirksamkeitsgrenze stoßen. Dieses Mindestmaß an Kooperationsbereitschaft fehlte aber allzu häufig. Verschärft wurde die Situation durch die im Laufe des Konflikts aufgetretene Zersplitterung unter den Kriegsparteien. Die Einwirkungsmöglichkeiten diplomatischer Mittel in bewaffneten Konflikten nehmen naturgemäß proportional zur Partikularisierung der Konfliktparteien ab. In der Endphase des Konflikts wurde dieser teilweise von lokalen "Warlords" dominiert, so daß noch so starker diplomatischer Druck auf die zentralen Schaltstellen der Konfliktparteien zwangsläufig wirkungslos bleiben mußte.

Das Eingreifen der Vereinigten Staaten führte nur deswegen zum Erfolg, weil es zugleich durch eine glaubhafte Drohung mit dem Einsatz militärischer Mittel flankiert war. Der Europäischen Union war eine solche Möglichkeit zumindest im Rahmen einer Gemeinsamen Aktion wegen Artikel J.4 Abs. 3 EUV verschlossen. Zugleich sei an dieser Stelle daran erinnert, daß auch und gerade in der Bundesrepublik Deutschland der politische Wille für einen solchen Einsatz keineswegs vorhanden war. Dies änderte sich erst nach dem erfolgreichen Einsatz der Amerikaner. Die (relative) Unwirksamkeit des Auftretens der Union im Jugoslawienkonflikt resultierte daher weniger aus strukturellen Defiziten der GASP als vielmehr aus mangelndem politischen Durchsetzungswillen. Letzteres ist aber kein spezifisches Manko der GASP.

Unter unionsinternen Aspekten bewirkte die Abstimmung in der GASP zumindest, daß die Mitgliedstaaten trotz etlicher Versuche der Konfliktparteien sich von diesen nicht auseinanderdividieren ließen. Insbesondere die Bundesrepublik und das Vereinigte Königreich vertraten im Anfangsstadium beinahe konträre Standpunkte. Daß dies nicht im Endergebnis zu einem Gegeneinander der Mitgliedstaaten geführt hat, ist das Verdienst der

[558] Stellvertretend: *Schröder*, integration 1997, S. 189 ff. (191); *von Jagow* in: Regelsberger, Die GASP, S. 85 ff.; *Pechstein/Koenig*, Die Europäische Union, 2. Aufl., Rn. 303.

[559] *Schröder*, integration 1997, S. 189 ff. (191)

Abstimmungs- und Disziplinierungsmechanismen der GASP. Hierdurch und durch die Einbindung der Gemeinschaften in die getroffenen Maßnahmen wurde im Auftreten der Union nach außen damit zumindest ein Mindestmaß an Kohärenz gewahrt.

Die vom Rat beschlossenen übrigen Gemeinsamen Aktionen betrafen Entwicklungen in Afrika[560], den Friedensprozeß im Nahen Osten[561], Parlamentswahlen in der Russischen Föderation[562], Nordkorea[563], den Stabilitätspakt[564], die Nichtverbreitung von Kernwaffen[565], die Ausfuhrkontrolle von Waren mit doppeltem Verwendungszweck[566], die Vorbereitung der Konferenz über Antipersonenminen[567] und das Helms-Burton-Gesetz[568].

Im Rahmen der Unterstützung des Friedensprozesses im Nahen Osten wurde der Aufbau der palästinensischen Polizei mit 10 Mio. ECU aus dem Gemeinschaftshaushalt kofinanziert. Im November 1996 wurde die Ernennung eines EU-Sonderbeauftragten beschlossen, welcher die Beteiligung der Union am Friedensprozeß koordinieren soll. Es wurde ferner für die Dauer von drei Jahren die Unterstützung der palästinensischen Autonomiebehörde bei der Bekämpfung terroristischer Aktivitäten zugesagt[569].

Auch hinsichtlich der Entwicklung in Zentralafrika wurde die Entsendung eines Sonderbeauftragten für die Region der Großen Seen beschlossen. Jedoch kamen die Beschlüsse, auch angesichts des erfolgten Genozids, viel zu spät. Es bleibt abzuwarten inwieweit die vom Amsterdamer Vertrag[570] vorgesehenen Änderungen

---

[560] Südafrika: Beschluß 93/678/GASP, ABl. EG 1993 L 316 S. 45; Zaire: Beschluß 96/656/GASP, ABl. EG 1996 L 300 S. 7; Region der Großen Seen: Beschlüsse 96/250/GASP, ABl. EG 1996 L 87 S. 1; 96/441/GASP, ABl. EG 1996 L 185 S. 1; 96/589/GASP, ABl. EG 1996 L 260 S. 5; 96/669/GASP, ABl. EG 1996 L 312 S. 1.

[561] Beschlüsse 94/276/GASP, ABl. EG 1994 L 119 S. 1; 95/205/GASP, ABl. EG 1995 L 130 S. 1; 95/403/GASP, ABl. EG 1995 L 238 S. 4; 96/676/GASP, ABl. EG 1996 L 315 S. 1; ABl. EG 1997 L 120 S. 2.

[562] Beschluß 93/604/GASP, ABl. EG 1993 L 286 S. 3.

[563] Beschluß 96/195/GASP, ABl. EG 1996 L 63 S. 1.

[564] Beschlüsse 93/728/GASP, ABl. EG 1993 L 339 S. 1; 94/367/GASP, ABl. EG 1994 L 165 S. 2.

[565] Beschluß 94/509/GASP, ABl. EG 1994 L 205 S. 1.

[566] Beschlüsse 94/942/GASP, ABl. EG 1994 L 367 S. 8; 95/127/GASP, ABl. EG 1995 L 90 S. 2; 95/128/GASP, ABl. EG 1995 L 90 S. 3; 96/173/GASP, ABl. EG 1996 L 52 S. 1; 96/423/GASP, ABl. EG 1996 L 176 S. 3; 96/613/GASP, ABl. EG 1996 L 278 S. 1; 97/100/GASP, ABl. EG 1997 L 34 S. 1; ABl. EG 1997 L 34 S. 3.

[567] Beschlüsse 95/107/GASP, ABl. EG 1995 L 115 S. 1; 96/588/GASP, ABl. EG 1996 L 260 S. 1.

[568] Beschluß 96/668/GASP, ABl. EG 1996 L 309 S. 7.

[569] *Pechstein/Koenig*, Die Europäische Union, 2. Aufl., Rn. 304.

[570] Siehe unten Kap. 3 *B*.

zu einer Effizienzsteigerung der GASP und zu einem kohärenteren Auftreten des Unionsverbundes beizutragen vermögen.

B. Herbeiführung von Kohärenz im Bereich der ZBJI

Bereits vor Inkrafttreten des Unionsvertrages bestanden im Bereich der Zusammenarbeit auf den Gebieten Justiz und Inneres etliche Kooperationsstrukturen der Mitgliedstaaten. Diese gehen teilweise bis in die siebziger Jahre zurück[571]. Zu erwähnen wäre hier unter anderem die Einrichtung der sogenannten TREVI[572]-Gruppe, die auf einen Beschluß des Europäischen Rates von Rom 1975 zurückzuführen ist, welcher vor dem Hintergrund von Anschlägen palästinensischer und westeuropäischer Terrorgruppen gefaßt wurde. Die TREVI-Gruppe agierte als Unterstruktur der EPZ[573]. Ebenfalls Mitte der siebziger Jahre wurde im Rahmen der EPZ die Gruppe "Juristische Zusammenarbeit" eingerichtet, die eine Vereinfachung des Rechtshilfeverkehrs und eine Harmonisierung von Rechtsvorschriften der Mitgliedstaaten anstrebte.
Die Gruppe setzte sich hauptsächlich aus Vertretern der Justizministerien zusammen und befaßte sich im Schwerpunkt mit Fragen der justitiellen Kooperation im Straf- und Zivilrecht. Die mit der Vollendung des Binnenmarkts einhergehenden Notwendigkeiten führten in der zweiten Hälfte der achtziger Jahre ferner zur Entstehung einer Vielzahl zusätzlicher Arbeitsgruppen und Kooperationsmechanismen, wie beispielsweise des Comité Européen de Lutte Antidrogue (CELAD), der Arbeitsgruppe "Gegenseitige Amtshilfe 92" (GAM ´92), der Koordinatorengruppe "Freizügigkeit", der ad hoc Gruppe Einwanderung sowie der Schengen-Gruppe.
Ein entscheidender Nachteil dieser Entwicklung lag in der zunehmenden Unübersichtlichkeit der Kooperationsstrukturen[574] und der Abwesenheit eines einheitlichen Entscheidungsstranges, was zu erheblichen Verzögerungen und Koordinationsproblemen führte[575]. Auch war die Intensität des Zusammenwirkens in diesen Bereichen mit der in der EPZ praktizierten Kooperation keineswegs vergleichbar[576]. Das Inkrafttreten des Unionsvertrages brachte jedoch umfassende Neuerungen und eine Aufteilung der bestehenden Arbeitsgruppen in drei Teilbereiche (Asyl und Einwanderung, Polizei und Zollwesen, justitielle Zusammenarbeit). Es führte zu einer Reorganisation des Kooperationsgefüges. Die zentrale Rolle ist dabei dem Rat zugewiesen, wodurch der bisherige Wildwuchs in der justiz- und innenpolitischen Zusammenarbeit überwunden werden soll[577]. Dabei liegt der

---

[571] *Akmann*, JA 1994, S. 49 ff. (50).
[572] Die Abkürzung steht für Terrorisme, Radicalisme, Extremisme und Violence Internationale.
[573] *Monar*, integration 1996, S. 93 ff. (94).
[574] *Fischer*, EuZW1994, S. 747 ff. (748).
[575] *Monar*, integration 1996, S. 93 ff. (94).
[576] *Müller-Graff*, in: ders., Europäische ZBJI, S. 11 ff. (25).
[577] *Müller-Graff*, in: ders., Europäische ZBJI, S. 11 ff. (29).

Funktion des Rates jedoch der Gedanke der klassischen intergouvernementalen Zusammenarbeit zugrunde[578]. Den Mitgliedstaaten ist in allen Politikbereichen ein Initiativrecht eingeräumt. Dem Rat kommt die Funktion des zentralen Ansprechpartners im Kommunikationsnetz der ZBJI zu, da er nicht nur Adressat von Initiativen der Mitgliedstaaten und der Kommission, sondern auch Adressat von Anfragen und Empfehlungen des Parlaments und von Stellungnahmen des K.4 Koordinierungsausschusses ist[579].

Jedem der drei Teilbereiche steht nunmehr eine Lenkungsgruppe[580] vor, die die Arbeiten der verschiedenen Gruppen im Auftrag des aus hohen Beamten bestehenden K.4 Ausschusses steuert[581]. Letzterer dient als zentrales Koordinationsgremium und bereitet die Sitzungen des Rates der Innen- und Justizminister vor. Probleme unter dem Gesichtspunkt der *Kohärenz* ergeben sich dabei insbesondere bei der Zusammenarbeit des K.4 Ausschusses als dem obersten entscheidungsvorbereitenden Gremium in dem Bereich der ZBJI und zwischen dem Ausschuß der ständigen Vertreter (COREPER) gemäß Artikel 151 EGV[582].

Im Zusammenhang mit dem *Kohärenzgebot* ist hier ebenfalls das nicht-exklusive Initiativrecht der Kommission zu nennen (Artikel K.4 Abs. 2 EUV), welches dieser ein gewisses Gewicht im Entscheidungsprozeß verleiht. Da der Kommission aufgrund ihres Informationsvorsprunges eine faktisch bedeutende Position zukommt, liegen hier Einflußmöglichkeiten für die Kommission, um auf eine hinreichende Berücksichtigung gemeinschaftlicher Interessen Einfluß zu nehmen. Das Initiativrecht der Kommission erstreckt sich jedoch gemäß Artikel K.3 Abs. 2 EUV nicht auf die Bereiche der justitiellen Zusammenarbeit in Strafsachen, die Zusammenarbeit im Zollwesen und die polizeiliche Zusammenarbeit. Dies schränkt den Handlungsspielraum der Kommission erheblich ein[583].

Von Bedeutung ist ferner unter dem Gesichtspunkt der *Kohärenz*, daß aufgrund des Vorhandenseins eines *obersten entscheidungsvorbereitenden* Gremiums im ZBJI-Bereich, namentlich des K.4-Ausschusses, einerseits zumindest für die Kohärenz *innerhalb* des ZBJI-Kooperationsbereiches Sorge getragen ist. Zweitens stellt das Vorhandensein eines solchen Gremiums trotz der vorhandenen Kooperationskonflikte mit dem Ausschuß der ständigen Vertreter, einen erheblichen Fortschritt dar, da damit eine gewisse "Kanalisation" der zahlreichen Arbeitsgruppen im ZBJI-Bereich einhergeht und die Abstimmung letztendlich nur noch zwischen dem Ausschuß der ständigen Vertreter und dem K.4-Ausschuß zu erfolgen hat.

---

[578] A.A. *O'Keeffe*, CMLR 1995, S. 893 ff. (901).

[579] *Müller-Graff*, in: ders., Europäische ZBJI, S. 11 ff. (29).

[580] Für eine detaillierte Übersicht über die einzelnen Arbeitsbereiche siehe: *de Lobkowicz*, in: Müller-Graff, Europäische ZBJI, S. 41 ff. (57).

[581] *Monar*, integration 1996, S. 93 ff. (94).

[582] *Monar*, integration 1996, S. 93 ff. (95).

[583] *Monar*, integration 1996, S. 93 ff. (94); ebenso kritisch: *Müller-Graff*, in: ders., Europäische ZBJI, S. 11 ff. (25).

Nachfolgend soll ohne den Anspruch auf Vollständigkeit ein kurzer Überblick über die bislang erfolgten Maßnahmen in den Teilbereichen der ZBJI folgen.

I. Bereich Asylpolitik und Einwanderung

Einzelne Fortschritte sind insbesondere im Bereich der Asylpolitik zu verzeichnen. So haben sich die Mitgliedstaaten auf eine harmonisierte Anwendung des Flüchtlingsbegriffs gemäß der Genfer Konvention[584], ein einheitliches Formular zur Bestimmung des für die Prüfung von Asylanträgen zuständigen Staates, die Beweismittel über die Bestimmung des für die Prüfung von Asylanträgen zuständigen Staates und auf ein Laissez-passer-Formular für die Überstellung von Asylbewerbern zwischen den Mitgliedstaaten[585] einigen können. Der Rat einigte sich ferner über ein Warn- und ein Dringlichkeitsverfahren zur Lastenverteilung hinsichtlich der Aufnahme und des vorübergehenden Aufenthalts von Vertriebenen[586] und gab Empfehlungen zur Harmonisierung der Mittel zur Bekämpfung der illegalen Einwanderung und der illegalen Beschäftigung und zur Verbesserung der Kontrollverfahren[587], zur Zusammenarbeit bei Rückführungsmaßnahmen[588] sowie zur Bekämpfung der illegalen Beschäftigung von Drittstaatsangehörigen[589]. Die Kommission hat im Bereich der Asylpolitik nunmehr erstmals von ihrem Initiativrecht Gebrauch gemacht und einen Vorschlag für eine gemeinsame Maßnahme auf der Grundlage von Artikel K.3 EUV ausgearbeitet, welcher den Status und Rechte der Betroffenen regeln soll[590]. Das für die weitere Entwicklung auf diesem Gebiet zentrale Dubliner Übereinkommen ist jedoch aufgrund von Verzögerungen des Ratifikationsprozesses immer noch nicht in Kraft getreten.
Hinsichtlich der Überschreitung der Außengrenzen einigten sich die Mitgliedstaaten im *EG-Rahmen* auf eine Liste von Ländern, für deren Staatsangehörige Visumzwang[591] besteht, sowie auf ein einheitliches EU-Visum[592].
Im Bereich der Einwanderung wurden Fortschritte erzielt durch Einigung auf Beschränkungen für die Einreise von Drittstaatsangehörigen zur Ausübung einer Beschäftigung[593], die Definition von Einreisebedingungen für Studenten[594] und

[584] ABl. EG 1996 L 063 S. 2.
[585] ABl. EG 1996 C 274 S. 18.
[586] ABl. EG 1996 L 063 S. 10.
[587] ABl. EG 1996 C 005 S. 1.
[588] ABl. EG 1996 C 005 S. 3.
[589] ABl. EG 1996 C 304 S. 1.
[590] Bull. EU 3-1997 Ziff. 1.5.1; S. 95.
[591] VO (EG) 2317/95, ABl. EG 1995 L 234 S. 1.
[592] VO (EG) 1683/95, ABl. EG 1995 L 164 S. 1; siehe auch die Gemeinsame Maßnahme vom 16. Dezember 1996 über die einheitliche Gestaltung von Aufenthaltstiteln ABl. EG 1997 L 7 S. 1.
[593] ABl. EG 1996 C 274 S. 3.
[594] ABl. EG 1996 C 274 S. 10.

Selbständige[595], die Möglichkeit der Einführung von Rückführungsklauseln in Abkommen mit Drittstaaten[596] sowie Reiseerleichterungen für Schüler von Drittstaaten mit Wohnsitz in einem Mitgliedstaat[597].
Die Harmonisierungsbestrebungen in den obengenannten Bereichen der Asylpolitik und Einwanderungspolitik werden durch die in London im Oktober 1986 ins Leben gerufene ad-hoc-Gruppe Einwanderung umgesetzt[598].
Überschneidungen mit den Gemeinschaftsbereichen und damit Anwendungsfelder für das *Kohärenzgebot* ergeben sich insbesondere unter den Aspekten der Arbeitnehmerfreizügigkeit und der Dienstleistungsfreiheit und allgemein der Errichtung des Binnenmarkts.

II. Polizeiliche und zolltechnische Zusammenarbeit

Einen wichtigen thematischen Schwerpunkt von Artikel K.1 bildet Ziff. 9 EUV. Darin wird die polizeiliche Zusammenarbeit der Mitgliedstaaten zur Verhütung und Bekämpfung des Terrorismus, des illegalen Drogenhandels und sonstiger schwerwiegender Formen der internationalen Kriminalität in Verbindung mit dem Aufbau eines unionsweiten Systems zum Austausch von Informationen im Rahmen eines Europäischen Polizeiamts (Europol) behandelt[599]. Die verabschiedete Europol-Konvention[600] sieht als künftige Aufgaben der neu zu schaffenden, seit 1994 in der Gestalt einer Vorläuferorganisation (Europol-Drogenstelle (EDU)) im Bereich der Drogenbekämpfung tätigen Behörde, u.a. vor:
a) die Unterstützung der einzelstaatlichen Strafverfolgungs- und Sicherheitsbehörden, insbesondere bei der Koordinierung von Ermittlungen und Fahndungen (Artikel 3 Abs. 1 Ziff. 1; 3 und 4 EuropolKonv.);
b) den Aufbau von Informationsdateien (Artikel 3 Abs. 1 Ziff. 2 und 5 EuropolKonv.);
c) die zentrale Bewertung und Auswertung von Informationen zur Herstellung von Lagebildern und zur Gewinnung von Ermittlungsansätzen (Artikel 3 Abs. 2 Ziff. 1-3 EuropolKonv.);
d) die Sammlung und Auswertung einzelstaatlicher Präventionskonzepte zur Weitergabe an die Mitgliedstaaten und zur Ausarbeitung gesamteuropäischer Präventionsstrategien:
e) Maßnahmen im Bereich der beruflichen Fortbildung, der Forschung, der Kriminaltechnik und des Erkennungsdienstes.

---

[595] ABl. EG 1996 C 274 S. 7.
[596] ABl. EG 1996 C 274 S. 20.
[597] ABl. EG 1994 C 327 S. 1.
[598] *Nanz*, integration 1992, S. 126 ff. (134 f.).
[599] Vgl. Artikel 2 Abs. 1 EuropolKonv.
[600] ABl. EG 1995 C 316 S. 2 ff.

Zur besseren Koordinierung der Zusammenarbeit zwischen Europol und den nationalen Polizeibehörden wird von jeder nationalen Polizeibehörde mindestens ein Verbindungsbeamter zu Europol entsandt (Artikel 5 EuropolKonv.).
Die vorbereitenden Arbeiten zur Gründung der Europol-Behörde wurden durch eine ad-hoc-Gruppe im Rahmen der TREVI-Zusammenarbeit durchgeführt[601].
Die polizeiliche Zusammenarbeit wurde ferner durch eine Reihe von gemeinsamen Empfehlungen und Entschließungen weiterentwickelt, so über den Schutz von Zeugen im Rahmen der Bekämpfung der internationalen organisierten Kriminalität[602], über Leitlinien zur Verhinderung von Störungen der öffentlichen Ordnung bei Fußballspielen[603], Bekämpfung der Geldwäsche, zum Menschenhandel und zur sexuellen Ausbeutung von Kindern[604] sowie zur Überwachung des Fernmeldeverkehrs[605]. Ferner einigte sich der Rat auf eine Reihe von Gemeinsamen Maßnahmen aufgrund von Artikel K.3 Abs. 2 lit. b) EUV, so zur Bekämpfung von Rassismus und Fremdenfeindlichkeit[606], zur Erstellung eines Verzeichnisses der besonderen Fähigkeiten und Fachkenntnissen auf dem Gebiet der Terrorismusbekämpfung[607], zur Entsendung von Verbindungsbeamten[608] und zum Informationsaustausch, Risikobewertung und Kontrolle bei neuen synthetischen Drogen[609]. In Weiterentwicklung der Leitlinien zur Verhinderung von Störungen der öffentlichen Ordnung bei Fußballspielen verständigte sich der Rat ferner auf eine Gemeinsame Maßnahme gemäß Artikel K.3 Abs. 2 Buchstabe b) EUV, wonach die Mitgliedstaaten auf Anfrage oder von sich aus betroffenen Mitgliedstaaten Informationen zur Verfügung stellen, wenn größere Gruppen, die eine Bedrohung für die öffentliche Sicherheit und Ordnung darstellen können, in andere Mitgliedstaaten reisen, um an Veranstaltungen teilzunehmen[610]. Die Maßnahme hat zum Ziel Ausschreitungen bei Massenveranstaltungen vorzubeugen.
Zur besseren Bekämpfung der organisierten Kriminalität wurde auf dem Gipfel von Dublin im Dezember 1996 (Dublin II) eine weitere Arbeitsgruppe, die "Hochrangige Gruppe organisierte Kriminalität" eingesetzt. Diese legte dem Rat "Justiz und Inneres" am 28. April 1997 einen Bericht zur Frage der Bekämpfung organisierter Kriminalität vor[611].

---

[601] *Nanz*, integration 1992, S. 126 ff. (137 f.).
[602] ABl. EG 1995 C 237 S. 5.
[603] ABl. EG 1996 C 131 S. 1.
[604] ABl. EG 1997 C 055 vom 24.2.1997. Hierzu ist ferner am 24. Februar 1997 eine Gemeinsame Maßnahme i.S.d. Artikel K.3 Abs. 2 Buchstabe b) ergangen (ABl. EG 1997 L 63 S. 2)
[605] ABl. EG 1996 C 329 S. 1.
[606] ABl. EG 1996 L 185 S. 5.
[607] ABl. EG 1996 L 273 S. 1.
[608] ABl. EG 1996 L 268 S. 2.
[609] ABl. EG 1997 L 167 S. 1.
[610] ABl. EG 1997 L 147 S. 1.
[611] Bull. EU 4-1997 Ziff. 1.5.1.; S. 109.

Im Bereich der Zusammenarbeit im Zollwesen einigten sich die Mitgliedstaaten auf ein Übereinkommen zur Nutzung von EDV-Systemen durch ihre Zollbehörden[612], auf einen Gemeinsamen Standpunkt bezüglich Unterstützungs- und Informationsprogrammen im Grenzvorbereich[613] und auf eine Gemeinsame Maßnahme Informationserfassung im Bereich der Drogenbekämpfung[614]. Darüber hinaus schloß die Europäische Gemeinschaft Abkommen mit Mexiko und den Vereinigten Staaten über Drogenausgangsstoffe ab[615].

Im Bereich der polizeilichen und zolltechnischen Zusammenarbeit ergeben sich Überschneidungen mit dem Gemeinschaftsbereich und damit Anwendungsmöglichkeiten des *Kohärenzgebots* auf den Gebieten der Abschaffung der Grenzkontrollen (Errichtung des Binnenmarkts) und der gemeinsamen Zolltarife.

III. Bereich der justitiellen Zusammenarbeit

Im Bereich der justitiellen Zusammenarbeit sind insbesondere klare Fortschritte beim Schutz der finanziellen Interessen der Gemeinschaft erzielt worden. Zu erwähnen ist in diesem Zusammenhang eine Entschließung des Rates[616] vom 14.12.1994 über den rechtlichen Schutz der finanziellen Interessen der Gemeinschaften und ein entsprechendes Übereinkommen[617]. Die Maßnahmen zielen damit, obwohl im Bereich intergouvernementaler Zusammenarbeit getroffen, auf einen verstärkten Schutz des Gemeinschaftsbereichs. Sie sind damit ein praktisches Beispiel für eine *kohärente Verfahrensweise*, da hier die unterschiedlichen Bereiche zur Erfüllung eines gemeinsamen Zieles ineinandergreifen. Desweiteren wurde ein Übereinkommen über ein vereinfachtes Auslieferungsverfahren zwischen den Mitgliedstaaten[618] beschlossen.

Ein weiterer Bereich der justitiellen Zusammenarbeit, in dem Fortschritte erzielt wurden, ist der Austausch von Verbindungsrichtern und Staatsanwälten zwecks Verbesserung der justitiellen Zusammenarbeit zwischen den Mitgliedstaaten. Hier hat sich der Rat auf eine dahingehende Gemeinsame Maßnahme einigen können[619].

---

[612] ABl. EG 1995 C 316 S. 34.
[613] ABl. EG 1996 L 281 S. 1.
[614] ABl. EG 1997 L 159 S. 1.
[615] Bull. EU 3-1997 Ziff. 1.4.95 und Bull. EU 4-1997 Ziff. 1.4.91.
[616] ABl. EG 1994 C 355 S. 2.
[617] ABl. EG 1995 C 316 S. 49.
[618] ABl. EG 1995 C 78 S. 1.
[619] ABl. EG 1996 L 105 S. 1.

3. Kapitel: Neuerungen des Vertrages von Amsterdam und Ergebnis der Untersuchung

Mit dem am 2. Oktober 1997 unterzeichneten, während des Amsterdamer Gipfeltreffens vom 18./19. Juni 1997 ausgearbeitenen Revisionsvertrag treten sowohl im Bereich der Gemeinschaftsverträge als auch im Vertrag über die Europäische Union zahlreiche Änderungen auf. Obwohl mit dem Inkrafttreten des Amsterdamer Vertrages nicht vor dem Frühjahr 1999 zu rechnen ist, empfiehlt sich doch ein Überblick über die eingetretenen Änderungen. Dabei ist auf die Bestimmungen einzugehen, die Auswirkungen für das Kohärenzgebot zeitigen. Die mangelnde Kohärenz insbesondere im Bereich des Auftretens des Union nach außen ist bereits bei den Vorbereitungen zur Revisionskonferenz sowohl in der Literatur[620] als auch in den die Konferenz vorbereitenden Gremien[621] Gegenstand der Kritik gewesen. Auch im Verlauf der weiteren Verhandlungen war die Frage der Kohärenz, insbesondere der Außenkohärenz, wiederholt Gegenstand der Überlegungen der Regierungskonferenz[622].

A. Änderung des Artikel C Abs. 2 EUV[623]

In der Bestimmung des Artikel 3 Abs. 2 EUV[624] wurde durch den Revisionsvertrag von Amsterdam ein neuer Halbsatz beigefügt. Es handelt sich um Artikel 3 Abs. 2 S. 2, 2. Halbsatz EUV. Danach sind der Rat und die Kommission für die Kohärenz verantwortlich "und arbeiten zu diesem Zweck zusammen".

[620] Vgl.: *Nentwich/Falkner*, European Law Journal 1996, S. 83 ff. (91); *Lipsius*, European Law Review 1995, S. 235 ff. (245 f.).

[621] Siehe Zwischenbericht des Vorsitzenden der Reflexionsgruppe zur Regierungskonferenz 1996 vom 1. September 1995, DOK SN 509/2/95 (REFLEX 10) REV 2, S. 26; der Zwischenbericht wird kritisch analysiert von: *Wessels*, integration 1996, S. 14 ff.

[622] Vgl. Bericht der irischen Präsidentschaft, Dublin 2. vom 5. Dezember 1996, DOK CONF/2500/96 CAB, S. 68.

[623] Am 23. September wurde den Delegationen eine konsolidierte Fassung des EU-Vertrags mit den Änderungen aufgrund des Vertrags von Amsterdam vorgelegt. Diese enthielt eine Neunumerierung der Vertragsvorschriften. Da die Neunumerierung nach Inkrafttreten des Vertrags von Amsterdam wirksam wird, folgt die nachfolgende Darstellung den *neuen Artikelnummern*. Zur Neuordnung siehe konsolidierte Fassung des Vertrags über die Europäische Union, Dok. CONF/4005/97 ADD 1 LIMITE.

[624] Vormals Artikel C EUV.

Eine materiellrechtliche Änderung tritt durch das Hinzufügen des 2. Halbsatzes nicht ein. Wie bereits ausgeführt, ist auch die Kommission Adressatin des Kohärenzgebots, soweit sie im Gemeinschaftsbereich handelt[625]. Ferner obliegt ihr die Stellung der Interessenwahrerin der Gemeinschaften bei ihrem Auftreten im GASP-Bereich[626]. Als solche ist sie bereits aus praktischen Gründen zur Zusammenarbeit mit dem Rat verpflichtet. Gleiches gilt für den Rat. Da das *gemeinschaftsrechtliche Kohärenzgebot* nur eine begrenzte Wirkung im Gemeinschaftsbereich zeitigt muß dieser auch bei seinen Beschlüssen als Unionsrat zwangsläufig auf Vorbehalte der Kommission Rücksicht nehmen, wenn er nicht die Weigerung der Kommission zur Vorlage von Umsetzungsvorschlägen im Gemeinschaftsbereich riskieren will. Die Verpflichtung zur Zusammenarbeit nach dem neuen Artikel 3 Abs.2 S. 2, 2. Halbsatz EUV dient daher lediglich der Klarstellung. Hierdurch wird der mehrfach angesprochene *koordinationstechnische Aspekt* der Kohärenzverpflichtung nochmals unterstrichen[627].

B. Neuregelungen in der gemeinsamen Außen- und Sicherheitspolitik

I. Instrument der gemeinsamen Strategie

In dem Kooperationsbereich der GASP hat die Regierungskonferenz das gesamte Regelwerk neu geordnet und teilweise auch revidiert[628], auch wenn die teilweise geforderte Vergemeinschaftung der GASP[629] ausgeblieben ist. Einige Bestimmungen enthalten Erweiterungen des Handlungsfeldes und Ergänzungen des Steuerungs- und Handlungsinstrumentariums[630]. So wurde in einem neuen Artikel 12 EUV (ex-Artikel J.2) das Instrument der "gemeinsamen Strategie" eingeführt. In den gemeinsamen Strategien, die vom Europäischen Rat beschlossen werden, sind Zielsetzung, Dauer und die von der Union und den Mitgliedstaaten bereitzustellenden Mittel anzugeben (Artikel 13 Abs. 2, ex-Artikel J.3 EUV). Gemäß Artikel 23 Abs. 2, 1. Spiegelstrich EUV (ex-Artikel J.13) beschließt der Rat, wenn er auf der Grundlage einer gemeinsamen Strategie gemeinsame Aktionen oder gemeinsame Standpunkte oder andere Beschlüsse faßt, mit qualifizierter Mehrheit. Gleiches gilt für Beschlüsse, die der Durchführung einer gemeinsamen Aktion oder

[625] Siehe Kap. 1 Abschn. 3 *C* IV 1.) a).
[626] Siehe Kap. 1 Abschn. 3 *C* IV 1.) b).
[627] Siehe Kap. 1 Abschn. 1 *B*.
[628] *Wessels*, integration 1997, S. 117 ff. (124).
[629] *Hänsch*, EA 1993, S. 389 ff. (393); *Petersmann*, CMLR 1995, S. 1123 ff. (1160); *Folke-Schuppert*, in: Hesse/Johnson, Constitutional Policy and change in Europe, S. 329 ff. (360).
[630] *Wessels*, integration 1997, S. 117 ff. (123).

eines gemeinsamen Standpunktes dienen (Artikel 23 Abs. 2, 2. Spiegelstrich EUV).
Gegenüber der ursprünglichen Regelung des Artikel J.3 Ziff. 2 EUV, bei der der Rat im Vorfeld die Fragen festlegen muß, über die mit qualifizierter Mehrheit zu entscheiden ist, stellt die Neuregelung einen erheblichen Fortschritt dar. Erstens kann nunmehr nicht nur in Fragen der Durchführung, sondern auch über die Annahme einer gemeinsamen Aktion mit qualifizierter Mehrheit entschieden werden (anders Artikel J.3 Ziff. 1 i.V.m. Artikel J.8 Abs. 2 UAbs. 2 EUV). Zweitens ist gemäß Artikel 23 Abs. 2 EUV die Beschlußfassung mit qualifizierter Mehrheit in den angesprochenen Fallvarianten die Regel. Der Rat muß nicht mehr, wie dies im Fall des Artikel J.3 Ziff. 2 EUV noch der Fall war, einstimmig festlegen, worüber mit qualifizierter Mehrheit zu entscheiden ist - ein ohnehin seltsam anmutendes Verfahren. Auch wenn der politische Preis für die Regelung des Artikel 23 Abs. 2 EUV die erstmalige Kodifikation des "Luxemburger Kompromisses" im Artikel 23 Abs. 3 EUV war, ist von der Bestimmung des Artikel 23 Abs. 2 EUV eine Beschleunigung des Abstimmungsverfahrens zu erwarten.
Das Einstimmigkeitserfordernis wird durch die Neuregelungen nunmehr in das Verfahren zur Festlegung der gemeinsamen Strategie durch den Europäischen Rat *vorverlagert*. Obwohl dies auf den ersten Blick wie eine rein "kosmetische" Änderung erscheint, wird diese Verlagerung voraussichtlich zu einer Vereinfachung des politischen Abstimmungsverfahrens führen. Diese Einschätzung beruht auf der Erfahrung, daß sich die Kompromißsuche im Europäischen Rat im Regelfall als einfacher erwiesen hat, als auf der Fachministerebene. Dies mag einerseits an einer gewissen "Ressortblindheit" der zuständigen Fachminister beruhen, es liegt andererseits an der Tatsache, daß die Teilnehmer des Europäischen Rates vor der Zustimmung zu einem Kompromiß nicht erst das Einverständnis des Regierungschefs einholen müssen. Auch der politische Druck in Richtung einer Einigung - der aus der ungleich größeren öffentlichen Aufmerksamkeit bei Sitzungen des Europäischen Rates resultiert - ist erheblich höher. Die geschilderten Veränderungen des politischen Abstimmungsverfahrens lassen zumindest eine gesteigerte (vertikale) Kohärenz innerhalb des Kooperationsbereichs der GASP erwarten. Auch die Möglichkeit der konstruktiven Enthaltung nach Artikel 23 Abs. 1 EUV dürfte zu einer erleichterten Kompromißsuche[631] führen.

II. Generalsekretär des Rates als Hoher Vertreter für die GASP

Unter dem Gesichtspunkt der *horizontalen* (Querschnitts-) Kohärenz sind u.a. die nachfolgenden Änderungen von Bedeutung:
Artikel 18 Abs. 3 EUV (ex-Artikel J.8) bestimmt, daß der Vorsitz vom Generalsekretär des Rates unterstützt wird, der die Aufgabe eines Hohen Vertreters für die Gemeinsame Außen- und Sicherheitspolitik wahrnimmt. Diese Aufgabe des Generalsekretärs des Rates ist neu. Von Bedeutung ist in diesem Zusammenhang,

[631] Positiv hierzu auch: Editorial Comments, CMLR 1997, S. 767 ff. (772).

daß damit erstmals eine *Institution der Gemeinschaften* mit der Unterstützung des Vorsitzes auch im Bereich der GASP betraut wird. Bislang war diese Aufgabe *exklusiv* Mitgliedstaaten vorbehalten (Artikel J.5 Abs. 3 EUV a.F.), auch wenn die volle Beteiligung der Kommission vorgesehen war.
Zwar sieht Artikel 18 Abs. 4 S. 2 EUV ebenfalls die Möglichkeit der Unterstützung durch den im Vorsitz nachfolgenden Mitgliedstaat vor, insgesamt ist durch die neue Rolle des Generalsekretärs des Rates jedoch eine stärkere Berücksichtigung *gemeinschaftlicher Gesichtspunkte* zu erwarten. Bei der nach Artikel 26 EUV vorgesehenen Unterstützung des Rates durch seinen Generalsekretär und Hohen Vertreter für die GASP im Wege der Vorbereitung und Durchführung politischer Entscheidungen ist diese Rücksichtnahme eher zu erwarten als bei einem unterstützenden Mitgliedstaat. Dies liegt bereits in dem Informationsvorsprung der Administration des Generalsekretariats begründet. Zudem zielt die Regelung auf eine verbesserte Kontinuität der Verfahren, da im Gegensatz zur bisherigen "Troika-Lösung" zumindest eine der beteiligten Parteien nicht dem Wechsel unterliegt. Auch die Möglichkeit, daß der Generalsekretär des Rates gegebenenfalls auf Ersuchen des Vorsitzes im Namen des Rates den politischen Dialog mit Dritten führt (Artikel 26 EUV), dürfte zu einem einheitlicheren Vorgehen im Sinne einer stärkeren horizontalen Kohärenz beitragen.
Die Beteiligung des umfangreichen Verwaltungsapparats des Generalsekretariats stellt ferner insbesondere in Fällen der Vorsitzübernahme durch kleinere Mitgliedstaaten, deren außenpolitischer Apparat naturgemäß begrenzt ist, ein wichtiges Instrument zur Sicherung einer effizienten Außenvertretung der Union dar[632].

III. Strategieplanungs- und Frühwarneinheit

In einer Erklärung für die Schlußakte kam die Konferenz überein, im Generalsekretariat des Rates unter der Verantwortung des Generalsekretärs eine Strategieplanungs- und Frühwarneinheit zu schaffen. Zu den Aufgaben der Einheit soll gehören die Überwachung und Analyse der Entwicklungen im Bereich der GASP, die Beurteilung der Interessen der Union und Ermittlung künftiger Schwerpunktbereiche, die rechtzeitige Bewertung von Ereignissen und Situationen, um eine frühzeitige Warnung vor eventuellen Auswirkungen auf Interessen der Union sicherzustellen, und die Ausarbeitung von begründeten Dokumenten über mögliche politische Optionen, die unter der Verantwortung des Vorsitzes dem Rat unterbreitet werden können. Das Personal soll sich aus dem Generalsekretariat, den Mitgliedstaaten, der Kommission und der WEU rekrutieren. Betont wird in der Erklärung zudem die Notwendigkeit einer angemessenen Zusammenarbeit der Strategieplanungs- und Frühwarneinheit mit der Kommission, um die vollständige Kohärenz mit der Außenwirtschafts- und Entwicklungspolitik (der EG) zu gewährleisten.

---

[632] Vgl. auch den Bericht der irischen Präsidentschaft, Dublin 2. vom 5. Dezember 1996, DOK CONF/2500/96 CAB, S. 68.

Die Errichtung der Strategieplanungs- und Frühwarneinheit ist als ein weiterer Schritt zu einem einheitlicheren institutionellen Entscheidungsrahmen und damit zugleich als Steigerung der *horizontalen Kohärenz* zu bewerten. Diese Bewertung beruht auf folgenden Erwägungen: Die Einheit wird unter der Verantwortung des Generalsekretärs und damit *innerhalb des institutionellen Rahmens der Gemeinschaften* errichtet. Ihr Personal rekrutiert sich zwar teilweise aus den Mitgliedstaaten, ansonsten aber aus Mitarbeitern der Kommission und des Generalsekretariats. Die Prägung der Mitarbeiter ist damit zwangsläfig eher in Richtung Gemeinschaft gerichtet, als dies bei Mitarbeitern der nationalen Administrationen zu erwarten ist.
Die Stellung des Politischen Komitees als des klassischen intergouvernementalen Pols der GASP erfährt eine weitere Schwächung. Letzteres hat, wie oben geschildert[633], bereits mit Inkrafttreten des Vertrages von Maastricht, durch die Auflösung des Sekretariats der EPZ und der Integration der Arbeitsgruppen in den institutionellen Rahmen des Generalsekretariats, seinen unabhängigen organisatorischen Unterbau verloren. Mit der Errichtung der Strategieplanungs- und Frühwarneinheit erhält hingegen der Generalsekretär des Rates ein weiteres wichtiges Instrument, mit dem er seine neue Rolle als Hoher Vertreter in der GASP fundiert zur Vorbereitung und damit zur Beeinflußung der Ratsentscheidungen nutzen kann. Die Rolle der Gemeinschaftsinstitutionen in der GASP wird damit weiter gestärkt. Dies führt zwar nicht unbedingt zu einer Supranationalisierung, macht es den Gemeinschaften jedoch einfacher ihre spezifischen Interessen in den Entscheidungsprozeß einzubringen.

IV. Regelfinanzierung der operativen GASP-Ausgaben aus dem Gemeinschaftshaushalt

Artikel 28 Abs. 3 EUV sieht vor, daß neben den Verwaltungsausgaben der GASP (Artikel 28 Abs. 2 EUV) auch die operativen Ausgaben zu Lasten des Haushalts der Europäischen Gemeinschaften gehen. Ausnahmen bestehen bei Ausgaben aufgrund von Maßnahmen mit militärischen oder verteidigungspolitischen Bezügen und in Fällen, in denen der Rat einstimmig etwas anderes beschließt. In der ursprünglichen Bestimmung des Artikel J.11 Abs. 2, 1. Spiegelstrich EUV war hingegen vorgesehen, daß der Rat einstimmig zu beschließen hatte, wenn die operativen Ausgaben in Zusammenhang mit der Durchführung von Aufgaben der GASP zu Lasten des Gemeinschaftshaushalts gehen sollten.
Zwar hat die nunmehrige Regelfinanzierung durch den Gemeinschaftshaushalt auf den ersten Blick lediglich rein finanzielle Auswirkungen, die praktischen politischen Implikationen der Neuregelung sollten jedoch nicht außer Betracht bleiben. Wenn nunmehr die operativen Ausgaben der GASP in aller Regel aus dem Gemeinschaftshaushalt getragen werden sollen, so bedeutet dies, daß die entsprechenden Haushaltsmittel in den Haushaltsentwurf einzustellen sind. Dies bedeutet

[633] Siehe Kap. 2 Abschn. 3 *A* I 2.).

aber, daß zumindest ein nicht unerheblicher Teil der durchzuführenden Aktionen der GASP das ordentliche Haushaltsverfahren der Gemeinschaften passieren muß. Dieses ist aber, nicht zuletzt aufgrund der Beteiligungsrechte des Europäischen Parlaments, stark durch Institutionen der Gemeinschaft geprägt. Es dürfte daher als praktische Folge nicht ausbleiben, daß im Rahmen des Haushaltsaufstellungsverfahrens *gemeinschaftliche Interessen* verstärkten Eingang in die Planung finden. Diese frühzeitige Berücksichtigung von Gemeinschafts- und GASP-Interessen im Rahmen eines einheitlichen Haushaltsaufstellungsverfahrens ist daher sehr wohl geeignet, die horizontale Kohärenz zwischen den unterschiedlichen Kooperationsbereichen zu fördern.

V. Abschlußkompetenz des Rates nach Artikel 24 EUV

Zwar sieht Artikel 24 EUV nunmehr eine Befugnis des (Unions-)Rates zum Abschluß von Übereinkünften mit einem oder mehreren Staaten oder internationalen Organisationen vor, es wäre aber nicht gerechtfertigt, hieraus auf eine eigene Vertragsabschlußkompetenz der Europäischen Union zu schließen. In einer Erklärung für die Schlußakte legten vielmehr die Vertragsparteien fest, daß die Bestimmung des Artikel 24 EUV keine Übertragung von Zuständigkeiten von den Mitgliedstaaten auf die Union bewirken soll. Dies kann nur dahingehend ausgelegt werden, daß der Unionsrat im Fall des vorgesehenen Abschlusses einer Übereinkunft nach Artikel 24 EUV, nicht als Organ der Union im rechtlichen Sinne, sondern als Vertreter der Mitgliedstaaten handelt. Eine Stärkung der horizontalen Kohärenz ist von der Neuregelung ohnehin nicht zu erwarten. Allenfalls kann auf eine stärkere Abstimmung der Mitgliedstaaten untereinander (vertikale Kohärenz im GASP-Kooperationsbereich) gehofft werden.

C. Zusammenarbeit im Bereich Justiz und Inneres

I. Vergemeinschaftung von Bereichen der ZBJI

Mit dem Inkrafttreten des Vertrages von Amsterdam wird ein erheblicher Teil der bisherigen Zusammenarbeit im Bereich Justiz- und Inneres (ZBJI) in den supranationalen Gemeinschaftsrahmen überführt. Hierzu wird speziell ein neuer Titel in den EG-Vertrag eingefügt (Titel IV EGV). Von erheblicher Bedeutung ist, daß nunmehr den Gemeinschaften damit gemäß Artikel 62 Abs. 2 lit. b) i) EGV[634] auch die Befugnis zum Erlaß einer *Positivliste* der Staaten erteilt wird, deren Staatsangehörige beim Überschreiten der Außengrenzen der Union für Aufenthalte von höchstens drei Monaten keines Visums bedürfen. Gleiches gilt für die Befugnis zum Erlaß einer *ausschließlichen Negativliste* gemäß Artikel 62 Abs. 2 lit. b) ii)

[634] Die Numerierung folgt der konsolidierten Neufassung des EG-Vertrages.

EGV. Die oben angesprochenen[635] Kohärenzprobleme zwischen der Visapolitik der Gemeinschaft und dem Kooperationsbereich ZBJI werden daher mit Inkrafttreten des Amsterdamer Vertrages weitgehend gegenstandslos. Dies bedeutet zwar nicht, daß nunmehr eine reibungslose Zusammenarbeit der Mitgliedstaaten im Bereich der Visapolitik zu erwarten wäre, es entfällt lediglich die Möglichkeit inkohärenter Maßnahmen zwei unterschiedlicher Bereiche (ZBJI und Gemeinschaften), da die Zusammenarbeit nunmehr innerhalb eines Kooperationsbereiches stattfindet. Das Problem der horizontalen Kohärenz entfällt damit.
Weitere Vergemeinschaftungen fanden im Bereich der Asylrecht- und Flüchtlingspolitik (Artikel 63 EGV) der Regelungen über das Überschreiten der Binnengrenzen (Artikel 62 EGV), der justitiellen Zusammenarbeit in Zivilsachen (Artikel 65 EGV), Teilen der Zollzusammenarbeit (Artikel 135 EGV) und der Bekämpfung des Betrugs zu Lasten des EG-Haushalts (Artikel 280 EGV) statt. Auch für diese Bereiche gilt die angesprochene Konsequenz. Die Vergemeinschaftung hat insofern Auswirkungen auf das horizontale Kohärenzgebot, als sie dieses gegenstandslos macht, da die Zusammenarbeit nunmehr exklusiv innerhalb eines Bereiches (der supranationalen Zusammenarbeit) stattfindet.

II. Neuregelungen im intergouvernementalen Kooperationsbereich

Im Bereich der intergouvernementalen Zusammenarbeit im Bereich Justiz und Inneres hat der Europäische Rat eine erhebliche Präzisierung der Regelungs- und Handlungsinstrumente vorgenommen[636]. Für den Bereich der polizeilichen Zusammenarbeit sind vier Maßnahmekategorien (Artikel 30 Abs. 1 EUV) und die Förderung der Zusammenarbeit durch das Europäische Polizeiamt (Europol; Artikel 30 Abs. 2 EUV) vorgesehen. Gemeinsame Maßnahmen im Bereich polizeilicher Zusammenarbeit können die operative Zusammenarbeit der Behörden gemäß Artikel 30 Abs. 1 lit. a) EUV, datentechtnische Zusammenarbeit im Bereich der Geldwäsche gemäß Artikel 30 Abs. 1 lit. b) EUV, Zusammenarbeit im Bereich der Weiterbildung gemäß Artikel 30 Abs. 1 lit. c) EUV und die gemeinsame Bewertung einzelner Ermittlungstechtniken bei der Aufdeckung schwerwiegender Formen der organisierten Kriminalität gemäß Artikel 30 Abs. 1 lit. d) EUV.
Für den Bereich der Zusammenarbeit in Strafsachen werden durch Artikel 31 EUV fünf Aufgabenbündel definiert. Sie umfassen die Erleichterung und Beschleunigung der Zusammenarbeit bei Gerichtsverfahren gemäß Artikel 31 lit. a) EUV, die Erleichterung von Auslieferungen gemäß Artikel 31 lit. b) EUV, die notwendige Abstimmung von Vorschriften untereinander gemäß Artikel 31 lit. c) EUV, die Vermeidung von Kompetenzkonflikten gemäß Artikel 31 lit. d) EUV und die schrittweise Annahme von Maßnahmen über Mindestangleichung von Tatbestandsmerkmalen bei ausgewählten Delikten gemäß Artikel 31 lit. e) EUV.

---

[635] Siehe Kap. 2 Abschn. 3 *B*.
[636] *Wessels*, integration 1997, S. 117 ff. (124).

Der Katalog von Handlungs- und Regelungsinstrumenten des Artikel 34 Abs. 2 EUV sieht neben den bekannten Instrumenten der Gemeinsamen Standpunkte - ursprünglich Artikel K.3 Abs. 2 lit. a) EUV, nunmehr Artikel 34 Abs. 2 lit. a) EUV - und der "Übereinkommen" - ursprünglich Artikel K.3 Abs. 2 lit. c) EUV, nunmehr Artikel 34 Abs. 2 lit. d) EUV - weitere Handlungsmöglichkeiten vor. Von Interesse ist dabei insbesondere die nunmehr in Artikel 34 Abs. 2 lit. b) EUV vorgesehene Möglichkeit von sogenannten "Rahmenbeschlüssen". Diese Rahmenbeschlüsse haben von ihrer rechtstechnischen Wirkung her einen richtlinienähnlichen Charakter. Nach Artikel 34 Abs. 2 lit. b) S. 2 EUV sind sie für die Mitgliedstaaten hinsichtlich des zu erreichenden Zieles verbindlich, überlassen jedoch den innerstaatlichen Stellen die Wahl der Form und der Mittel. Die Möglichkeit der unmittelbaren Wirksamkeit wird jedoch explizit verneint (Artikel 34 Abs. 2 lit. b) S. 3 EUV). Rechtlich sind sie als Verwaltungsabkommen zu qualifizieren[637].
Ebenso sind die nach Artikel 34 Abs. 2 lit. c) EUV vorgesehenen Beschlüsse, die vom Anwendungsbereich, jedoch nicht von ihrer rechtlichen Wirkung her am ehesten mit den gemeinsamen Maßnahmen des Artikel K.3 Abs. 2 lit. b) a.F. EUV vergleichbar sind, nunmehr rechtlich verbindlich und nicht unmittelbar wirksam. Durchführungsmaßnahmen zur Durchführung dieser Beschlüsse werden mit qualifizierter Mehrheit angenommen.
Um die rechtliche Durchsetzung der vorgesehenen Verbindlichkeit der Rahmenbeschlüsse und Beschlüsse sicherzustellen, sieht Artikel 35 Abs. 1 EUV die Zuständigkeit des Europäischen Gerichtshofs im Wege der Vorabentscheidung für Fragen über die Gültigkeit und die Auslegung der Maßnahmen vor. Die Mitgliedstaaten können darüber hinaus durch eine gesondert abzugebende Erklärung nach Artikel 35 Abs. 2 EUV die Zuständigkeit des Gerichtshofs anerkennen mit der Folge, daß ihre einzelstaatlichen Gerichte vorlageberechtigt werden. Diese Regelung ist an die fakultative Erklärung der obligatorischen Gerichtsbarkeit gemäß Artikel 36 Abs. 2 IGH-Statut angelehnt[638].
Unabhängig von dieser Erklärung ist jeder Mitgliedstaat befugt, beim Gerichtshof im Vorabentscheidungsverfahren nach Artikel 35 Abs. 1 EUV Schriftsätze einreichen oder schriftliche Erklärungen abgeben (Artikel 35 Abs. 4 EUV). Klagebefugt sind nach Artikel 35 Abs. 6 EUV die Mitgliedstaaten und die Kommission. Dieser wurde zudem im Bereich der ZBJI durch Artikel 34 Abs. 2 S. 2 EUV erstmals das Initiativrecht zuerkannt. Durch die Verleihung der Klagebefugnis und des Initiativrechts ist die Stellung der Kommission innerhalb der ZBJI erheblich gestärkt worden.
Eine weitere Änderung ergibt sich in der Stellung des Europäischen Parlaments. Während gemäß Artikel K.6 a.F. EUV diesem nur ein Konsultationsrecht zustand, sieht Artikel 39 EUV nunmehr eine obligatorische Anhörung vor, wenn der Rat Maßnahmen nach Artikel 34 Absatz 2 Buchstaben b), c) und d) EUV annimmt.

---

[637] *Pechstein/Koenig*, Die Europäische Union, 2. Aufl., Rn. 248 ff.
[638] So auch *Pechstein/Koenig*, Die Europäische Union, 2. Aufl., Rn. 390.

Durch die angesprochenen Änderungen ist die Distanz zwischen diesen intergouvernementalen Verfahren und den Gemeinschaftsprozeduren erheblich geschrumpft. Das sich nun ergebende Bild des ZBJI-Kooperationsbereiches wirkt aus einer Gesamtperspektive gegenüber den Vertragsbestimmungen vor dem Amsterdamer Vertrag geschlossener und läßt auf eine gesteigerte Effektivität hoffen[639]. Positiv zu vermerken ist zudem, daß aufgrund der Vergemeinschaftung weiter Bereiche der ZBJI der Aspekt der *horizontalen Kohärenz* für diese Teile an Bedeutung verliert. Auch ist von der stärkeren Beteiligung gemeinschaftlicher Institutionen im intergouvernementalen Bereich eine bessere Abstimmung mit den gemeinschaftlichen Gesichtspunkten zu erwarten.

III. *Sonderregelungen für das Vereinigte Königreich, für Irland und Dänemark*

Trotz dieses positiven Gesamteindrucks ergeben sich jedoch, insbesondere unter dem Gesichtspunkt der Kohärenz, einige Kritikpunkte. Die integrativen Fortschritte sind mit teilweise bedenklichen Kompromißlösungen erkauft worden. In diesem Zusammenhang sind die Sondervorschriften für die Mitgliedstaaten Großbritannien und Irland (Protokoll über die Position des Vereinigten Königreichs und Irlands) sowie Dänemark (Protokoll über die Position Dänemarks) bei der Anwendung des neuen Titels IV des EG-Vertrages über freien Personenverkehr, Asylrecht und Einwanderung sowie bei der eventuellen (teilweisen) Übernahme des Schengen-acquis in den gemeinschaftlichen Besitzstand zu nennen[640].

1.) Bestimmungen des neuen Titels des EG-Vertrages

Alle drei Mitgliedstaaten beteiligen sich nicht an der Annahme von Maßnahmen durch den Rat, die nach dem neuen Titel des EG-Vertrages vorgeschlagen werden. (Artikel 1 der Protokolle). Nach diesem Titel angenommene Maßnahmen, Vorschriften internationaler Übereinkünfte sowie Entscheidungen des Gerichtshofs sind für die angesprochenen Mitgliedstaaten nicht bindend oder anwendbar. Sie berühren auch nicht den gemeinschaftlichen Besitzstand oder sind Teil des Gemeinschaftsrechts soweit, diese auf die betroffenen Mitgliedstaaten Anwendung finden (jeweils Artikel 2 der Protokolle).

Die hieraus resultierende Folge ist eine bedenkliche Spaltung des bislang einheitlichen *Begriffs des gemeinschaftlichen Besitzstands*. Dieser wird nunmehr nicht mehr für sämtliche Mitgliedstaaten denselben Inhalt haben können. Mit den Protokollen wird auch die Möglichkeit des *inkohärenten Auftretens der Union nach außen* im Anwendungsbereich des neuen Titels des EG-Vertrages rechtlich

---

[639] *Wessels*, integration 1997, S. 117 ff. (125).

[640] Ebenso kritisch dazu: *Borchmann*, EuZW 1997, S. 513; schon im Vorfeld kritisch zu "Flexibilisierungsversuchen": *Giering*, integration 1997, S. 72 ff; zum Verhältnis der Schengener Abkommen zur ZBJI: *Schreckenberger*, Verwaltungs-Archiv 1997, S. 389 ff.

sanktioniert, da bei Abschluß internationaler Übereinkommen die angesprochenen Staaten nicht teilnehmen.

2.) Sonderregelungen zur Übernahme des Schengener Besitzstands
Die mögliche Übernahme des Schengen-acquis in den gemeinschaftlichen Besitzstand, soweit sie tatsächlich erfolgt, ist in ihrer rechtlichen Ausgestaltung noch verwirrender. Sie ist als eine besondere Form engerer Kooperation behandelt worden[641]. Dies zog erhebliche Sonderregelungen für die angesprochenen Mitgliedstaaten nach sich. So sind einerseits die Mitgliedstaaten Irland und das Vereinigte Königreich von der Übernahme des Schengen-acquis ausgeschlossen. Dies ist insoweit nachvollziehbar, als beide Mitgliedstaaten ohnehin nicht zu den Schengener Vertragsstaten gehören.
Andererseits ergibt sich jedoch auch eine Sonderregelung bezüglich Dänemarks. Gemäß Artikel 5 Abs. 1 des Protokolls über die Position Dänemarks beschließt Dänemark innerhalb von 6 Monaten, nachdem der Rat über einen Vorschlag oder eine Initiative zur Ergänzung des Schengen-acquis nach den neuen Bestimmungen des EG-Vertrages beschlossen hat, ob es diesen Beschluß in einzelstaatliches Recht umsetzt. Faßt es einen solchen Beschluß, so begründet dieser eine Verpflichtung Dänemarks nach *internationalem Recht*. Dies hat zur Folge, daß Ergänzungsbeschlüsse zum Schengener Besitzstand, soweit sie nach den Bestimmungen des neuen Titels des EG-Vertrages gefaßt werden, zwar grundsätzlich den Charakter von gemeinschaftlichen Rechtsnormen haben (inklusive ihres Anwendungsvorrangs), dieses jedoch in Hinblick auf Dänemark nicht gilt. Dort gelten die Ergänzungsbeschlüsse, soweit Dänemark deren Anwendung für sich überhaupt durch eine Erklärung nach Artikel 5 des Protokolls akzeptiert, lediglich als gewöhnliches Völkerrecht[642]. Eine weitere Aufspaltung des Begriffs des gemeinschaftlichen Besitzstands ist die Folge.
Diese Sonderstellung Dänemarks erscheint insbesondere deswegen unverständlich, weil es zu den Schengener Vertragsstaaten gehört[643]. Ebensowenig kann es, im Gegensatz zu Irland und dem Vereinigten Königreich, eine geographisch begründete Sonderlage geltend machen. Es bleibt abzuwarten, inwieweit die angesprochenen Sonderregelungen sich als echte Gefahr für die gemeinschaftliche Rechtsordnung erweisen. Als Fortschritt hin zu einem so oft beschworenen einheitlicheren Auftreten der Mitgliedstaaten sind sie jedenfalls nicht zu bewerten.

[641] Editorial Comments, CMLR 1997, S. 767 ff. (770).

[642] Vgl. auch Artikel 3 Abs. 1 des Protokolls zur Einbeziehung des Schengen-Besitzstands in den Rahmen der Europäischen Union.

[643] Dänemark hat gemeinsam mit Finnland und Schweden das Abkommen am 19. Dezember 1996 in Luxemburg unterzeichnet.

Zusammenfassung und Ergebnis der Untersuchung

Die Arbeit untersucht die Bedeutung des Kohärenzgebots für das Zusammenwirken der unterschiedlichen Bereiche europäischer Integration. Im Verlauf der Untersuchung wird deutlich, daß die durch den Vertrag von Maastricht im Artikel A EUV gegründete "Europäische Union" nicht in einem körperschaftlichen Sinne zu verstehen ist, da ihr die Völkerrechtsfähigkeit, mithin die Fähigkeit Zurechnungsendsubjekt von Rechten und Pflichten zu sein, abgeht. Das Zusammenwirken der intergouvernementalen Kooperationsbereiche der Gemeinsamen Außen- und Sicherheitspolitik und der Zusammenarbeit im Bereich Justiz und Inneres mit dem supranationalen Integrationsbereich der Gemeinschaften, die nach Artikel A Abs. 3 EUV Grundlage der Union sind, kann daher weder mit dem häufig zitierten "Drei-Säulen-Modell" (mit den beiden intergouvernementalen Kooperationsbereichen der GASP und der ZBJI und dem supranationalem Gemeinschaftsbereich) noch mit dem "Dachmodell" (mit der Union als Dach über den unterschiedlichen Integrationsbereichen) juristisch korrekt beschrieben werden. Ein Hauptmanko dieser, zugegebenermaßen bildhaften Beschreibungsversuche, bildet deren implizit enthaltene Substantivierung des Unionsgebildes. Diesem Bild kommt zwar das Verdienst einer gewissen Simplifizierung des komplizierten Beziehungsgeflechts der Union zu, es ist für eine korrekte Analyse derselbigen jedoch aus den angegebenen Gründen ungeeignet.

Die Beziehungen zwischen und innerhalb der drei Integrationsbereiche lassen sich daher am ehesten mit dem Begriff eines *Pflichtenbündels* erfassen. Die zentrale Rolle innerhalb dieses Pflichtenbündels kommt dabei dem Begriff der Kohärenz zu. Der Vertrag über die Europäische Union postuliert die Pflicht zu einer kohärenten Politikgestaltung gleich an mehreren Stellen. Dies geschieht in den Artikeln A Abs. 3, Artikel C Abs. 1 und Abs. 2 EUV. Daher stehen diese Bestimmungen naturgemäß im Zentrum der Untersuchung. Dabei wird deutlich, daß die Kohärenzverpflichtung ihre historischen Vorläufer hat, unter denen dem Artikel 30 Abs. 5 UAbs. 1 der Einheitlichen Europäischen Akte eine hervorgehobene Position zukommt. Dieser kann als direkter Vorgänger der Bestimmung des Artikel C Abs. 2 EUV bezeichnet werden. Diese historischen Betrachtungen stellen, gemeinsam mit den vorbereitenden Dokumenten zur Regierungskonferenz wichtige Hilfsmittel der Interpretation der angesprochenen Kohärenzverpflichtungen des Unionsvertrages dar.

Die Untersuchung zeigt zugleich, daß der Zentralbegriff des Kohärenzgebots bei eingehender Analyse in mehrere, unterschiedlich ausgerichtete Kohärenzpflichten aufgespalten werden muß. Die aus den Kohärenzverpflichtungen resultierenden Bindungen können daher nicht mit einem einheitlichen Begriff zutreffend erfaßt werden.

Dabei kann einerseits die Kohärenzpflicht in mehrere Teilaspekte unterteilt werden, andererseits der rechtliche Charakter derselbigen unterschiedlicher Natur sein.

Zunächst ist zwischen der *inneren* und der *äußeren* Kohärenz zu unterscheiden. Während erstere den Zusammenhalt der Union im Innern in Gestalt des wirtschaftlichen und sozialen Zusammenhalts erfaßt, betrifft die äußere Kohärenz das Auftreten der Union nach außen, gegenüber Drittstaaten. Dabei zeigt sich im Verlauf der Untersuchung daß der Anwendungsbereich der äußeren Kohärenz über den Bereich der GASP hinausreicht, Fragen der äußeren Kohärenz also auch bei der ZBJI eine Rolle spielen können.

Weiterhin kann zwischen *horizontaler* und *vertikaler* Kohärenz unterschieden werden. Erstere betrifft den *Querschnittsaspekt* der Kohärenz, also das Zusammenwirken zwischen *unterschiedlichen* Bereichen. Diese horizontale Kohärenz kann daher auch als *Querschnittskohärenz* bezeichnet werden. Der Begriff der vertikalen Kohärenz erfaßt hingegen sowohl die Stimmigkeit der Einzelmaßnahmen als auch die Stimmigkeit zwischen den Maßnahmen desselben Bereichs. Die vertikale Kohärenz kann daher auch als *inhaltliche Kohärenz* beschrieben werden. Wie die Untersuchung zeigt handelt es sich bei beiden Aspekten lediglich um *unselbständige Teilaspekte* einer einheitlichen Kohärenzverpflichtung, die nicht als eigenständige Kategorie behandelt werden können. Dies liegt darin begründet, daß der koordinationstechnische Teilaspekt, also der Aspekt der Querschnittskohärenz, *konstitutiv* für den Kohärenzbegriff ist, eine Abspaltung des vertikalen Teilaspekts als eigenständiger Kategorie daher nicht sinnvoll möglich ist.

In der Untersuchung wird zugleich deutlich, daß desweiteren zwischen einem *unionsrechtlichen* und einem *gemeinschaftsrechtlichen* Kohärenzgebot unterschieden werden muß. Als *unionsrechtliches* Kohärenzgebot werden die sich aus den Artikeln A Abs. 3, Artikel C Abs. 1 und Abs. 2 EUV ergebenden völkerrechtlichen Verpflichtungen der Mitgliedstaaten bezeichnet.

Da mit Inkrafttreten des Unionsvertrages, wie die Untersuchung zeigte, zugleich eine implizite Änderung der Gründungsverträge erfolgt ist, wurde das Kohärenzgebot auch ins primäre Gemeinschaftsrecht übernommen. Dieses in die Gründungsverträge übernommene *gemeinschaftsrechtliche* Kohärenzgebot ist in seiner Wirkungsrichtung dem unionsrechtlichen Kohärenzgebot diametral entgegengesetzt. Zugleich ergeben sich aber bezüglich des Pflichteninhalts des *gemeinschaftsrechtlichen* Kohärenzgebots aufgrund der vom Gerichtshof an eine implizite Vertragsänderung gestellten Begrenzungen, inhaltliche Modifikationen des ursprünglichen Pflichteninhalts des *unionsrechtlichen* Kohärenzgebots. Als Grenze einer impliziten Vertragsänderung definierte der Gerichtshof die Grundlagen der Gemeinschaft. Hieraus folgt, daß die Übernahme des Kohärenzgebots ins

primäre Gemeinschaftsrecht nicht die Grundlagen der Gemeinschaft berühren darf. Ob eine solche Beeinflussung vorliegt, muß im *Einzelfall* der konkreten Anwendung festgestellt werden. Die Anwendung des gemeinschaftsrechtlichen Kohärenzgebots führt daher, auch abhängig vom jeweils betroffenem Gemeinschaftsorgan zu einer unterschiedlich weit reichenden Bindung.
Durch die erfolgte Übernahme des Kohärenzgebots ins primäre Gemeinschaftsrecht im Wege impliziter Vertragsänderung ergibt sich zugleich die Möglichkeit einer Justitiabilität des *gemeinschaftsrechtlichen* Kohärenzgebots durch den Europäischen Gerichtshof. Dabei kann, aufgrund der Außenausrichtung des gemeinschaftsrechtlichen Kohärenzgebots nur überprüft werden, ob eine gebotene Berücksichtigung eventueller Vorgaben der intergouvernementalen Kooperationsbereiche unterblieben ist, oder, ob aufgrund der angesprochenen inhaltlichen Modifikationen des Kohärenzgebots eine Bindung der Gemeinschaften im konkreten Anwendungsfall nicht gegeben ist. Dies ist insbesondere in der Frage einer Bindung der Kommission an Vorgaben intergouvernementaler Kooperationsbereiche von Interesse, hier vor allem bei der Frage, ob eine Pflicht der Kommission zur Vorlage von Umsetzungsvorschlägen im gemeinschaftlichen Rechtssetzungsverfahren vorliegt. Dies ist nur in einem begrenzten Ausmaß der Fall[644].
Eine weitere Überprüfungsmöglichkeit der Einhaltung der bestehenden Pflichten durch den Gerichtshof ergibt sich bei entsprechender Anwendung des Artikel 5 EGV. Dabei ist jedoch zu beachten, daß die sich aus dem *gemeinschaftsrechtlichen* Kohärenzgebot und aus dem Prinzip der Gemeinschaftstreue des Artikel 5 EGV ergebenden Pflichten nicht deckungsgleich sind. Bei einer Überprüfung der sich aus Artikel 5 EGV ergebenden Pflichten kann, im Gegensatz zu einer Überprüfung der sich aus dem gemeinschaftsrechtlichen Kohärenzgebot ergebenden Bindungen, ein Verstoß der Mitgliedstaaten gegen ihre Vertragspflichten wegen unzureichender Berücksichtigung gemeinschaftlicher Interessen, festgestellt werden. Dies ist im Fall des gemeinschaftsrechtlichen Kohärenzgebots nicht möglich, da aufgrund seiner *Außenausrichtung* nur Verstöße wegen unzureichender Berücksichtigung von Vorgaben der intergouvernementalen Integrationsbereiche festgestellt werden können. Die sich aus Artikel 5 EGV ergebenden Pflichten entsprechen daher in ihrer Wirkrichtung eher dem *unionsrechtlichen* Kohärenzgebot.
In der Frage des sachlichen Anwendungsbereichs zeigte die Untersuchung, daß vielfältige Wirkungsmöglichkeiten des Kohärenzgebots an den Schnittstellen zwischen dem supranationalen und den intergouvernementalen Integrationsbereichen bestehen. Dabei handelt es sich um Schnittstellen sowohl zwischen der GASP und dem Gemeinschaftsbereich als auch zwischen dem Gemeinschaftsbereich und der ZBJI. Eine Anwendung des *unionsrechtlichen* Kohärenzgebots kommt ferner in den Schnittpunkten zwischen der GASP und der ZBJI in Betracht.

[644] Siehe unter Kap. 1. Abschn. 3 *C* IV 1.) a).

Die sich aus dem Kohärenzgebot ergebenden *Einzelpflichten* sind vielfältiger Natur. Bezüglich der Einzelheiten sei auf die obigen Ausführungen (siehe Kap. 2 Abschn. 2) verwiesen. Dabei zeigte sich im Verlauf der Untersuchung, daß etliche der im Unionsvertrag postulierten Verpflichtungen als *konkrete Einzelausprägungen* des generellen Kohärenzpostulats zu charakterisieren sind.
Die Betrachtung der praktischen Umsetzung des Kohärenzgebots zeigte, daß die Mitgliedstaaten sich der Bedeutung adäquater administrativer Strukturen für die Sicherstellung einer aufeinander abgestimmten Politikgestaltung durchaus bewußt sind. Die nach Inkrafttreten des Unionsvertrages unternommenen administrativen Änderungen sind durchaus geeignet, eine kohärentere Politik des gesamten Unionsverbundes zu befördern. Dazu ist sowohl die engere Kooperation zwischen dem Politischen Komitee und dem Ausschuß der Ständigen Vertreter zu zählen als auch die Fusion des Generalsekretariats der EPZ mit dem Generalsekretariat des Rates und die Eingliederung der Arbeitsgruppen der EPZ in die Strukturen des Generalsekretariats.
Von den während der Revisionskonferenz von Amsterdam beschlossenen Vertragsänderungen sind ebenfalls positive Auswirkungen für eine kohärentere Politikgestaltung der Union zu erwarten. Dabei bleibt jedoch abzuwarten, wie sich die angesprochenen und kritisierten Sonderregelungen für das Vereinigte Königreich, Irland und Dänemark in der Praxis auswirken.
Als Gesamtergebnis bleibt festzuhalten, daß dem Kohärenzgebot eine zentrale Rolle bei der Sicherstellung des angestrebten verbundhaften Auftretens der Union zukommt. Es ist sowohl in seiner inhaltlichen als auch rechtlichen Ausprägung vielgestaltig. Daher muß bei eingehender Analyse die jeweils konkrete Ausprägung den Blickpunkt der Betrachtung bilden. Der Terminus "Kohärenzgebot" bildet lediglich eine Oberbezeichnung. Bei der Betrachtung der konkreten Pflichtenlage muß deutlich zwischen dem *unionsrechtlichen* und dem *gemeinschaftsrechtlichen* Kohärenzgebot unterschieden werden, insbesondere müssen beim letzteren die angesprochenen Modifikationen berücksichtigt werden. Bei beiden muß ferner zwischen den Teilaspekten *Querschnittskohärenz* und *inhaltlicher Kohärenz* differenziert werden. Zu einer eingehenden Analyse sind ferner Betrachtungen der konkreten praktischen administrativen Umsetzungsmaßnahmen zur Sicherstellung der Kohärenz unabdingbar.

Literaturverzeichnis

Akmann, Die Zusammenarbeit in den Bereichen Justiz und Inneres als "3. Säule" des Maastrichter Unionsvertrages, JA 1994, S. 49 ff.

Allen/Wallace, Der geschichtliche Hintergrund der EPZ - vom Problemkind zum Musterknaben Europäischer Politik, in: Rummel/Wessels (Hrsg.), Die Europäische Politische Zusammenarbeit - Leistungsvermögen und Struktur der EPZ, Bonn 1978, S. 53 ff.; zitiert: Allen/Wallace, in: Rummel/Wessels, Die Europäische Politische Zusammenarbeit.

Apelt, Ist der Streit um die Verfassungsmäßigkeit des EVG-Vertrages eine Streitigkeit im Sinne des Art. 93 GG?, NJW 1953, S. 641 ff.

Badura, Willensbildung und Beschlußverfahren in der Europäischen Union, EuR Beiheft 1/1994, S. 9 ff.

Bar, Internationales Privatrecht, Bd. 2. Besonderer Teil, München 1991.

Baxter, Constitutional forms and some legal problems of international military command, British Year Book of International Law 1952, S. 340 ff.

Bernhardt, Die Europäische Gemeinschaft als neuer Rechtsträger im Geflecht der traditionellen zwischenstaatlichen Rechtsbeziehungen, EuR 1983, S. 199 ff.

Beutler/Bieber/Pipkorn/Streil, Die Europäische Union - Rechtsordnung und Politik, 4. Auflage, Baden-Baden 1993.

Blanquet, L'Article 5 du Traite C.E.E - Recherche sur les obligations de fidélité des Etats Membres de la Communaté, Bibliotéque de Droit International et Communautaire, Bd. 108, Paris 1993.

Bleckmann, Artikel 5 EWG-Vertrag und die Gemeinschaftstreue - Zugleich ein Beitrag zur Entwicklung des allgemeinen europäischen Verwaltungsrechts, DVBl. 1976, S. 483 ff.

Bleckmann, Europarecht - Das Recht der Europäischen Union und der Europäischen Gemeinschaften, Köln u.a.1997, 6. Aufl.; zitiert: Bleckmann, Europarecht.

Bogdandy, Rechtsfortbildung mit Artikel 5 EGV - Zur Zulässigkeit gemeinschaftsrechtlicher Innovationen nach EG-Vertrag und Grundgesetz, Gedächtnisschrift für Eberhard Grabitz, München 1995, S. 17 ff.; zitiert: v. Bogdandy, in: GS Grabitz.

Bogdandy/Nettesheim, Die Europäische Union: Eine Neubestimmung des Verbandes und seines Rechts, EuR 1996, S. 3 ff.

Bogdandy/Nettesheim, Die Verschmelzung der Europäischen Gemeinschaften in der Europäischen Union, NJW 1995, S. 2324 ff.

Bonvicini, Der Dualismus zwischen EPZ und Gemeinschaft, in: Rummel/Wessels (Hrsg.), Die Europäische Politische Zusammenarbeit - Leistungsvermögen und Struktur der EPZ, Bonn 1978, S. 53 ff.; zitiert: Bonvicini, in: Rummel/Wessels, Die Europäische Politische Zusammenarbeit.

Borchardt, Die rechtlichen Grundlagen der Europäischen Union, Heidelberg 1996; zitiert: Borchardt, Die Grundlagen der EU.

Borchmann, Amsterdam - Weder kleine Taten noch "Reförmchen"!, EuZW 1997, S. 513 ff.

Burghardt/Tebbe, Die Gemeinsame Außen- und Sicherheitspolitik der Europäischen Union - Rechtliche Struktur und politischer Prozeß, EuR 1995, S. 1 ff.

Constantinesco, L`article 5 CEE, de la bonne foi à la loyauté communautaire, in: Capotorti (Hrsg.), Du droit international au droit de l`intégration: Liber Amicorum Pescatore, Festschrift für Pierre Pescatore, 1987, S. 729 ff.; zitiert: Constantinesco, in: FS Pescatore.

Constantinesco, La structure du Traite' instituant l'Union europe´nne, CDE 1993, S. 251 ff.

Corbett, The Treaty of Maastricht - From Conception to Ratification: A Comprehensive Reference Guide, Essex UK 1993; zitiert: Corbett, TheTreaty of Maastricht.

Curtin, The Constitutional Structure of the Union: A Europe of Bits and Pieces, CMLR 1993, S. 17 ff.

Daillier/Pellet, Droit International Public, 5. Auflage, Paris 1994.

Dehousse, From Community to Union, in: ders. (Hrsg.), Europe after Maastricht - An Ever Closer Union?, München 1994; zitiert: Dehousse, in: ders., Europe after Maastricht.

di Fabio, Die "Dritte Säule" der Union - Rechtsgrundlagen und Perspektiven der europäischen Polizei- und Justizzusammenarbeit - , DÖV 1997, S. 89 ff.

Dörr, Die Entwicklung der ungeschriebenen Außenkompetenzen der EG, EuZW 1996, S. 39 ff.

Dörr, Noch einmal: Die Europäische Union und die Europäischen Gemeinschaften, NJW 1995, S. 3162 ff.

Dörr, Zur Rechtsnatur der Europäischen Union, EuR 1995, S. 334 ff.

Duden Fremdwörterbuch, Band 5, 5. Auflage, Mannheim u.a. 1990.

Due, Der Grundsatz der Gemeinschaftstreue in der Europäischen Gemeinschaft nach der neueren Rechtsprechung des Gerichtshofs, Zentrum für Europäisches Wirtschaftsrecht Nr. 9, 1992.

Editorial Comments in the CMLR, The aftermath of Opinion 1/94 or how to ensure unity of representation for joint competences, CMLR 1995, S. 385 ff.

Editorial Comments in the CMLR, The Treaty of Amsterdam: Neither a bang nor a whimper, CMLR 1997, S. 767 ff.

Edward/Lane, European Community Law - An Introduction, 2. Auflage, Edinburgh 1995.

Epping, Grundstrukturen der Europäischen Union, Jura 1995, S. 449 ff.

Europäische Kommission, Die Gemeinsame Aussen- und Sicherheitspolitik der Europäischen Union, Brüssel; Luxemburg 1996.

Europäische Politische Zusammenarbeit. Eine Dokumentation der Bundesregierung, Bonn 1978, S. 52.

Everling, Die Rolle des Europäischen Rates gegenüber den Gemeinschaften, EuR Beiheft 2/1995, S. 41 ff.

Everling, Sind die Mitgliedstaaten der Europäischen Gemeinschaft noch Herren der Verträge? Zum Verhältnis von Europäischem Gemeinschaftsrecht und Völkerrecht, in: Bernhard/Doehring/Frowein (Hrsg.), Völkerrecht als Rechtsordnung - Internationale Gerichtsbarkeit - Menschenrechte, Festschrift für Hermann Mosler, Berlin u.a. 1983; zitiert: Everling, in: FS Mosler.

Everling, Überlegungen zur Struktur der Europäischen Union und zum neuen Europa-Artikel des Grundgesetzes, DVBl. 1993, S. 936 ff.

Fink-Hooijer, The Common Foreign and Security Policy of the European Union, EJIL 5 (1994), S. 173 ff.

Fischer, Die Zusammenarbeit in den Bereichen Justiz und Inneres - die "3. Säule" des Vertrages über die Europäische Union, EuZW 1994, S. 747 ff.

Fischer/Köck, Das Recht der Europäischen Union, des Europarates und der wichtigsten anderen europäischen Organisationen, 3. Auflage, Wien 1997; zitiert: Fischer/Köck, Das Recht der EU.

Folke-Schuppert, On the evolution of a European State: Reflections on the Conditions of and the Prospects for a European Constitution, in: Hesse/Johnson (Hrsg.),

Constitutional Policy and change in Europe, Oxford 1995, S. 329 ff.; zitiert: Folke-Schuppert, in: Hesse/Johnson, Constitutional Policy and change in Europe.

Geiger, EG-Vertrag - Kommentar zu dem Vertrag zur Gründung der Europäischen Gemeinschaft, 2. Auflage, München 1995; zitiert: Geiger, Kommentar zum EGV.

Gialdino, Some reflections on the acquis communautaire, CMLR 1995, S. 1089 ff.

Giering, Vertiefung durch Differenzierung - Flexibilisierungskonzepte in der aktuellen Reformdebatte, integration 1997, S. 72 ff.

Glaesner, Der einheitliche institutionelle Rahmen- eine neue Rolle für die EG-Organe, S. 69 ff., in: Regelsberger (Hrsg.), Die Gemeinsame Außen- und Sicherheitspolitik der Europäischen Union - Profilsuche mit Hindernissen, Bonn 1993; zitiert: Glaesner in: Regelsberger, Die GASP.

Glaesner, Der Grundsatz des wirtschaftlichen und sozialen Zusammenhalts im Recht der Europäischen Wirtschaftsgemeinschaft: Eine Untersuchung seiner Verbindlichkeit und seiner Bezüge zum deutschen Staats- und Verwaltungsrecht, Baden-Baden 1990; zitiert: Glaesner, Wirtschaftlicher und sozialer Zusammenhalt in der EWG.

Glaesner, Die Einheitliche Europäische Akte, EuR 1986 S. 119 ff.

Glaesner, Willensbildung und Beschlußverfahren in der Europäischen Union, EuR Beiheft 1/1994, S. 25 ff.

Grabitz/Hilf (Hrsg.), Kommentar zur Europäischen Union, Loseblatt-Ausgabe; zitiert: Bearbeiter, in: Grabitz/Hilf, EUV/EGV, Artikel () Rn. ().

Groeben/Thiesing/Ehlermann (Hrsg.), Kommentar zum EWG-Vertrag, 4. Auflage, Baden-Baden 1991; zitiert: Bearbeiter, in: Groeben/Thiesing/Ehlermann (Hrsg.), Kommentar zum EWG-Vertrag, 4. Aufl.

Groeben/Thiesing/Ehlermann (Hrsg.), Kommentar zum EWG-Vertrag, 5. Auflage, Baden-Baden 1997; zitiert: Bearbeiter, in: Groeben/Thiesing/Ehlermann (Hrsg.), Kommentar zum EU/EG-Vertrag, 5. Aufl.

Hailbronner/Klein/Magiera/Müller-Graff (Hrsg.), Handkommentar zum Vertrag über die Europäische Union (EUV/EGV), Loseblatt-Ausgabe; zitiert: Bearbeiter, in: Hailbronner u.a., Handkommentar EUV/EGV, Artikel () Rn. ().

Hänsch, Vertiefung der Gemeinschaft und gesamteuropäische Identität - Ein System konföderaler Zusammenarbeit in Europa, Europa-Archiv 1993, S. 389 ff.

Hartley, The Foundations of European Community Law, 3. Auflage, Oxford 1994; zititert: Hartley, The Foundations of EC-Law.

Heintzen, Hierarchisierungsprozesse innerhalb des Primärrechts der Europäischen Gemeinschaft, EuR 1994, S. 35 ff.

Henkin/Crawford-Pugh/Schachter/Smit, International Law - Cases and Materials, 3. Auflage, St. Paul, Minnesota 1993; zitiert: Henkin/Crawford-Pugh/Schachter/Smit, International Law.

Herdegen, Europarecht, München 1997; zitiert: Herdegen, Europarecht.

Hillier, Public International Law, London 1994.

Hobe, Die Zentralelemente der Europäischen Union nach dem Maastrichter Vertrag, JA 1993, S. 229 ff.

Iglesias, Zur „Verfassung" der Europäischen Gemeinschaft, EuGRZ 1996, S. 125 ff.

Ipsen Knut, Völkerrecht, 3. Auflage, München 1990; zitiert: Ipsen, Völkerrecht.

Jagow, von, Das Krisenmanagement der EG/EPZ im Jugoslawienkrieg - eine gemischte Bilanz, in: Regelsberger (Hrsg.), Die Gemeinsame Außen- und Sicherheitspolitik der Europäischen Union - Profilsuche mit Hindernissen, Bonn 1993; zitiert: von Jagow in: Regelsberger, Die GASP.

Kimminich, Einführung in das Völkerrecht, 6. Auflage, Tübingen; Basel 1997; zitiert: Kimminich, Völkerrecht.
Klein, Neuere Entwicklungen des Rechts der Europäischen Gemeinschaften, DÖV 1985, S. 900 ff.
Klein/Haratsch, Neuere Entwicklungen des Rechts der EG - 1. Teil -, DÖV 1993, S. 785 ff.
Klein/Pechstein, Das Vertragsrecht internationaler Organisationen - Der Konventionsentwurf der Verträge zwischen Staaten und Internationalen Organisationen oder zwischen Internationalen Organisationen im Vergleich zur Wiener Vertragsrechtskonvention von 1969, Berlin 1985; zitiert: Klein/Pechstein, Das Vertragsrecht internationaler Organisationen.
Knopf, Europarechtliche und völkerrechtliche Fragen einer Entwicklungspolitik der Europäischen Gemeinschaft und ihrer Mitgliedstaaten, Berlin 1983.
Koenig/Pechstein, Die Europäische Union - Der Vertrag von Maastricht, 1. Auflage, Tübingen 1995; zitiert: Koenig/Pechstein, Die Europäische Union.
Krenzler, Die Einheitliche Europäische Akte als Schritt auf dem Wege zu einer gemeinsamen europäischen Außenpolitik, EuR 1986, S. 384 ff.
Krenzler/Schneider, Die Gemeinsame Außen und Sicherheitspolitik der Europäischen Union - Zur Frage der Kohärenz -, EuR 1994, S. 144 ff.
Küsters, Zwischen Vormarsch und Schlaganfall. Das Projekt der Europäischen Politischen Gemeinschaft und die Haltung der Bundesrepublik Deutschland, in: Trausch (Hrsg.), Die Europäische Integration vom Schuman-Plan bis zu den Verträgen von Rom, Baden-Baden 1993, S. 259 ff.; zitiert: Küsters in: Trausch, Europäische Integration... .
Lak, The constitutional foundation, in: Rummel (Hrsg.), Toward Political Union- Planning a Common Foreign and Security Policy in the European Community, Baden-Baden 1992, S. 47 ff.; zitiert: Lak, in: Rummel, Toward Political Union.
Lang, Article 5 of the EEC Treaty, CMLR 1990, S. 645 ff.
Lecheler, Der Fortgang der Europäischen Integration im Spiegel der Rechtsprechung des EuGH und der nationalen Gerichte - Ansatzpunkte für eine "Europäische Bundestreue", EA 25, 1968, S. 403 ff.
Lenz (Hrsg.), Kommentar zu dem Vertrag zur Gründung der Europäischen Gemeinschaften, 1. Auflage, Köln u.a. 1994; zitiert: Bearbeiter, in: Lenz, Kommentar EGV, Artikel () Rn. ().
Lipsius, The 1996 Intergovernmental Conference, European Law Review 1995, S. 235 ff.
Lobkowicz, Der "dritte Pfeiler" des Unionsvertrages in der Perspektive der Regierungskonferenz 1996, in: Müller-Graff (Hrsg.), Europäische Zusammenarbeit in den Bereichen Justiz und Inneres - Der dritte Pfeiler der Europäischen Union, 1. Auflage, Baden-Baden 1996, S. 41 ff.; zitiert: Lobkowicz, in: Müller-Graff, Europäische ZBJI.
Lück, Die Gemeinschaftstreue als allgemeines Rechtsprinzip im Recht der Europäischen Gemeinschaft - Ein Vergleich zur Bundestreue im Verfassungsrecht der Bundesrepublik Deutschland, Baden-Baden 1992.
Maunz/Dürig u.a. (Hrsg.), Kommentar zum GG, Loseblatt-Ausgabe; zitiert: Bearbeiter in: Maunz/Dürig, Kommentar zum GG, Artikel () Rn. ().
Maurer, Allgemeines Verwaltungsrecht, 11. Auflage, München 1997.
Meng, Das Recht der internationalen Organisationen: eine Entwicklungsstufe des Völkerrechts; zugleich eine Untersuchung zur Rechtsnatur des Rechtes der Europäischen Gemeinschaften, Baden-Baden 1979; zitiert: Meng, Das Recht der internationalen Organisationen - Eine Entwicklungsstufe des Völkerrechts.

Middeke/Szczekalla, Änderungen im europäischen Rechtsschutzsystem - Der Maastrichter Unionsvertrag und seine Auswirkungen auf die europäische Gerichtsbarkeit, JZ 1993, S. 284 ff.
Monar, Das duale System von EG und EPZ/GASP im Test - vorprogrammierte Konfliktszenarien, S. 75 ff. in: Regelsberger (Hrsg.), Die Gemeinsame Außen- und Sicherheitspolitik der Europäischen Union - Profilsuche mit Hindernissen, Bonn 1993; zitiert: Monar in: Regelsberger, Die GASP.
Monar, Der Dritte Pfeiler der Europäischen Union zu Beginn der Regierungskonferenz: Bilanz und Reformbedarf, integration 1996, S. 93 ff.
Morgan, How Common Will Foreign and Security Policies be?, in: Dehousse (ed.), Europe after Maastricht: an ever closer Union?, S. 189 ff., München 1994; zitiert: Morgan in: Dehousse, Europe after Maastricht.
Müller-Graff, Europäische Politische Zusammenarbeit und Gemeinsame Außen- und Sicherheitspolitik: Kohärenzgebot aus rechtlicher Sicht, integration 1993, S. 147 ff.
Müller-Graff, Europäische Zusammenarbeit in den Bereichen Justiz und Inneres - Funktion, Ausgestaltung und Entwicklungsoptionen des dritten Pfeilers der Europäischen Union, in: ders. (Hrsg.), Europäische Zusammenarbeit in den Bereichen Justiz und Inneres - Der dritte Pfeiler der Europäischen Union, 1. Auflage, Baden-Baden 1996, S. 11 ff.; zitiert: Müller-Graff, in: ders., Europäische ZBJI.
Müller-Graff, The Legal Bases of the third Pillar and its Position in the Framework of the Union Treaty, CMLR 1994, S. 493 ff.
Münch, Die gemeinsame Aktion im Rahmen der GASP: Inhalt, Rechtsnatur und Reformbedürftigkeit, EuR 1996, S. 415 ff.
Münch, Die Gemeinsame Außen- und Sicherheitspolitik (GASP): ein Schaf im Wolfspelz, ZÖR 1997, S. 1 ff.
Nanz, Der "3. Pfeiler der Europäischen Union": Zusammenarbeit in der Innen- und Justizpolitik, integration 1992, S. 126 ff.
Nentwich/Falkner, Intergovernmental Conference 1996: Which constitution for the Union, European Law Journal 1996, S.83 ff.
Nicolaysen, Europarecht Bd. I., Baden-Baden 1991.
Noel, A New Institutional Balance, in: Dehousse. (Hrsg.), Europe after Maastricht - An Ever Closer Union?, München 1994; zitiert: Noel, in: Dehousse, Europe after Maastricht.
Nuttall, European Political Co-operation and the Single European Act, CMLR 1986, 203 ff.
Nuttall, European Political Cooperation and the Single European Act, Yearbook of European Law, 5, 1985, S. 203 ff.
O`Keeffe, Recasting the Third Pillar, CMLR 1995, S. 893 ff.
Oppermann, Europarecht, München 1991.
Oppermann, Zur Eigenart der Europäischen Union, in: Hommelhoff/Kirchhoff (Hrsg.), Der Staatenverbund der Europäischen Union, Heidelberg 1994, S. 87 ff.; zitiert: Oppermann, in: Hommelhoff/Kirchhoff, Staatenverbund der EU.
Owen, European Community Law, London 1995.
Pechstein, Das Kohärenzgebot als entscheidende Integrationsdimension der Europäischen Union, EuR 1995, S. 247 ff.
Pechstein, Die Mitgliedstaaten der EG als "Sachwalter des gemeinsamen Interesses" - Gesetzgebungsnotstand im Gemeinschaftsrecht, Baden-Baden 1987

Pechstein, Erweiterungsfähigkeit der Europäischen Union und europarechtliche Beitrittsvoraussetzungen, in: Stern (Hrsg.), Zukunftsprobleme der Europäischen Union - Erweiterung nach Osten oder Vertiefung oder beides?, Berlin u.a. 1998, S. 163 ff.; zitiert: Pechstein, in: Stern, Zukunftsprobleme der Europäischen Union.

Pechstein, Rechtssubjektivität für die Europäische Union?, EuR 1996, S. 137 ff.

Pechstein/Koenig, Die Europäische Union - Die Verträge von Maastricht und Amsterdam, 2. Auflage, Tübingen; zitiert: Pechstein/Koenig, Die Europäische Union, 2. Aufl.

Pechstein/Koenig, Rechtspersönlichkeit für die Europäische Union?, EuZW 1997, S. 225.

Pescatore, Die "Einheitliche Europäische Akte"- eine ernste Gefahr für den Gemeinsamen Markt, EuR 1986, S. 153 ff.

Petersmann, Proposals for a new constitution for the European Union: building blocks for a constitutional theory and constitutional law of the EU, CMLR 1995, S. 1123 ff.

Ress, Die Europäische Union und die neue juristische Qualität der Beziehungen zu den Europäischen Gemeinschaften, JuS 1992, S. 985 ff.

Ress, Ist die Europäische Union eine juristische Person?, EuR Beiheft 2/1995, S. 27 ff.

Robertson, The European Political Community, British Year Book of International Law 1952, S. 383 ff.

Schäfer/Starbatty, Das Instrumentarium der Europäischen Gemeinschaft zur Förderung innergemeinschaftlicher Kohäsion, in: Aus Politik und Zeitgeschichte, Beilage zu "Das Parlament", B 28/1990.

Schäfers, Die Kohäsionspolitik der Europäischen Gemeinschaft; integrationspolitische Einordnung, Darstellung und Erfolgskontrolle, Baden-Baden 1993; zitiert: Schäfers, Die Kohäsionspolitik der Europäischen Gemeinschaft.

Schermers/Pearson, Some Comments on Article 5 of the EEC Treaty, in: Bauer/Belke (Hrsg.), Festschrift für Ernst Steindorff, Berlin 1990, S. 1359 ff.; zitiert: Schermers/Pearson, in: FS Steindorff.

Schreckenberger, Von den Schengener Abkommen zu einer gemeinsamen Innen- und Justizpolitik (Die Dritte Säule), Verwaltungs-Archiv 1997, S. 389 ff.

Schröder, Von der EPZ zur GASP - Versuch einer Bilanz, integration 1997, S. 189 ff.

Schroeder, Die Rechtsnatur der Europäischen Union und verwandte Probleme, in: Hummer/Schweitzer (Hrsg.), Österreich und das Recht der Europäischen Union, Wien 1996, S. 3 ff.; zitiert: Schroeder, in: Hummer/Schweitzer, Österreich und die EU.

Schwartz, Übereinkommen zwischen den EG-Staaten: Völkerrecht oder Gemeinschaftsrecht?, in: Kroneck/Oppermann (Hrsg.), Im Dienste Deutschlands und des Rechts: Festschrift für Wilhelm Grewe, Baden-Baden 1981, S. 551 ff.; zitiert: Schwartz, in: FS Grewe.

Schwarze Das allgemeine Völkerrecht in den innergemeinschaftlichen Rechtsbeziehungen, EuR 1983, S. 1 ff.

Schweitzer/Hummer, Europarecht: Recht der Europäischen Gemeinschaften (EGKS, EWG, EAG) - Mit Schwerpunkt EWG, 4. Auflage, Neuwied u.a. 1993; zitiert: Schweitzer/Hummer, Europarecht.

Seidel, Zur Verfassung der Europäischen Gemeinschaft nach Maastricht, EuR 1992, S. 125 ff.

Seidl-Hohenveldern, Völkerrecht, 9. Auflage, Köln u.a. 1997.

Seidl-Hohenveldern/Loibl, Das Recht der internationalen Organisationen einschließlich der supranationalen Gemeinschaften, 5. Auflage, Köln u.a. 1992,; zitiert: Seidl-Hohenveldern/Loibl, Recht der internationalen Organisationen.

Smit/Herzog, The Law of the European Community - A Commentary on the E.E.C. Treaty, Loseblatt-Ausgabe, New-York 1997; zitiert: Bearbeiter, in: The Law of the EC.

Söllner, Artikel 5 EWG-Vertrag in der Rechtsprechung des Europäischen Gerichthofs, München 1985.

Stabenow, Den Binnenmarkt durch regionale Entwicklung sichern, in: EG Magazin 1989, Nr. 5, S. 14 ff.

Stadler, Die EG/EPZ in der UN-Generalversammlung - Meinungsführerschaft im werden, in: Regelsberger (Hrsg.), Die Gemeinsame Außen- und Sicherheitspolitik der Europäischen Union - Profilsuche mit Hindernissen, Bonn 1993, S. 107 ff.; zitiert: Stadler in: Regelsberger, Die GASP.

Stein, Das Zusammenspiel von Mitgliedstaaten, Rat und Kommission bei der Gemeinsamen Außen- und Sicherheitspolitik der Europäischen Union, EuR 1995, Beiheft 2, S. 69 ff.

Streinz, Europarecht, 3. Aufl., Heidelberg 1996.

Streinz, Rechtsgrundlagen, Aufgaben und Handlungsbefugnisse der Europäischen Union, in: Hummer (Hrsg.), Die Europäische Union und Österreich, Wien 1994, S. 29 ff.

Thun-Hohenstein/Cede, Europarecht - Das Recht der Europäischen Union unter besonderer Berücksichtigung des EU-Beitritts Österreichs, 2. Auflage, Wien 1996; zitiert: Thun-Hohenstein/Cede, Europarecht.

Tietje, The Concept of Coherence in the Treaty on European Union and the Common Foreign and Security Policy, European Foreign Affairs Review 1997, S. 211 ff.

Timmermanns, The uneasy relationship between the Communities and the Second Pillar: Back to the "Plan Fouchet"?, Legal issues of european integration 1996, S. 61 ff.

Tindemans-Bericht, abgedruckt in: Weidenfeld (Hrsg.), Wie Europa verfaßt sein soll - Materialien zur Politischen Union, Gütersloh 1991, S. 310 ff.; zitiert: Tindemanns-Bericht in: Weidenfeld, Materialien zur Union.

Tomuschat, Solidarität in Europa, in: Capotorti (Hrsg.), Du droit international au droit de l'intégration: Liber Amicorum Pescatore, Festschrift für Pierre Pescatore, 1987, S. 729 ff.; zitiert: Tomuschat, in: FS Pescatore.

Trüe, Verleihung von Rechtspersönlichkeit an die Europäische Union und Verschmelzung zu einer einzigen Organisation - deklaratorisch oder konstitutiv?, Saarbrücken 1997; zitiert: Trüe, Verleihung von Rechtspersönlichkeit an die EU.

Tsatsos, Die Europäische Unionsgrundordnung - Grundsatzfragen und fünf Anregungen zum Umdenken anläßlich der Regierungskonferenz 1996, EuGRZ 1995, S. 287 ff.

Vedder, Die Auswärtige Gewalt des Europa der Neun, Göttingen 1980.

Verdross/Simma, Universelles Völkerrecht - Theorie und Praxis, 3. Auflage, Berlin 1984; zitiert: Verdross/Simma, Völkerrecht.

Weidenfeld (Hrsg.), Wie Europa verfaßt sein soll - Materialien zur Politischen Union, Gütersloh 1991; zitiert: Weidenfeld, Materialien zur Union.

Wessels, Der Amsterdamer Vertrag - Durch Stückwerksreformen zu einer effizienteren, erweiterten und föderalen Union?, integration 1997, S. 117 ff.

Wessels, Weder Vision noch Verhandlungspaket - der Bericht der Reflexionsgruppe im integrationspolitischen Trend, integration 1996, S. 14 ff.

Winter, Institutionelle Strukturen der Europäischen Union, DÖV 1993, S. 172 ff.

Wuermeling, Die Gemeinschaftstreue und die Rechtsakte der Gesamtheit der Mitgliedstaaten der EG - Zum EuGH-Urteil - Rs. 44/84, Hurd ./.Jones, EuR 1987, S. 237 ff.

Schriftenreihe der Juristischen Fakultät der Europa-Universität Viadrina Frankfurt (Oder)

Heiko Artkämper
Hausbesetzer, Hausbesitzer, Hausfriedensbruch
1995. XXIV, 340 Seiten. DM 98,-
ISBN 3-540-59005-6

Beate Ilona Nettelbeck
Produktsicherheit · Produkthaftung
1995. XXXVI, 170 Seiten. DM 76,-
ISBN 3-540-59242-3

Manfred Mohr (Hrsg.)
Friedenssichernde Aspekte des Minderheitenschutzes in der Ära des Völkerbundes und der Vereinten Nationen
1996. XVI, 362 Seiten. DM 128,-
ISBN 3-540-61366-8

Andreas Damm
Gebührenprivileg und Beihilferecht
1998. XX, 188 Seiten. DM 98,-
ISBN 3-540-63917-9

Marcus Longino
Die Pflegekinderadoption
1998. XIV, 118 Seiten. DM 98,-
ISBN 3-540-64036-3

Sven Theobald
Barrieren im strafrechtlichen Wiederaufnahmeverfahren
1998. XIV, 224 Seiten. DM 129,-
ISBN 3-540-64644-2

Gerhard Wolf (Hrsg.)
Kriminalität im Grenzgebiet
Band 1: Erfahrungen aus der Praxis
1998. XIV, 306 Seiten. DM 148,-
ISBN 3-540-65032-6

Gerhard Wolf (Hrsg.)
Kriminalität im Grenzgebiet
Band 2: Wissenschaftliche Analyse
1999. XIV, 358 Seiten. DM 139,-
ISBN 3-540-65156-X

Theodor Schweisfurth, Walter Poeggel
Andrzej Sakson (Hrsg.)
Deutschland · Polen · Tschechien - auf dem Weg zur guten Nachbarschaft
1999. XIV, 300 Seiten. DM 129,-
ISBN 3-540-65067-9

Ralf Molzahn
Die normativen Verknüpfungen von Kapitalverkehrsfreiheit und Währungsunion im EG-Vertrag
1999. XXVI, 289 Seiten. DM 145,-
ISBN 3-540-65354-6

Dieter Martiny,
Normann Witzleb (Hrsg.)
Auf dem Wege zu einem europäischen Zivilgesetzbuch
1999. VIII, 210 Seiten. DM 129,-
ISBN 3-540-65692-8

Albert Drügemöller
Vergaberecht und Rechtsschutz
1999. XVI, 534 Seiten. DM 249,-
ISBN 3-540-66112-3

GPSR Compliance

The European Union's (EU) General Product Safety Regulation (GPSR) is a set of rules that requires consumer products to be safe and our obligations to ensure this.

If you have any concerns about our products, you can contact us on ProductSafety@springernature.com

In case Publisher is established outside the EU, the EU authorized representative is:

Springer Nature Customer Service Center GmbH
Europaplatz 3
69115 Heidelberg, Germany

Batch number: 10682323

Printed by Printforce, the Netherlands